**PRACTICE
MAKES
PERFECT**®

T0068610

German
Verb Tenses

PRACTICE MAKES PERFECT®

German Verb Tenses

SECOND EDITION

Astrid Henschel

Mc Graw Hill

New York   Chicago   San Francisco   Athens   London   Madrid
Mexico City   Milan   New Delhi   Singapore   Sydney   Toronto

11   LOV   24 23 22

ISBN   978-0-07-180509-4
MHID   0-07-180509-5

e-ISBN 978-0-07-180510-0
e-MHID   0-07-180510-9

Library of Congress Control Number 2012947481

Trademarks: McGraw Hill, the McGraw Hill logo, Practice Makes Perfect, and related trade dress are trademarks or registered trademarks of McGraw Hill and/or its affiliates in the United States and other countries and may not be used without written permission. All other trademarks are the property of their respective owners. McGraw Hill is not associated with any product or vendor mentioned in this book.

McGraw Hill products are available at special quantity discounts to use as premiums and sales promotions or for use in corporate training programs. To contact a representative, please visit the Contact Us pages at www.mhprofessional.com.

This book is printed on acid-free paper.

McGraw Hill's Language Lab App

Twenty-five Progress Checks are available via app to test your understanding of key tenses covered in this book. Go to www.mhlanguagelab.com to access the online version of this application, or to locate links to the free mobile app for iOS and Android devices.

Contents

PART II	**The Future and Past Tenses, *lassen*, Reflexive Verbs, and Infinitives**

PART III   The Passive Voice, Subjunctive Mood, and Conditional Tense

Introduction

"Practice makes perfect" is an old proverb that carries a lot of truth. Practice and more practice bring about mastery. This truth also applies to the learning of German verbs, which can be quite challenging to the student of German. Seeking to lead the student down the road to mastery of German verbs, *Practice Makes Perfect: German Verb Tenses* presents complete and clear explanations followed by numerous exercises in a systematic and logical manner. The scope of the material covered includes all conjugations for every tense. Through the contents of this book, the student will come to a clear understanding of how German verbs are formed and used.

Practice Makes Perfect: German Verb Tenses is perfect for beginning and intermediate students, promoting confident use of verbs. It should be an invaluable aid for students who want to advance more quickly, as well as for those who need additional practice and understanding in order to master classroom assignments. This book is also of particular value for individualized instruction and practice.

The book is divided into three main parts:

- **Part I: The Present Tense:** The first part, divided into ten units, covers the conjugation of regular and vowel-change verbs and of verbs with inseparable and separable prefixes, followed by the treatment of modal auxiliaries, imperative verbs, and impersonal verbs. You will also find exercises dealing with the problematic verb pairs **wissen/kennen**, **legen/liegen**, and **stellen/stehen**.

- **Part II: The Future and Past Tenses, *lassen*, Reflexive Verbs, and Infinitives:** The second part, in nine units, deals with the five indicative tenses: future, past, present perfect, past perfect, and future perfect. The verb **lassen** is dealt with in the present and present perfect tenses. In addition, the reflexive verbs and infinitives are studied.

- **Part III: The Passive Voice, Subjunctive Mood, and Conditional Tense:** The third part, in five units, deals with the passive voice, the subjunctive I and II, and the **würde** constructions, followed by the conditional.

Each part provides concise but complete explanations, ample exercises within each unit, and a comprehensive review section unit to end each part. A new Final Review for even more practice has been added to this edition.

Additional valuable information is included in three appendixes: a detailed verb summary, a table of the principal parts of verbs with their English meanings, and a list of verbs with their proper prepositions.

An answer key is also provided. This is especially useful for the student who undertakes the study of German on his or her own.

Practice Makes Perfect: German Verb Tenses will be helpful for students who are starting the study of German or are returning to studying German and are in need of a good review workbook. *Practice Makes Perfect: German Verb Tenses* is the answer to these needs. It would also be an excellent companion workbook to any basic text of German. Furthermore, it can be used as a reference source by both teachers and students of German.

It is my sincere hope that this book will be a valuable tool for those studying German and that its use will bring about greater competence and confidence in speaking, reading, and writing the German language. **Lernen macht Spaß!**

Basic Terminology

In the following section you will find a brief explanation of some of the more common grammatical terms found in this text.

Verb: A word describing an action or state of being: **schlafen** (*to sleep*), **er isst** (*he eats*), **ich spiele** (*I play*), **wir kamen** (*we came*).

Finite Verb: The verb in the sentence that changes to agree with the subject. The verb forms **tanzt** (*dances*) and **kann** (*can*) are finite verbs in the following sentences:

Er tanzt.	*He dances.*
Er kann tanzen.	*He can dance.*

The verb form **tanzen** in the second sentence is not finite. It did not change; it is an infinitive.

Infinitive: A verb in its basic form. It has not been changed or conjugated. It does not agree with a subject and is not in a tense. It is the basic form found in dictionaries: **gehen** (*to go*), **kommen** (*to come*). In English, all infinitives include the word *to* (*to go, to come*). In German, all infinitives end in either **-en** or **-n**: **spielen** (*to play*), **lächeln** (*to smile*).

Conjugation: Changing the verb from its infinitive form (basic form) to agree with the subject: from *to dance* to *The girl dances. Dances* is the conjugated verb.

Verb Stem: In German, infinitives end in either **-en** or **-n** (**spielen**, **lächeln**). When you drop these endings, you are left with the verb stem. The stem of **spielen** is **spiel**; the stem of **lächeln** is **lächel**. In order to conjugate a verb, you need the verb stem and the proper ending that agrees with the subject.

Verb Ending: What you add to the verb stem to get the proper conjugation (**ich: -e; er: -t; wir: -en**). The verb endings are determined by the *person* and whether it is singular or plural. There are three persons:

	Singular	**Plural**
First Person	**ich** (*I*)	**wir** (*we*)
Second Person	**du** (*you, familiar*)	**ihr** (*you, familiar*)
	Sie (*you, formal*)	**Sie** (*you, formal*)
Third Person	**er, sie, es** (*he, she, it*)	**sie** (*they*)

Tense: The tense of the verb tells you when the action takes place: in the present, the past, or the future.

Past Tense: A verb form that shows that something has happened in the past.

Ich bin gestern in die Schule gegangen.	*I went to school yesterday.*

Future Tense: A verb form that shows that something will happen in the future.

Ich werde in die Schule gehen.	*I will go to school.*

Strong Verb: A verb that changes its stem vowel, and sometimes its consonants, in the formation of the past tenses. Examples:

gehen	→	geg**ang**en
singen	→	ges**u**ngen

This change also occurs sometimes in the second- and third-person singular of the present tense (ich lese, du **lie**st, er **lie**st).

Weak Verb: A verb that does not have the strength to change its stem vowel in the past tenses and in the second- or third-person singular of the present tense, and therefore stays the same.

>   kaufen, gek**auf**t, du k**auf**st, er k**auf**t
>   machen, gem**ach**t, du m**ach**st, er m**ach**t

Auxiliary Verb: The German auxiliaries are **haben**, **sein**, and **werden**. They are used to form tenses and the passive voice.

Ich **habe** das Kleid gekauft.	*I **have** bought the dress.*
Er **ist** in die Stadt gegangen.	*He **has** gone to town.*
Wir **werden** Deutsch lernen.	*We **will** learn German.*

Modal Auxiliaries: Helping verbs usually used with other verbs to modify the action. They can also be used by themselves if the meaning is obvious. The modal verb is conjugated; the action verb is left in the infinitive.

Ich **will** ins Kino gehen.	*I **want** to go to the cinema.*
Ja, ich **will**.	*Yes, I **want** to.*

Past Participle: The participle, or verb form, that indicates a former action or condition.

Ich habe Deutsch **gelernt**.	*I have **learned** German.*

Separable Verb: A verb that has a prefix that is separated from the conjugated part of the verb.

Er kommt heute **mit**.	*He is coming along today.*
Er ist heute **mit**gekommen.	*He did come along today.*

Inseparable Verb: A verb that has a prefix that does not separate from the verb. The past participle does not have a **ge-**.

Er **verkauft** das Haus.	*He sells the house.*
Er hat das Haus **verkauft**.	*He has sold the house.*

Reflexive Verb: The verb pattern of these verbs has a pronoun because the subject does the action to him- or herself. The reflexive construction is found much more frequently in German than in English.

Ich habe **mich** erkältet.	*I caught a cold.*
Er setzt **sich**.	*He sits down.*

The pronoun used with this verb pattern is called a *reflexive pronoun.*

Indicative Mood: This form of the verb expresses or denotes a state, act, or happening as actual. It is not conditional. Most verbs are in this mood.

Imperative Mood: This form of the verb expresses commands.

Sei still.	*Be quiet!*
Schlaf ein.	*Go to sleep!*

Subjunctive Mood: This form of the verb expresses an act, event, or state as possible or conditional rather than actual.

Er würde kommen, wenn er Geld hätte.	*He would come if he had money.*

German
Verb Tenses

PART I

THE PRESENT TENSE

Conjugation of Verbs in the Present Tense

Usage of the Present Tense

In German the present tense is used when stating something that is taking place now, takes place often, or will take place in the near future. Therefore, **Wir essen Sauerkraut.** may mean:

> *We are eating sauerkraut now.*
>
> *We eat sauerkraut often or regularly.*
>
> *We are/will be eating sauerkraut soon.*
>
> (Let's hope there is some good pork with all this sauerkraut!)

The present tense is also used with **seit** and the dative to express actions, conditions, or states that are still continuing but began in the past. In English, the present perfect tense is used in this case:

> Er lernt seit drei Jahren Deutsch. *He has been learning German for three years.* (He is still learning it now.)

There are no progressive forms in German as there are in English (*am*, *are*, or *is* followed by the present participle ending in *-ing*) or emphatic forms (*do* or *does*). Thus:

> *he is coming* = **er kommt**
>
> *he does come* = **er kommt**
>
> *he comes* = **er kommt**

Personal Pronouns

A pronoun takes the place of a person or thing. *The book* is replaced by *it; the man* is replaced by *he.* The following is a chart of personal pronouns in German:

	Singular	Plural
First Person	**ich** (*I*)	**wir** (*we*)
Second Person	**du** (*you, familiar*)	**ihr** (*you, familiar*)
	Sie (*you, formal*)	**Sie** (*you, formal*)
Third Person	**er**, **sie**, **es** (*he, she, it*)	**sie** (*they*)

Du, ihr, and **Sie** all mean *you*. The familiar form **du** is used in speaking to a child under fifteen or sixteen years old, a relative, a close friend, or an animal. **Ihr** is used in speaking to several children under fifteen or sixteen years old, several relatives, several close friends, or several animals.

Sie (singular and plural) is used in speaking to one or several adults other than those listed above. Care has to be taken to use the formal and the familiar correctly. If you use the familiar **du** in speaking to an adult who is not a close friend, he or she may take offense.

Hans, was machst du?	*Hans, what are you doing?*
Vater, was machst du?	*Father, what are you doing?*
Hans und Peter, was macht ihr?	*Hans and Peter, what are you doing?*
Herr Schmidt, was machen Sie?	*Mr. Schmidt, what are you doing?*
Herr Schmidt und Herr Braun,	*Mr. Schmidt and Mr. Braun, what are you doing?*
was machen Sie?	

Note that the formal **Sie** is always capitalized. You never capitalize **ich** (unlike *I* in English)—it would portray arrogance.

Man is used very frequently in German speech. It is an indefinite pronoun and can be translated as *one, we, they, you,* or *people.*

Man macht das nicht!	*One doesn't do that!*
Man kaut nicht mit offenem Mund!	*We don't chew with an open mouth!*

Verb Position

In a *basic German sentence*, the conjugated verb is the second element. Usually the subject is the first element, followed by the verb.

Wir **fahren** in die Stadt.	*We **drive** to town.*
Der Junge **kommt** morgen.	*The boy **comes** tomorrow.*

When another element (not the subject) is in the first position, the subject stands behind the verb and the verb is again the second element.

In die Stadt **fahren** wir.	*Into town we **drive.***
Morgen **kommt** der Junge.	*Tomorrow the boy **comes.***

Übung	1-1

Change the following sentences so that they begin with the boldfaced word or words.

> EXAMPLE: Luise lernt **Deutsch**.
> *Deutsch lernt Luise.*

1. Heidi singt **schön**. _____

2. Müllers haben **viel Geld**. _____

3. Marie ist **nächste Woche** in Frankfurt. _____

4. Wir feiern **Weihnachten** mit den Großeltern. _____

5. Thomas ist **mein bester Freund**. _____

Verb Position with Question Words

When a *question word* such as **wann**, **wer**, **wie**, **wo**, **woher**, or **wohin** (*when, who, how, where, where from,* or *where to*) is used at the beginning of a question, the conjugated verb is also second.

Wer **fährt** in die Stadt?	*Who **is driving** into town?*
Wann **kommt** der Junge?	*When **is** the boy **coming**?*

Übung	1-2

Form questions using the question word given in parentheses.

> EXAMPLE: Wir haben Hunger. (wer)
> *Wer hat Hunger?*

1. Die Kinder kommen morgen. (wer) _____

2. Sie machen einen Ausflug. (was) _____

3. Sie fahren an den See. (wohin) _____

4. Dort schwimmen sie. (wo) _____

5. Das machen sie oft. (warum) _____

Verb Position in General Questions

In a *general question,* when no question word is used, the order of the subject and the verb is reversed. The conjugated verb becomes the first element.

Fahren wir in die Stadt?	*Are we **driving** into town?*
Kommt der Junge?	*Is the boy **coming**?*

In a command the verb also comes first.

Geh in die Schule.   **Go** to school.

This will be discussed further in Unit 8, Imperative Verbs.

Übung   1-3

Change the following sentences into general questions.

> EXAMPLE: Er wohnt in Hamburg.
> *Wohnt er in Hamburg?*

1. Wir gehen jetzt schwimmen. _____

2. Jakob singt gut. _____

3. Paul singt besser. _____

4. Emma singt am besten. _____

5. Thomas ist oft in Leipzig. _____

6. Mutter geht oft einkaufen. _____

7. Müllers ziehen nach Ulm. _____

8. Der Bauer wohnt auf dem Land. _____

9. Der Lehrer liest viel. _____

10. Das Haus ist neu. _____

> **Note:** *do, does, is,* and *are* are often used in English questions but not in German—only the verb and the noun or pronoun are used.

Übung   1-4

Translate the following questions into German.

> EXAMPLE: What do you have?
> *Was hast du?*

1. Are you working now? _____

2. Where do they live? _____

3. What are they selling here? _____

4. Are they buying a lot? _____

5. Does he sing loudly? _____

6. Are the children playing in the park? _____

7. Why is she always smiling? _____

8. Mr. Braun, are you going to the show? (**ins Kino?**) _____

9. Why don't I marry you? (**dich**) _____

10. Do we answer all the questions? (**beantworten**) _____

Übung   1-5

Change the following sentences into questions, using a question word where indicated.

> EXAMPLE: Emma singt laut.
> *Singt Emma laut?*

1. Peter tanzt gut. _____

2. Ulrich kommt heute. _____

3. Ulrich kommt heute. (wann) _____

4. Müllers wohnen jetzt in Berlin. _____

5. Müllers wohnen jetzt in Berlin. (wo) _____

6. Er hat viel Geld. _____

7. Er hat viel Geld. (warum) _____

8. Das ist mein Freund. (wer) _____

9. Du kommst bestimmt. _____

10. Er heißt Max. (wie) _____

Formation of the Present Tense

The Infinitive

The *infinitive form* of the verb is the basic verb form found in dictionaries. It has not been changed or conjugated. In addition, it does not agree with a subject and is not in a tense. In English, all infinitives include the word *to* (*to go, to come*). German infinitives stand alone and end in **-en** or **-n**.

komm**en**		to come
geh**en**		to go
lächel**n**		to smile

The use of infinitives will be discussed in Unit 18, Infinitives.

Present Tense Forms

The stem of the verb is formed by dropping the infinitive ending of **-en** or **-n**. The stem of **kommen** would therefore be **komm-**, of **gehen/geh-**, and of **lächeln/lächel-**. To form the present tense you add the following endings to the stem of the verb:

Singular

First Person	**-e**	ich komm**e**	*I come, I am coming, I do come*
Second Person (familiar)	**-st**	du komm**st**	*you come, you are coming, you do come*
Second Person (formal)	**-en**	Sie komm**en**	*you come, you are coming, you do come*
Third Person	**-t**	er komm**t**	*he comes, he is coming, he does come*
		sie komm**t**	*she comes, she is coming, she does come*
		es komm**t**	*it comes, it is coming, it does come*
		man komm**t**	*one comes, one is coming, one does come*

Plural

First Person	**-en**	wir komm**en**	*we come, we are coming, we do come*
Second Person (familiar)	**-t**	ihr komm**t**	*you come, you are coming, you do come*
Second Person (formal)	**-en**	Sie komm**en**	*you come, you are coming, you do come*
Third Person	**-en**	sie komm**en**	*they come, they are coming, they do come*

The following is a list of common verbs that follow this rule without exception:

beginnen	to begin		**lachen**	to laugh
besuchen	to visit		**leben**	to live
bezahlen	to pay		**lieben**	to love
blühen	to bloom		**machen**	to make, to do
brauchen	to need		**probieren**	to try
danken	to thank		**prüfen**	to test
decken	to cover, to set (the table)		**rauchen**	to smoke
dienen	to serve		**sagen**	to say
erklären	to explain		**schauen**	to look
erzählen	to tell		**schicken**	to send
fragen	to ask		**spielen**	to play
gehen	to go		**suchen**	to look for, to search
gehorchen	to obey		**weinen**	to cry
glauben	to believe		**wiederholen**	to repeat
hängen	to hang		**wohnen**	to live, reside
hoffen	to hope		**zahlen**	to pay
horchen	to listen		**zählen**	to count
hören	to hear		**zeigen**	to show, point
kommen	to come			

Übung   1-6

Write the present tense of the following verbs.

EXAMPLE: wohnen—ich
Ich wohne.

fragen

1. ich _____

2. du _____

3. Sie _____

4. er _____

5. wir _____

6. ihr _____

7. Emma _____

8. die Kinder _____

9. Herr Schmidt _____

kaufen

10. du _____

11. sie (*sing.*) _____

12. es _____

13. wir _____

14. Elisabeth und Emma _____

15. ich _____

machen

16. ihr _____

17. wir _____

18. du _____

19. Anna _____

20. Jakob und Michael _____

Translate the following sentences into German. Remember that there is no emphatic or progressive form (I do come, I am coming) in German.

     EXAMPLE: He is learning German.
               Er lernt Deutsch.

1. The class begins. _____

2. The children are visiting me. (**mich**) _____

3. Hans, what do you need? _____

4. Mrs. Schmidt, what do you need? _____

5. The teacher explains the assignment. (**die Aufgabe**) _____

6. What are they buying? _____

7. Is Emma coming? _____

8. Yes, Emma and Michael are coming. _____

9. What are you (*fam. pl.*) asking? _____

10. Where do the boys live? _____

11. I do thank you. (**dir**) _____

12. Do you love me? (**mich**) _____

13. I do not love you. (**dich**) _____

14. I love Peter. _____

15. The girl tries the sauerkraut. _____

16. The children are playing in the park. (**im Park**) _____

17. Mrs. Kugel repeats the lesson. _____

18. We don't cry. _____

19. We are laughing. _____

20. The parents are paying for this. (Note: *for* is understood in German) _____

Übung	1-8

Supply the correct form of the verb given in parentheses.

> EXAMPLE: Was _____ (sagen) du?
> *Was **sagst** du?*

1. Wann _____ (beginnen) die Klasse?

2. Wir _____ (besuchen) Tante Gretel.

3. _____ (bezahlen) du immer alles?

4. Mutter _____ (decken) den Tisch.

5. Was _____ (fragen) du?

6. Ihr _____ (erzählen) immer so viel.

7. Der Lehrer _____ (erklären) alles gut.

8. Herr Frank, _____ (glauben) Sie das?

9. Goethe _____ (leben) nicht mehr.

10. Wir _____ (hoffen) alles Gute.

11. Fridolin _____ (lachen) immer blöd.

12. Ich _____ (rauchen) nicht mehr.

13. Das Kind _____ (weinen) laut.

14. _____ (hören) du die Musik?

15. Am Sonntag _____ (machen) wir nichts.

16. Die Kinder _____ (spielen) Schach.

17. Wie lange _____ (suchen) ihr die Straße?

18. Schmidts _____ (wohnen) in Görlitz.

19. _____ (lieben) du mich?

20. Die Bäume _____ (blühen) im Mai.

21. Frau Ross, _____ (brauchen) Sie Geld?

22. Das Mädchen _____ (zeigen) das Geschenk.

23. Warum _____ (schauen) du aus dem Fenster?

24. _____ (gehorchen) ihr euren Eltern?

25. Wir _____ (bewegen) uns nicht.

Verb Stems Ending in *-s*, *-ss*, *-ß*, *-z*, or *-tz*

When the stem of the verb ends in **-s**, **-ss**, **-ß**, **-z**, or **-tz**, the **-s-** of the second-person singular is dropped (**reisen—du reist**; **sitzen—du sitzt**). The following list of common verbs fall into this category:

beeinflussen	to influence	**reisen**	to travel
beißen	to bite	**reißen**	to tear
besitzen	to own	**schließen**	to close
beweisen	to prove	**sich setzen**	to sit down
genießen	to enjoy	**sitzen**	to sit
gießen	to pour	**tanzen**	to dance
heißen	to be called	**verletzen**	to injure
pflanzen	to plant	**verschmutzen**	to pollute
putzen	to clean		

Übung   1-9

*Insert the correct form of **heißen** in the following sentences:*

EXAMPLE: Wie _____ die Kinder?
*Wie **heißen** die Kinder?*

1. Wie _____ du?

2. Ich _____ Martin. Und er?

3. Er _____ Paul.

4. Wie _____ die Mädchen?

5. Sie _____ Elisabeth und Anna.

6. Der Mann _____ Bauer.

7. Wirklich? _____ Sie Bauer?

8. Ja, ich _____ Bauer.

9. Aber wie _____ ihr?

10. Wir _____ Jakob und Michael.

Übung 1-10

Complete the following sentences with the correct verb form.

> EXAMPLE: Wohin _____ (reisen) du?
> *Wohin **reist** du?*

1. Wir _____ (besitzen) ein großes Haus.

2. Was für ein Haus _____ (besitzen) du?

3. Wie _____ (heißen) du?

4. Der Hund _____ (beißen) die Katze.

5. _____ (genießen) du den Abend?

6. Die Bank _____ (schließen) um fünf Uhr.

7. Wo _____ (sitzen) du?

8. Warum _____ (tanzen) du nicht gern?

9. Im August _____ (reisen) Frau Müller nach Italien.

10. Inge und Jakob _____ (sich setzen) auf die Bank.

11. Du _____ (putzen) das Auto schon wieder?

12. Der Rauch _____ (verschmutzen) die Luft.

13. Du _____ (gießen) immer zu viel Wasser aus.

14. Der Vater _____ (beeinflussen) den Sohn.

15. _____ (pflanzen) du Blumen im Frühling?

Übung 1-11

Let's see if you have the rule down pat! Complete the following sentences.

> EXAMPLE: Warum _____ (lachen) du immer?
> *Warum **lachst** du immer?*

1. Du _____ (heißen) jetzt Müller.

2. _____ (brauchen) du schon wieder Geld?

3. Du _____ (glauben) mir nicht?

4. _____ (tanzen) du jeden Samstagabend?

5. Du _____ (beißen) zu viel ab!

6. Wann _____ (reisen) du nach Berlin?

7. Du bringst mir nie Blumen. Wann _____ (überraschen) du mich?

8. Wie oft _____ (verletzen) du dich?

9. Du _____ (gehorchen) schon wieder nicht.

10. Wohin _____ (setzen) du dich jetzt?

11. Du _____ (pflanzen) schon wieder Rosen?

12. Was _____ (wünschen) du dir zum Geburtstag?

Verb Stems Ending in -*t*, -*d*, or -*n*

When the stem of the verb ends in -**t**, -**d**, or -**n**, an -**e**- is inserted between the stem and the ending of the verb in the second- and third-person singular and in the second-person plural, to aid in pronunciation.

	arbeiten (*to work*)	**zeichnen** (*to draw*)
du	arbeit**est**	zeichn**est**
er	arbeit**et**	zeichn**et**
ihr	arbeit**et**	zeichn**et**

The following common verbs fit this category:

antworten	to answer	**einladen**	to invite
arbeiten	to work	**erwarten**	to expect
baden	to bathe	**finden**	to find
beantworten	to answer a question/letter	**(sich) fürchten**	to be afraid, to fear
bedeuten	to mean	**heiraten**	to marry
beobachten	to notice, to watch	**kosten**	to cost
berichten	to report	**reden**	to talk
beten	to pray	**warten**	to wait
sich einbilden	to imagine	**zeichnen**	to draw

 Übung   1-12

Supply the correct verb form in the following sentences.

EXAMPLE: Wie lange _____ (warten) du schon?
*Wie lange **wartest** du schon?*

1. Hans und Luise, wann _____ (heiraten) ihr?

2. Wir _____ (heiraten) im Sommer.

3. Sie (*pl.*) _____ (arbeiten) von morgens bis abends.

4. Wenn Hans nicht _____ (arbeiten), _____ (beobachten) er die Mädchen

   die im Wasser _____ (baden).

5. Wenn die Sonne nicht _____ (scheinen), _____ (baden) Elisabeth nicht.

6. Was _____ (bedeuten) dieses Wort?

7. Wann _____ (beantworten) ihr endlich diesen Brief?

8. _____ (fürchten) du dich wenn es dunkel ist?

9. Liesel _____ (fürchten) sich nicht wenn es dunkel ist.

10. Wie _____ (finden) du den Film?

11. Der Reporter _____ (berichten) alles.

12. Du _____ (arbeiten) wieder zu lange.

13. Was _____ (erwarten) du zum Geburtstag?

14. Kannst du bitte still sein? Du _____ (reden) und _____ (reden).

15. Das Kind _____ (beten) jeden Abend.

16. Ihr _____ (finden) das schön.

17. Was_____ (kosten) dieses Buch?

Verb Stems Ending in *-el* or *-er*

When the stem of the verb ends in **-el** or **-er**, the infinitive ending is only **-n**. The **-e** in the first-person singular is often dropped, especially in speech.

lächeln → **ich lächle**   *I smile*

Here are a few verbs belonging to this smaller group:

ändern	to change	**lächeln**	to smile
(sich) erinnern	to remember, to remind	**schütteln**	to shake
feiern	to celebrate	**steuern**	to steer
flüstern	to whisper	**verbessern**	to correct
klingeln	to ring (a bell)	**wandern**	to hike, wander

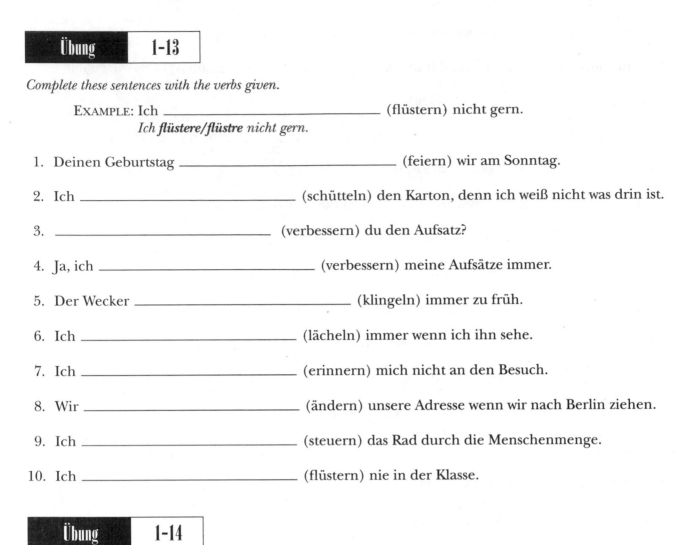

Übung   **1-13**

Complete these sentences with the verbs given.

EXAMPLE: Ich _____ (flüstern) nicht gern.
       *Ich **flüstere/flüstre** nicht gern.*

1. Deinen Geburtstag _____ (feiern) wir am Sonntag.

2. Ich _____ (schütteln) den Karton, denn ich weiß nicht was drin ist.

3. _____ (verbessern) du den Aufsatz?

4. Ja, ich _____ (verbessern) meine Aufsätze immer.

5. Der Wecker _____ (klingeln) immer zu früh.

6. Ich _____ (lächeln) immer wenn ich ihn sehe.

7. Ich _____ (erinnern) mich nicht an den Besuch.

8. Wir _____ (ändern) unsere Adresse wenn wir nach Berlin ziehen.

9. Ich _____ (steuern) das Rad durch die Menschenmenge.

10. Ich _____ (flüstern) nie in der Klasse.

Übung   **1-14**

Here are some exercises with the verbs used so far. Monika brings home her little friend Uwe. Her father is very controlling and interrogates him thoroughly. Form questions using the verbs in parentheses.

EXAMPLE: Was _____ (spielen) du am liebsten?
       *Was **spielst** du am liebsten?*

1. Wie _____ (heißen) du?

2. Wo _____ (wohnen) du?

3. Woher _____ (kommen) deine Eltern?

4. Wo _____ (arbeiten) dein Vater?

5. _____ (arbeiten) deine grossen Geschwister?

6. Wie oft _____ (besuchen) ihr eure Großeltern?

7. _____ (rauchen) dein Bruder?

8. _____ (sitzen) du viel vor dem Fernseher?

9. _____ (besitzen) deine Eltern ihr eigenes Haus?

10. _____ (besitzen) du ein neues Rad?

11. _____ (putzen) du dein Zimmer oft?

12. _____ (benutzen) du manchmal den Bus?

13. _____ (kosten) dein Rad viel?

14. _____ (wandern) du gern?

15. _____ (gehorchen) du deinen Eltern?

16. _____ (finden) du Monika klug?

17. Was _____ (wünschen) du dir zum Geburtstag?

18. _____ (reden) du zu viel in der Schule?

19. _____ (zeichnen) du in deiner Freizeit?

20. _____ (reisen) du gern?

Übung   1-15

Here is another exercise using the verbs learned thus far. Complete the sentences with the verbs in parentheses.

EXAMPLE: Ich _____ (gehen) ins Bad.
*Ich **gehe** ins Bad.*

1. Der Wecker _____ (klingeln).

2. Annemarie _____ (liegen) noch im Bett.

3. Die Mutter _____ (rufen) sie zweimal.

4. Annemarie _____ (gehen) ins Bad.

5. Sie (*sing.*) _____ (singen) laut.

6. In der Küche _____ (sitzen) sie am Tisch.

7. Die Mutter _____ (bringen) das Frühstück.

8. Sie (*sing.*) _____ (trinken) Kaffee.

9. _____ (trinken) du oft Kaffee?

10. Jemand _____ (klopfen) an die Tür.

11. Annemaries Freundin _____ (stehen) vor der Tür.

12. Sie (*sing., fam.*) _____ (besuchen) sie früh am Morgen.

13. _____ (besuchen) du Leute am frühen Morgen?

14. Die Freundin _____ (reden) leise mit Annemarie.

15. Die Mutter _____ (hören) nichts.

16. Die Mutter _____ (fragen) die Mädchen etwas.

17. Annemarie _____ (antworten) höflich.

18. Die Mädchen _____ (gehen) heute aufs Land.

19. Annemarie _____ (wandern) gern.

20. Die Freundin _____ (zeichnen) lieber.

21. Heute _____ (spielen) sie (*pl.*) aber Ball.

22. Jetzt _____ (kommen) drei Jungen.

23. Der Große _____ (heißen) Udo.

24. Er _____ (beobachten) Annemarie.

25. Annemarie _____ (grüßen) alle drei.

26. Alle _____ (lachen) zusammen.

27. Annemaries Freundin _____ (lächeln) viel.

28. Heute _____ (kommen) alle spät nach Hause.

29. Die Mutter _____ (warten) schon.

30. Annemarie _____ (finden) den Tag schön.

The Present Tense of *haben, sein,* and *werden*

Haben—*to have,* **sein**—*to be,* and **werden**—*to become* are irregular in the present tense. In the present tense, **haben** and **sein** are also used as helping verbs to form the present perfect and the future perfect tenses of other verbs. **Werden** is also used to form the future tense of other verbs. The following conjugations are for these three verbs:

	haben (*to have*)	**sein** (*to be*)	**werden** (*to become*)
ich	habe	bin	werde
du	hast	bist	wirst
er/sie/es	hat	ist	wird
wir	haben	sind	werden
ihr	habt	seid	werdet
sie/Sie	haben	sind	werden

Übung 2-1

Supply the correct form of **haben**.

EXAMPLE: Ich _____ kein Geld.
*Ich **habe** kein Geld.*

1. _____ du Hunger?

2. Ja, ich _____ großen Hunger. Und er?

3. Peter _____ immer Hunger.

4. _____ Herr Müller Hunger?

5. Herr Müller, _____ Sie Hunger?

6. Nein, ich _____ keinen Hunger.

7. Aber die Jungen _____ bestimmt Hunger.

8. Hans und Bjorn, _____ ihr Hunger?

9. Ja, wir _____ Hunger.

10. Ja, Kinder _____ immer Hunger.

 **Übung   2-2**

*Supply the correct form of **sein**.*

> EXAMPLE: Wo _____ du?
>   *Wo **bist** du?*

1. Wie alt _____ du?

2. Ich _____ einundzwanzig Jahre alt.

3. Und Sie? Wie alt _____ Sie, Herr Braun?

4. Ich _____ fünfundvierzig Jahre alt.

5. Meine Frau _____ jünger.

6. Unsere Kinder _____ natürlich noch viel jünger.

7. Wie alt _____ ihr, Luise und Michael?

8. Wir _____ jünger.

9. Luise _____ zwölf.

10. Michael _____ acht.

Übung   2-3

*Supply the correct form of **werden**.*

> EXAMPLE: _____ der Kaffee kalt?
>   *Wird der Kaffee kalt?*

1. Im Winter _____ meine Mutter immer krank.

2. Wirklich? Ich _____ nie krank.

3. Und dein Vater, _____ er krank?

4. Nein. Nur meine Mutter. Aber manchmal _____ meine Großeltern auch krank.

5. Oma und Opa, _____ ihr im Winter oft krank?

6. Nein, wir _____ nicht oft krank.

7. Peter, _____ du oft krank?

8. Natürlich nicht. Ich _____ nie krank.

Answer the following questions with a complete sentence, using the cues given.

> EXAMPLE: Wie heißt du? (Beate)
> *Ich heiße Beate.*

1. Wie alt sind Sie? (zwanzig) _____

2. Haben Sie viel Geld? (ja) _____

3. Werden Sie oft nervös? (ja) _____

4. Jakob und Michael, wie alt seid ihr? (zwölf) _____

5. Habt ihr viel Geld? (ja) _____

6. Werdet ihr oft nervös? (ja) _____

7. Wie alt bin ich? (zwölf) _____

8. Was habe ich hier? (viel Geld) _____

9. Werde ich oft nervös? (ja) _____

10. Hast du Hunger? (ja) _____

Übung 2-5

Insert the correct form of the verb in the following sentences.

> EXAMPLE: _____ (haben) du Hunger?
> *Hast du Hunger?*

1. Wir _____ (haben) heute abend Besuch.

2. Wir _____ (feiern) den Geburtstag meines Bruders.

3. Er _____ (sein) zehn Jahre alt.

4. Ich _____ (sein) älter.

5. Ich _____ (freuen) mich auf die Feier.

6. Ich _____ (lächeln) viel.

7. Meine Mutter _____ (werden) etwas nervös wenn wir Besuch haben.

8. Aber es _____ (sein) ein Familienabend.

9. Meine Großeltern _____ (sein) schon hier.

10. Sie (*pl.*) _____ (wohnen) in Potsdam.

11. Meine Tante Emma _____ (sitzen) schon im Wohnzimmer.

12. Sie (*sing.*) _____ (haben) immer ein schönes Geschenk.

13. Wo _____ (sitzen) du?

14. Entschuldigung, das Telefon _____ (klingeln).

15. Es _____ (sein) mein Vetter.

16. Er _____ (haben) keine Zeit.

17. Er _____ (arbeiten) heute Abend.

18. Rolf und Gerd _____ (haben) immer Zeit, wenn wir _____ (feiern).

19. Na, das _____ (sein) klar.

20. Wir _____ (haben) immer Zeit.

21. Wann _____ (beginnen) also die Feier?

22. _____ (warten) ihr noch auf jemand?

23. Ich _____ (haben) Hunger auf Kuchen.

24. Du _____ (haben) immer Hunger!

Verbs with a Vowel Change in the Stem

Verbs with Stem-Vowel Changes from *a* to *ä* and *au* to *äu*

Many verbs with a stem vowel of **a** change in the second-person singular (**du**) and third-person singular (**er, sie, es**) from **a** to **ä**. Verbs with **au** change to **äu**. There is no change in the endings of these verbs in the present tense.

	fallen (*to fall*)	**laufen** (*to run*)
ich	falle	laufe
du	fällst	läufst
er, sie, es	fällt	läuft
wir	fallen	laufen
ihr	fallt	lauft
sie/Sie	fallen	laufen

Common verbs with a vowel change from **a** to **ä** or **au** to **äu** are:

backen	to bake	**lassen**	to let
blasen	to blow	**laufen**	to run
braten	to roast	**raten**	to guess, to advise
einladen	to invite	**wachsen**	to grow
empfangen	to receive	**saufen**	to drink (*said of animals*)
fahren	to go (*by vehicle*)	**schlafen**	to sleep
fangen	to catch	**schlagen**	to hit
gefallen	to please	**verlassen**	to leave
halten	to hold, to stop	**waschen**	to wash

Übung	3-1

Your friends are discussing how long various people would like to sleep after a late night out. Make sentences out of the cues given.

> EXAMPLE: ich—11 Uhr
> *Ich schlafe bis elf Uhr.*

1. der Peter—12 Uhr _____

2. die Eltern—7 Uhr _____

3. Steffi und Ulla—2 Uhr nachmittags _____

4. du—10 Uhr _____

5. Luise—9 Uhr _____

Übung	3-2

*You and your friends are at a marathon and are discussing how everyone is running. Make sentences out of the cues given, using a form of **laufen**.*

> EXAMPLE: ich—schnell
> *Ich laufe schnell.*

1. die Liesel—langsam _____

2. die Kinder—nicht _____

3. du—schnell _____

4. der Lehrer—schneller _____

5. ihr—am schnellsten _____

Übung	3-3

Peter has a day off. See what happens to him. Complete the sentences with the correct verb form.

> EXAMPLE: Peter _____ (gehen) zum Auto.
> *Peter **geht** zum Auto.*

1. Peter _____ (haben) einen freien Tag.

2. Er _____ (empfangen) eine Einladung von seinen Freunden.

3. Er _____ (fahren) mit ihnen aufs Land.

4. Es _____ (sein) ein schöner Tag.

5. Die Sonne _____ (scheinen) und der Wind _____ (blasen) nicht.

6. Dort _____ (wachsen) viele wilde Blumen, hier _____ (wachsen) ein großer Baum.

7. Das Auto _____ (halten) unter einem Baum.

8. Sie (*pl.*) _____ (verlassen) das Auto.

9. Sie (*pl.*) _____ (spielen) Ball.

10. Peter _____ (fangen) den Ball.

11. Hans _____ (laufen) schnell hin und her.

12. Manchmal _____ (lassen) er den Ball fallen.

13. Jetzt _____ (haben) Peter, Hans, und Max Hunger.

14. Hans _____ (braten) Würstchen.

15. Eine Wurst _____ (fallen) auf das Gras.

16. Das _____ (machen) nichts.

17. Die Jungen _____ (waschen) sich die Hände und essen.

18. _____ (waschen) du dir die Hände bevor du isst?

19. Alles _____ (schmecken) gut.

20. Max _____ (schlafen) jetzt.

21. Die anderen _____ (lesen) ein Buch.

22. Der Tag _____ (gefallen) ihnen sehr gut.

23. Abends _____ (fahren) sie (*pl.*) nach Hause.

Verbs with a Stem-Vowel Change from *e* to *i* or to *ie*

Some verbs have a vowel change from **e** to **i** or to **ie** in the second- and third-person singular. Again there is no change in the endings of these verbs in the present tense.

	geben (*to give*)	**sehen** (*to see*)
ich	gebe	sehe
du	gibst	siehst
er/sie/es	gibt	sieht
wir	geben	sehen
ihr	gebt	seht
sie/Sie	geben	sehen

Common verbs with a vowel change from **e** to **i**:

brechen	to break	**sterben**	to die
essen	to eat	**treffen**	to meet
geben	to give	**treten**	to step
helfen	to help	**vergessen**	to forget
nehmen	to take	**werfen**	to throw
sprechen	to speak		

Note: the following are other spelling changes that take place in the second- and third-person singular:

- **nehmen** drops the **h** and doubles the **m**: **du nimmst, er/sie/es nimmt**

- **treten** adds a **t**: **du trittst, er tritt**

Übung   3-4

Was essen wir? Let's decide what everyone will eat. Make sentences using the cues given.

EXAMPLE: Lotte—Kekse
Lotte isst Kekse.

1. ich—Kuchen _____

2. Max—Brötchen _____

3. die Großeltern—Schinken _____

4. der Chef—Speck _____

5. die Familie—Tomaten _____

6. du—Eis _____

7. wir—Brot _____

8. ihr—Sauerkraut _____

9. Herr Schmidt, Sie—Erdbeertorte _____

10. Frau Braun—Hähnchen _____

Common verbs with a vowel change from **e** to **ie**:

befehlen	to command, order
empfehlen	to recommend
geschehen	to happen
lesen	to read
sehen	to see
stehlen	to steal

Übung	3-5

Was lesen wir? *What is everyone reading? Make sentences using the cues given.*

    EXAMPLE: Lotte—den Brief
        Lotte liest den Brief.

1. ich—die Zeitung _____

2. er—den Roman _____

3. wir—die Nachrichten _____

4. du—den Brief _____

5. die Geschwister—die Postkarte _____

6. Herr Wagner—den Bericht _____

7. ihr—die Bücher _____

8. Frau Schmidt, Sie—das Buch _____

9. Peter und ich—die Geschichte _____

10. Fräulein Brunn und Frau Mahl, Sie—das Gedicht _____

Übung	3-6

You have become close friends with a colleague. Though you used to say **Sie** *to each other, you now use* **du** *(***Ihr duzt euch jetzt.***), and therefore the questions he used to ask you using the* **Sie** *form need to be rephrased using* **du***.*

    EXAMPLE: Wie lange helfen Sie dem Kind?
        Wie lange hilfst du dem Kind?

1. Wie lange fahren Sie Auto? _____

2. Wie lange arbeiten Sie hier? _____

3. Wie lange lernen Sie Deutsch? _____

4. Wie lange sammeln Sie Briefmarken? _____

5. Wie lange braten Sie den Schinken? _____

6. Wie lange schlafen Sie am Wochenende? _____

7. Wie lange lesen Sie abends? _____

8. Wie lange laufen Sie jeden Morgen? _____

9. Wie oft empfangen Sie Gäste? _____

10. Wie lange lächeln Sie schon? _____

11. Wie lange backen Sie den Kuchen? _____

12. Wie lange reden Sie über Politik? _____

13. Wie lange beobachten Sie die Kinder? _____

14. Wie lange fürchten Sie sich vor dem Krieg? (dich) _____

15. Wie lange beten Sie abends? _____

Übung	3-7

*Answer the following questions using **nicht oft**.*

> EXAMPLE: Wie oft sprichst du Deutsch?
> *Ich spreche nicht oft Deutsch.*

1. Wie oft klingelst du schon? _____

2. Wie oft schüttelst du den Apfelbaum? _____

3. Wie oft änderst du die Haare? _____

4. Wie oft verbesserst du das Kind? _____

5. Wie oft flüsterst du mit dem Freund? _____

6. Wie oft fährst du Auto? _____

7. Wie oft feierst du Geburtstag? _____

8. Wie oft redest du mit Marie? _____

9. Wie oft badest du den Hund? _____

10. Wie oft erinnerst du ihn an den Geburtstag? _____

Übung	3-8

You receive a letter from your best friend. Of course, you are anxious to read it. However, as you walk back from the mailbox it is raining and some of the letters get smeared. Correct the letter before you put it away.

EXAMPLE: L_____be Inge!
          Liebe Inge!

Jetzt b_____ ich schon zwei Wochen in der Schweiz. Wir wohn_____ am

See. Die Berge s_____ groß und schön. Ich klett_____ oft in den Bergen.

Beate _____ (helfen) mir dabei. Sie mach_____ es viel besser. Pauline

klett_____ nicht mit uns. Sie läuf_____ jeden Morgen. Dann

trink_____ Pauline viel Wasser und _____ss_____ viel Obst. Sie

g_____b_____ mir auch Obst zum Essen. Ich nehm_____ es

natürlich gern. N_____ du Obst wenn man es dir g_____b_____?

Später treff_____ wir uns mit Freunden. Max verg_____ss_____ oft

zu kommen. Das _____t schade. Luise tr_____fft uns immer. Nachmittags

lesen wir oft. Pauline l_____ einen französischen Roman. Sie läch_____ oft

beim Lesen. Montags komm_____ immer eine Frau und wasch_____ die

Wäsche für uns. Sie spr_____ nicht mit uns. Sie i_____ immer still und

arbeit_____ schnell. Das si_____ unsere Ferien. Hoffentlich

g_____b_____ es gutes Wetter bis wir nach Hause komm_____.

Ich habe es nicht gern wenn der Wind bl_____st. Tr_____ff_____

du mich im Café wenn ich wieder zu Hause bin?

Deine Emma

Verbs with Inseparable and Separable Prefixes

German verbs have separable and inseparable prefixes.

Inseparable Prefixes

Inseparable prefixes are never separated from the verb. Example: **be**suchen—*to visit*; **ich be**suche, **wir be**suchen. The common inseparable prefixes are **be-, emp-, ent-, er-, ge-, miss-, ver-,** and **zer-.**

Sie **be**kommt schon wieder Rosen. *She is getting roses again.*

Wir **ver**stehen kein Deutsch. *We don't understand German.*

Some common verbs with inseparable prefixes are:

be-

befehlen	to command	**besitzen**	to own
beginnen	to begin	**besprechen**	to discuss
behalten	to keep	**besuchen**	to visit
bekommen	to receive	**bewegen**	to move
beschreiben	to describe	**beweisen**	to prove

emp-

empfangen	to receive
empfehlen	to recommend

ent-

entlassen	to dismiss
entscheiden	to decide

er-

erfahren	to find out	**erscheinen**	to appear
erfinden	to invent	**ertrinken**	to drown
erhalten	to receive	**erziehen**	to bring up,
erkennen	to recognize		to educate,
			to raise

ge-
geschehen	to happen
gewinnen	to win

miss-
missbrauchen	to abuse, misuse
misstrauen	to distrust

ver-
verbessern	to correct	**verlieren**	to lose
verbieten	to forbid	**versprechen**	to promise
vergessen	to forget	**verstecken**	to hide
verlangen	to demand	**verstehen**	to understand
verlassen	to leave		

zer-
zerbrechen	to break
zerreißen	to tear

Übung   4-1

Form sentences using the following cues.

> EXAMPLE: (gewinnen) Wir / viel Geld.
> *Wir gewinnen viel Geld.*

1. (bekommen) Das Kind / viele Geschenke.

   _____

2. (lernen/bestehen) Er / viel / und / immer die Prüfung.

   _____

3. (empfehlen) Welches Restaurant / du?

   _____

4. (gefallen) Dieses Haus / mir am besten.

   _____

5. (erzählen) Der Großvater / immer viel von den alten Zeiten.

   _____

6. (geschehen) In dieser Schule / nichts schlechtes.

   _____

7. (vergessen) Gretel / immer ihre Schularbeiten.

   _____

8. (verkaufen) Wann / ihr euer Haus?

_____

9. (verlieren) Der Kleine / oft sein Taschengeld.

_____

10. (misstrauen) Warum / du dem Mann?

_____

Separable Prefixes

Separable prefixes, on the other hand, as the word implies, are separated from the main part of the verb and placed at the end of the clause. You might say that the verb surrounds the clause and keeps it warm!

Subject	Base Form of Verb	Rest of Clause	Prefix
Hans	kommt	schnell	zurück.

Hans returns (comes back) quickly.

Ich	stelle	die guten Freunde	vor.

I introduce the good friends.

This separation occurs in the present tense, the imperative, and the past tense. Common verbs with separable prefixes are:

ab—off, down	**abholen**	to pick up, to fetch
	abnehmen	to take off, to lose weight
an—at, on	**ankommen**	to arrive
	anrufen	to call up (on the telephone)
	ansehen	to look at
	anziehen	to put on, to dress
auf—up	**aufhören**	to stop
	aufpassen	to pay attention
	aufstehen	to get up
aus—out	**ausgehen**	to go out
	aussteigen	to climb out, to get out
ein—into	**einkaufen**	to buy, to shop
	eintreten	to enter
entgegen—toward	**entgegengehen**	to go to meet
fort—away	**fortgehen**	to go away
heim—home	**heimgehen**	to go home
	heimkommen	to come home
her—hither	**herkommen**	to come here
	herstellen	to produce
heraus—out (toward)	**herausbringen**	to bring out
	herausreißen	to tear out
herein—in	**hereinkommen**	to come in
hin—thither	**hinfallen**	to fall down
	hingehen	to go there (away from the speaker)

hinaus—out (away)	**hinausgehen**	to go out
	hinauswerfen	to throw out
hinein—into	**hineinfallen**	to fall into
mit—with, along	**mitbringen**	to bring along
	mitkommen	to come along
	mitnehmen	to take along
nach—after	**nachdenken**	to reflect
	nachfragen	to inquire
	nachlaufen	to run after
nieder—down	**niederbrennen**	to burn down
um—around	**umpflanzen**	to transplant
	umsehen	to look around
	umsteigen	to change (buses, etc.)
	umziehen	to move (to change residence, clothes)
unter—under	**untergehen**	to sink, to perish
vor—before	**vorbereiten**	to prepare
	vorgehen	to precede, to be fast (clock)
	vorhaben	to be going (planning) to do
weg—away	**weggehen**	to go away
zu—to	**zuhören**	to listen to
	zumachen	to close
zurück—back	**zurückfahren**	to go back (by vehicle)
	zurückgeben	to give back
	zurückkehren	to turn (or come) back, return
zusammen—together	**zusammenbringen**	to bring together
	zusammenkommen	to come together, get together

Übung 4-2

Fill in the correct form of the verb.

> EXAMPLE: aufmachen—er
> *Er macht auf.*

abnehmen

1. ich _____

2. er _____

3. wir _____

anrufen

4. du _____

5. Sabine _____

6. Herr Volker _____

aussteigen

7. du _____

8. ihr _____

9. die Kinder _____

mitkommen

10. wir _____

11. du _____

12. Achim _____

zuhören

13. ich _____

14. Paul _____

15. die Mädchen _____

Übung	4-3

Form a sentence with each group of words.

EXAMPLE: zurückkommen, wir, morgen
Wir kommen morgen zurück.

1. anrufen, Paul, Elisabeth _____

2. zurückgeben, Elisabeth, das Geschenk _____

3. ausgehen, Sie, nicht mehr _____

4. vorhaben, Elisabeth, viel _____

5. nicht nachlaufen, Elisabeth, den Jungen _____

6. einkaufen, die Freunde, in der Stadt _____

7. zumachen, die Schüler, das Buch _____

8. mitnehmen, du, den Mantel? _____

9. ansehen, ihr, den neuen Film? _____

10. ankommen, die Post, um neun Uhr _____

Übung	4-4

Answer the following questions in the affirmative.

> EXAMPLE: Siehst du den Film an?
> *Ja, ich sehe den Film an.*

1. Besuchst du uns am Wochenende? _____

2. Fahren Sie nach Hamburg zurück? _____

3. Kinder, hört ihr gut zu? _____

4. Ruft Peter Brigitte morgen an? _____

5. Kommt ihr mit den Freunden zusammen? _____

6. Pflanzt du die Blumen um? _____

7. Ziehst du dich oft um? _____

8. Besteht ihr immer die Prüfung? _____

9. Versteht Herr Schreiber Deutsch? _____

10. Bereitest du dich gut auf die Prüfung vor? _____

11. Lässt er den Hund ins Haus herein? _____

12. Wann gehst du heim? (um zehn Uhr) _____

13. Wann hört diese Klasse auf? (um zwei Uhr) _____

14. Stehen die Kinder in der Klasse auf? _____

15. Holt ihr die Freunde ab? _____

Separable-Prefix Verbs in a Subordinate Clause

You have learned that the prefix of a separable-prefix verb is placed at the end of a main clause. However, an exception is *separable-prefix verbs* in a *subordinate clause*. (A subordinate clause cannot stand by itself. It has to have a main clause.) The prefix and the verb are combined as one word in a subordinate clause.

Wenn er das Mädchen **ansieht**, lächelt er immer.	*When he looks at the girl, he always smiles.*
Sobald der Zug **ankommt**, steigen wir ein.	*As soon as the train arrives, we will get in.*

   **Übung   4-5**

Form a sentence with the group of words given.

> EXAMPLE: (anziehen, frieren) Weil / Alex / keine Jacke / er.
> *Weil Alex keine Jacke anzieht, friert er.*

1. (ankommen, fahren) Sobald / die Freunde / die Familie weiter.

   _____

2. (aufhalten, hereinkommen) Während / er / die Tür / die Kinder.

   _____

3. (aufstehen, sich waschen) Sobald / der Mann / er das Gesicht.

   _____

4. (anziehen, frieren) Weil / Maria / warme Kleider / sie / nicht.

   _____

5. (mitkommen, gehen) Wenn / die Mädchen / wir / ins Kino.

   _____

6. (vorhaben, bleiben) Solange / ihr / nichts / wir / hier.

   _____

7. (zumachen, blasen) Obwohl / du / die Fenster / der Wind / noch immer / durch das Haus.

   _____

8. (nachlaufen, gehen) Sobald / der Hund / dem Kind / es in den Park.

   _____

9. (aussehen, gehen) Weil das Kind / so schlecht / es früh / ins Bett.

   _____

10. (einladen, kommen) Wenn / sie (*sing.*) / uns / wir / zur Party.

    _____

Übung   4-6

Make sentences using the phrases and verbs given.

> EXAMPLE: (einsteigen) Der junge Mann / in den Zug.
> *Der junge Mann steigt in den Zug ein.*

1. (sein) Hans und Inge / jetzt / in Hannover. _____

2. (verlassen) Schnell / sie (*pl.*) / den Zug. _____

3. (aussteigen) Hinter ihnen / ein alter Mann / langsam. _____

4. (vorbeigehen) Sie (*pl.*) / am Schalter. _____

5. (sein) Es / kalt. _____

6. (anziehen) Inge / ihren Mantel. _____

7. (mitnehmen) Sie (*sing., fam.*) / immer / einen Mantel. _____

8. (hineinfahren) Sie (*pl.*) / in die Stadt. _____

9. (geben) Dort / es / viel zu sehen. _____

10. (stehen) Jetzt / sie (*pl.*) / vor dem Rathaus. _____

Prefixes That Can Be Separable or Inseparable

There are a small number of prefixes that can be *separable* or *inseparable*. Some of the most common are **durch-**, **über-**, **um-**, **unter-**, **voll-**, **wider-**, and **wieder-**.

Er **wiederholt** das Lied.	*He is repeating the song.*
Sie **kommt** oft wieder!	*She returns often!*

Übung 4-7

Make sentences out of the groups of words, using the verbs in parentheses.

EXAMPLE: (besichtigen) Sie / das Schloss.
Sie besichtigen das Schloss.

1. (verlassen) Inge / Hannover.

   _____

2. (weiterfahren) Sie (*sing.*) / nach Herrenhausen.

   _____

3. (treffen) Dort / sie (*sing.*) / Leo.

   _____

4. (sein) Er / ein Freund / von ihr.

   _____

5. (ansehen, lächeln) Wenn / er / Inge / er / immer.

_____

6. (vorfahren, aussteigen) Inge / schnell / mit dem Auto / und.

_____

7. (warten) Leo / schon.

_____

8. (entgegeneilen) Sie (*sing.*) / Leo.

_____

9. (umarmen) Sie (*pl.*) / sich.

_____

10. (gehen) Dann / sie (*pl.*) / in den Schlosspark.

_____

11. (verstecken) Inge / den Schlüssel / in der Tasche.

_____

12. (verlieren) Hoffentlich / sie (*sing.*) / den Schlüssel / nicht.

_____

13. (vorhaben) Sie (*pl.*) / schon lange / sich hier zu treffen.

_____

14. (anrufen) Leo / oft.

_____

15. (vorbereiten, haben) Inge / sich auf die Semesterexamen / und / keine Zeit.

_____

16. (haben, bestehen) Sie (*sing.*) / Angst, dass sie / die Examen / nicht.

_____

17. (versprechen) Sie (*sing.*) / Leo / öfter / zu treffen.

_____

18. (bewundern) Die Zwei / die schönen Blumen / im Park.

_____

19. (arbeiten, umpflanzen) Inges Mutter / viel mit Blumen, und / sie / oft.

_____

20. (versorgen) Dann / sie (*sing.*) / die Pflanzen / mit Wasser.

_____

21. (verkaufen, haben) Manchmal / sie (*sing.*) / die Blumen, wenn / sie (*sing.*) / zu viel.

_____

22. (zurückkehren) Wir / zu Inge und Leo.

_____

23. (gefallen) Leo / Inge / sehr gut.

_____

24. (genießen) Beide / das Zusammensein / sehr.

_____

25. (erzählen, sein) Jeder / immer viel, wenn sie / zusammen.

_____

26. (einkehren) Jetzt / sie (*pl.*) / in ein kleines Café.

_____

27. (anschauen) Sie (*pl.*) / die Speisekarte.

_____

28. (bestellen, bestellen) Inge / Erdbeereis, Leo / Bier.

_____

29. (bedienen) Die Kellnerin / sie gut.

_____

30. (zuhören, sprechen) Leo / immer / gut / wenn Inge.

_____

31. (mitnehmen) Leo / noch ein Bier.

_____

32. (vorhaben) Sie (*pl.*) / sonst nichts.

_____

33. (sein) Inge / jetzt / ganz still.

_____

34. (nachdenken) Sie (*sing.*) / viel.

_____

35. (untergehen, sitzen) Wenn / die Sonne / sie (*pl.*) / auf einer Parkbank.

_____

36. (werden) Es / kalt.

_____

37. (anziehen) Inge / die Handschuhe.

_____

38. (zumachen) Leo / seine Jacke.

_____

39. (heimgehen) Bald / sie (*pl.*).

_____

40. (aufstehen, zurückgehen) Wenn / sie (*pl.*) / sie (*pl.*) / zu Inges Auto.

_____

Modal Auxiliaries

Both English and German have a group of helping verbs called modal auxiliaries. They are **dürfen**—*to be allowed to,* **können**—*to be able to,* **mögen** (and **möchten**)—*to like,* **müssen**—*to have to,* **sollen**—*to be supposed to,* and **wollen**—*to want to.*

Conjugation of the Modal Auxiliaries

These verbs are irregular in the present tense singular. The **ich** and **er/sie/es** forms have no endings and are identical. There is a vowel change in the singular in all verbs except **sollen** and **möchten**. In the plural the verbs are regular.

	dürfen (*may, to be allowed to*)	**können** (*to be able to*)	**mögen** (*to like*)	**möchten** (*would like to*) (actually the past subjunctive of **mögen**)
ich	darf	kann	mag	möchte
du	darfst	kannst	magst	möchtest
er/sie/es	darf	kann	mag	möchte
wir	dürfen	können	mögen	möchten
ihr	dürft	könnt	mögt	möchtet
sie/Sie	dürfen	können	mögen	möchten

	müssen (*to have to*)	**sollen** (*to be supposed to*)	**wollen** (*to want to*)
ich	muss	soll	will
du	musst	sollst	willst
er/sie/es	muss	soll	will
wir	müssen	sollen	wollen
ihr	müsst	sollt	wollt
sie/Sie	müssen	sollen	wollen

Modals Used with Infinitives

A modal is usually used in combination with another verb that is in the infinitive form. The conjugated modal is in the second position while the infinitive is placed at the end of the sentence or clause.

Ich **muss** die Hausaufgaben **machen**.   *I **have to do** the homework.*
Er **will** das Auto **haben**.   *He **wants to have** the car.*

*Make sentences with the cues given and the correct form of **dürfen** or **können**.*

EXAMPLE: Wir können hier sitzen. (Ich)
Ich kann hier sitzen.

1. Das Kind darf zu Hause bleiben. (ich) _____

2. Wir dürfen in den Park gehen. (ihr) _____

3. Man darf nicht rauchen. (Kinder) _____

4. Inge kann Auto fahren. (ich) _____

5. Leo kann Deutsch lernen. (wir) _____

6. Sie können viel erzählen. (die Kellnerin) _____

7. Wir können die Speisekarte lesen. (die Freunde) _____

8. Ich kann den heißen Kaffee trinken. (ihr) _____

9. Elisabeth darf ins Kino gehen. (du) _____

10. Jakob und Anna dürfen den Film sehen. (wir) _____

11. Ich darf den Kuchen nicht essen. (Frau Kranz) _____

12. Die Feier darf jetzt beginnen. (die Ferien) _____

13. Können wir das Auto kaufen? (Herr Bohl, Sie) _____

14. Könnt ihr tanzen? (du) _____

15. Wir können den Brief schreiben. (die Sekretärin) _____

Übung	5-2

*Answer the questions with the correct form of **müssen**.*

         EXAMPLE: Warum sitzt du hier?
                     Ich muss hier sitzen.

1. Warum lernst du Deutsch? _____

2. Warum sprecht ihr so leise? _____

3. Warum laufen die Kinder so schnell? _____

4. Warum arbeitet der Vater so spät? _____

5. Warum gehen wir zu den Nachbarn? _____

6. Herr Schmidt, warum wohnen Sie in Berlin? _____

7. Herr Bohl und Herr Winkel, warum verkaufen Sie Ihre Autos? _____

8. Muss ich zu den Nachbarn gehen? Ja, _____

Übung	5-3

*Supply the correct form of **möchten** or **sollen**.*

         EXAMPLE: Ich _____ (möchten) Kuchen essen.
                 *Ich **möchte** Kuchen essen.*

1. Inge und Leo _____ (möchten) ins Kino gehen.

2. Inge _____ (möchten) einen Liebesfilm sehen, aber Leo _____ (möchten) einen Krimi sehen.

3. Was _____ (sollen) sie (*pl.*) tun?

4. Ich meine, Inge _____ (sollen) einen Liebesfilm sehen, und Leo _____ (sollen) einen Krimi sehen.

5. Sie (*pl.*) _____ (möchten) aber zusammen sein. _____ (möchten) du alleine

    ins Kino gehen? Ich _____ (möchten) das nicht.

6. Du _____ (möchten) nie allein sein!

7. Peter und du, ihr _____ (möchten) immer unter vielen Leuten sein!

Übung   5-4

*Supply the correct form of **mögen** in the following sentences. **Mögen** (to like) often stands alone, without another verb.*

> EXAMPLE: Ich _____ Schokolade.
> *Ich **mag** Schokolade.*

1. _____ du Vanilleeis?

2. Ja, ich _____ es.

3. Peter _____ auch Vanilleeis.

4. Hans und Jakob _____ aber Schokoladeneis lieber.

5. Liesel und Gretel, _____ ihr Vanilleeis?

6. Nein, wir _____ es nicht.

7. Und Herr Braun, _____ Sie Vanilleeis? Na, klar! Ich esse alles!

Übung   5-5

*Supply the correct form of **wollen**.*

> EXAMPLE: Was _____ Sie essen, Frau Kuhl?
> *Was **wollen** Sie essen, Frau Kuhl?*

1. Beate, was _____ du tun?

2. Ich _____ schwimmen gehen.

3. Luise _____ auch schwimmen gehen.

4. Peter und Franz, _____ ihr schwimmen gehen?

5. Nein, wir _____ nicht.

6. Wir _____ Rad fahren.

Modal Position in a Subordinate Clause

In a *subordinate clause*, the conjugated modal is put after the infinitive at the end of the clause and is therefore the last element in the sentence (whenever the subordinate clause is the last clause).

Ich weiß nicht, warum ich das lernen **muss**.
*I don't know why I **have to** learn that.*

Er muss Geld haben, wenn er das Auto haben **will**.
*He has to have money if he **wants to** have the car.*

Übung	5-6

Form sentences using the given cues.

> EXAMPLE: (aufstehen, müssen, gehen) Wir / früh, weil wir in die Schule.
> *Wir stehen früh auf, weil wir in die Schule gehen müssen.*

1. (essen, möchten, abnehmen) Ich / nicht viel, weil / ich.

   _____

2. (Sport treiben, wollen, sein) Er / da er fit.

   _____

3. (ziehen, können, schwimmen) Sie (*pl.*) / an den Bodensee, weil sie da immer.

   _____

4. (müssen, lernen, wollen, bestehen) Lotte / viel, wenn sie die Prüfung.

   _____

5. (verkaufen, können, haben) Wir / unser Haus, damit wir viel Geld.

   _____

6. (wissen, sollen, sein) Die Kinder / nicht, warum sie / still.

   _____

7. (müssen, sein, können, schlafen) Es / still, damit das Kind.

   _____

8. (verstehen, dürfen, gehen) Die Mädchen / nicht, warum sie nicht ins Kino.

   _____

9. (lernen, wollen, bleiben) Anton / viel, weil er nicht dumm.

   _____

10. (besuchen, möchten, sprechen) Wir / Tante Margarete, da wir mit ihr.

   _____

Omission of the Infinitive

When the meaning of the infinitive is clear, the infinitive is often omitted.

Kannst du Klavier spielen?	*Can you play piano?*
Nein, ich **kann nicht**.	*No, I can't.*
Ich **darf das nicht**.	*I may not (do) that.*

Übung	5-7

Translate these expressions into German.

> EXAMPLE: He has to.
> *Er muss.*

1. Mr. Volker, would you like more coffee? _____

2. Leo, do you know German? _____

3. I have to. _____

4. We want it. _____

5. What does he want here? _____

6. I want it. _____

7. Must you? (**ihr**) _____

8. He can't. _____

9. You may. (**du**) _____

10. Would you like it? (**Sie**) _____

Übung	5-8

Make sentences out of the given phrases.

> EXAMPLE: (möchten, schlafen) Die Kinder / lange.
> *Die Kinder möchten lange schlafen.*

1. (bekommen) Wir / Besuch.

    _____

2. (wollen, besuchen) Alte Freunde / uns.

    _____

3. (sollen, ankommen) Sie (*pl.*) / heute Nachmittag.

    _____

4. (hoffen, wollen, bleiben) Ich / dass sie (*pl.*) / ein paar Tage.

    _____

5. (haben, sein) Wir / immer viel Spaß / wenn sie (*pl.*) hier.

   _____

6. (geben) Es / viel zu tun.

   _____

7. (müssen, sein) Das Haus / sauber.

   _____

8. (müssen, vorbereiten) Mutter / das Essen.

   _____

9. (wollen, arbeiten) Vater / noch im Garten.

   _____

10. (wollen, mähen) Er und Peter / den Rasen.

    _____

11. (sollen, gießen) Peter / auch die Blumen.

    _____

12. (sagen, sollen, bringen) Mutter / dass ich / frische Blumen ins Haus.

    _____

13. (mögen) Ich / die gelben Tulpen.

    _____

14. (möchten, stellen) Ich / einen großen Strauß / auf den Tisch.

    _____

15. (wollen, backen) Mutter / noch schnell / einen Kuchen.

    _____

16. (dürfen, bleiben) Er / nicht zu lange / im Ofen.

    _____

17. (können, riechen) Ich / ihn schon.

    _____

18. (sein) Endlich / alles fertig.

    _____

19. (müssen, warten, kommen) Wir / noch etwas / bis der Besuch.

    _____

20. (stehen, warten) Peter / am Fenster und.

    _____

21. (können, sehen) Jetzt / er das Auto.

    _____

22. (wollen, begrüßen) Wir / sie alle.

    _____

23. (sollen, sich setzen) Die Gäste.

    _____

24. (möchten, gehen) Sie (*pl.*) / aber in den Garten.

    _____

25. (wollen, essen) Wir / da.

    _____

26. (sollen, sein) Das Wetter / schön.

    _____

27. (möchten, trinken) Frau Marx / etwas.

    _____

28. (wollen, erzählen) Herr Marx / viel.

    _____

29. (müssen, lachen) Wir / viel.

    _____

30. (dürfen, aufbleiben) Die Kinder / lange.

    _____

wissen and *kennen*

Conjugation of *wissen*

Wissen is an irregular verb in the singular forms of the present tense. Like the modals, it has the same conjugation in the first- and third-person singular.

wissen

ich weiß	wir wissen
du weißt	ihr wisst
er/sie/es weiß	sie/Sie wissen

Übung	6-1

Insert the correct form of **wissen** *in the following sentences.*

> EXAMPLE: _____ du wie er heißt?
> ***Weißt*** *du wie er heißt?*

1. _____ du wo der Park ist?

2. Ja, ich _____ es.

3. _____ der Peter wo der Park ist?

4. Ja, Peter und Michael _____ wo er ist.

5. Luise und Anna, _____ ihr wo er ist?

6. Ja, wir _____ wo er ist.

7. Aber, Frau Kunkel, _____ Sie wo der Park ist?

8. Ja, natürlich. Alle _____ wo der Park ist.

Meanings of *wissen* and *kennen*

The English meaning of both **wissen** and **kennen** is *to know.*

> **Wissen** means to know something as a fact.

>> Ich weiß wie alt er ist.   *I know how old he is.*
>> Er weiß wo das Rathaus ist.   *He knows where the city hall is.*

> **Kennen** means to be acquainted or familiar with a person, place, or thing.

>> Er kennt das hübsche Mädchen.   *He knows the pretty girl.*
>> Wir kennen Dresden sehr gut.   *We know Dresden very well.*

Übung   6-2

Complete the following sentences with a form of **kennen** *or* **wissen**.

> EXAMPLE: Maria _____, wer ich bin.
> *Maria* **weiß**, *wer ich bin.*

1. Müllers _____ die Schweiz gut.

2. Ich _____, wo Zürich ist.

3. _____ du das Museum?

4. Sie _____ (*sing., fam.*) nicht was sie will.

5. Herr Müller denkt, er _____ alles.

6. _____ sie (*pl.*), wo Schulzes wohnen?

7. Du _____ den Roman nicht?

8. Frau Blau, _____ Sie wie das Mädchen heißt?

9. _____ ihr, wann der Besuch kommt?

10. Ihr _____ euch doch, oder nicht?

Übung   **6-3**

Translate the following statements and questions into German.

       EXAMPLE: She knows where the book is.
                Sie weiß wo das Buch ist.

1. Paul, what do you know? _____

2. I know nothing. _____

3. Mr. Brach knows Köln well. _____

4. She knows the girl. _____

5. Miss Schmalz, do you know Hamburg? _____

6. Lotte and Beate, do you know how much that costs? _____

7. We don't know that. _____

8. I know Mrs. Broch. _____

9. Girls, do you know where the book is? _____

10. We know the area (**die Gegend**) well. _____

legen/liegen and stellen/stehen

legen—to put
liegen—to be lying, lie
   (*no movement*)

stellen—to put
stehen—to be, to stand upright
   (*no movement*)

As you can see from the previous items, German uses a couple of different words to express the meaning of *to put*.

- **Legen** is used for movement of things to a horizontal position. It is a transitive verb, with the direct object being acted upon.

   Ich lege das Buch auf den Tisch.   *I put the book on the table.*

- **Stellen** is used for movement of items to a vertical position.

   Ich stelle die Vase auf den Tisch.   *I put the vase on the table. (The vase is a vertical object.)*

- **Liegen** is used to show the horizontal position of an object. It is an intransitive verb. It describes a state rather than an action.

   Das Buch liegt auf dem Tisch.   *The book is lying on the table.*

- **Stehen** is used to show the vertical position of an object. There is no action involved.

   Die Vase steht auf dem Tisch.   *The vase is standing on the table.*

| Übung | 7-1 |

Which word would be used in each of the following sentences: **legen**, **liegen**, **stellen**, *or* **stehen**? *Find the most suitable verb for each sentence.*

   EXAMPLE: The dog is lying in the shade.
      liegen

1. Put the chair next to the table. _____

2. His socks are under the bed. _____

3. Put the umbrella inside the door. _____

4. The new lamp is on the table. _____

5. Put the keys on the shelf. _____

6. The newspaper is under the books. _____

7. The eyeglasses are on the table. _____

8. Put the flowerpot on the windowsill. _____

9. Where is the new motorcycle? _____

10. She put the child to bed. _____

Übung   **7-2**

Insert the correct verb, with the correct ending, in each of the following sentences.

    EXAMPLE: stehen/stellen   Das Kind _____ auf dem Stuhl.
                           *Das Kind **steht** auf dem Stuhl.*

1. legen/liegen   Vater _____ auf der Couch.

2. legen/liegen   Ich _____ das Geld auf den Tisch.

3. stehen/stellen   Wo _____ das Auto?

4. legen/liegen   Wohin _____ du das Brot?

5. legen/liegen   Die Schokolade _____ unten in der Tasche.

6. legen/liegen   Sie _____ das Kleid auf das Bett.

7. stehen/stellen   Er _____ die Stiefel in den Schrank.

8. stehen/stellen   Wohin _____ du deine neuen Schuhe?

9. stehen/stellen   Die Schuhe _____ im Schrank.

10. legen/liegen   Die Stadt _____ in Süddeutschland.

Imperative Verbs

The imperative forms are used to express commands or to give instructions. In German, as in English, the verb is in the first position in the command. An exclamation point is not always used after a written command in German; it is used only after strong emphatic commands. There are three main imperative forms. All of them use the present tense.

Formal Commands

When addressing one or several people formally, the formal command is used. In the formal command the verb has the **-en** ending of the **Sie** form. The pronoun **Sie** is always added.

Kommen Sie her.	*Come here.*
Trinken Sie Wasser.	*Drink water.*

Übung 8-1

Frau Müller has landed a job in an office. Many instructions are given to her on the first day. Make commands with the following cues.

> EXAMPLE: die Rechnungen bezahlen
> *Bezahlen Sie die Rechnungen.*

1. die Post reinbringen _____

2. die Briefe sortieren _____

3. einen Brief tippen _____

4. Das Telefon bedienen _____

5. Briefmarken kaufen _____

6. den Computer einschalten _____

7. mehr Papier bestellen _____

8. den Schreibtisch aufräumen _____

9. die Formulare ausfüllen _____

10. zur Bank gehen _____

Familiar Commands

Singular

When you are on a **du** basis with a person, the familiar command, singular, is used. In order to form the familiar command, singular, the **du** form of the present tense without the **-(e)st** ending is used and an **-e** is added or left off.

- If the stem ends in **-eln**, **-ern**, **-ig**, **-n**, or **-m**, an **-e** must be added.

sammeln	du sammelst	samm(e)le
verbessern	du verbesserst	verbess(e)re
sich rechtfertigen	du rechtfertigst dich	rechtfertige dich
rechnen	du rechnest	rechne
atmen	du atmest	atme

- However, if the consonant preceding **-m** or **-n** is **-l-**, **-m-**, **-n-**, **-r-**, or **-h-**, the final **-e** may be dropped.

komm(e)
lern(e)

- If the stem ends in **-t** or **-d**, an **-e** is added, but sometimes this is optional with the **-d** ending.

sich fürchten	du fürchtest dich	fürchte dich nicht
warten	du wartest	warte
einladen	du lädst ein	ladt(e) ein

- If the stem ends in a vowel, the **-e** is usually kept.

schreien	schreie
säen	säe

- If there is a vowel change from **e** to **i** or **ie** in the stem, an **-e** is not added.

essen	du isst	iss
lesen	du liest	lies

- For all other instances, the addition of an **-e** in the familiar command, singular, is optional.

leg(e)
steh(e)
lieb(e)

• If the second-person singular has an umlaut, the umlaut is not used in the **du** command.

fahren	du fährst	fahr(e)
waschen	du wäschst	wasch(e)

When Frau Müller comes home she has to take care of her daughter. She gives her the following directions. Make commands with the following cues.

EXAMPLE: Deutsch lernen
Lerne Deutsch.

1. in deinem Zimmer spielen _____

2. dir die Hände waschen _____

3. ruhig am Tisch sitzen _____

4. die Milch trinken _____

5. das Gemüse essen _____

6. nicht laut schreien _____

7. den Tisch abräumen _____

8. ein Buch lesen _____

9. den Schlafanzug anziehen _____

10. ins Bett gehen _____

11. süß schlafen _____

12. morgen früh aufstehen _____

13. die Hausaufgaben nicht vergessen _____

14. in der Schule viel lernen _____

15. nicht zu spät nach Hause kommen _____

Plural

When addressing several people with whom you are on a **du** basis, the familiar command, plural, is used. This command form has the same form as the second-person plural. The personal pronoun **ihr** is dropped.

Lernt.	*Learn.*
Esst.	*Eat.*
Wartet.	*Wait.*
Schaut.	*Look.*

Übung   **8-3**

Frau Müller's daughter, Sabine, hears the following instructions that are given to her and her classmates. Make commands with the following cues.

     EXAMPLE: reinkommen
            Kommt rein.

1. ruhig sitzen _____

2. die Hand heben _____

3. still sein _____

4. nicht laut werden _____

5. die Bücher nehmen _____

6. die Geschichte lesen _____

7. einen Aufsatz schreiben _____

8. keine Fehler machen _____

9. nicht mit den Nachbarn sprechen _____

10. den Aufsatz noch einmal abschreiben _____

11. den Film ansehen _____

12. die Hausaufgaben für morgen haben _____

13. das Pausenbrot essen _____

14. auf dem Schulplatz spielen _____

15. jetzt nach Hause gehen _____

Exhortations (Mild Commands, Inclusive Commands)

When expressing *let us* (*Let's go.* / *Let's eat.*), the first-person plural is used, with inverted word order.

Essen wir jetzt.	*Let's eat now.*
Spielen wir heute Schach.	*Let's play chess today.*

Übung   8-4

Sabine and her friends are trying to decide what to do on the weekend. Make inclusive commands with the clues given.

> EXAMPLE: einen Film sehen
> *Sehen wir einen Film.*

1. schwimmen gehen _____

2. in den Park fahren _____

3. Ball spielen _____

4. ein Buch lesen _____

5. Hausaufgaben machen _____

6. ein Eis essen _____

7. eine Limonade trinken _____

8. einen Turm bauen _____

9. malen _____

10. Karl besuchen _____

The Command Forms of *sein* and *werden*

The command forms of these two verbs are somewhat irregular:

Seien Sie.	Sei.	Seid.	Seien wir.
Werden Sie.	Werde.	Werdet.	Werden wir.

Übung   8-5

Make commands by following the given directions.

> EXAMPLES: Sage Peter und Michael, dass sie still sein sollen.
> *Seid still.*
> Sage Herrn Müller, dass er still sein soll.
> *Seien Sie still.*

1. Sage Michael und Jakob, dass sie still sein sollen. _____

2. Sage Herrn Peters, dass er gesund werden soll. _____

3. Sage Annchen, dass sie lieb sein soll. _____

4. Sage Herrn Wurster und Herrn Riske, dass sie geduldig sein sollen. _____

5. Sage Anke, dass sie nicht krank werden soll. _____

6. Sage dem Nachbarn, dass er nicht böse sein soll. _____

7. Sage den Kindern, dass sie nicht nervös werden sollen. _____

8. Sage den Eltern, dass sie geduldig sein sollen. _____

9. Sage dem Hans, dass er Glück haben soll. _____

10. Sage den Geschwistern, dass sie groß werden sollen. _____

Übung 8-6

Give the four imperative forms of the following verbs.

> EXAMPLE: schlafen
> *Schlafen Sie, Schlaf(e), Schlaft, Schlafen wir*

1. fahren _____

2. helfen _____

3. essen _____

4. nehmen _____

5. mitkommen _____

6. schreien _____

7. sehen _____

8. werden _____

9. sein _____

10. haben _____

Übung 8-7

Make commands by following the given directions.

> EXAMPLE: Sagen Sie Peter, dass er ein neues Buch kaufen soll.
> *Kauf ein neues Buch.*

1. Sagen Sie Frau Braun, dass sie ins Café gehen soll.

_____

2. Sagen Sie Peter, dass er still sein soll.

_____

3. Sagen Sie Luise und Hannah, dass sie draußen spielen sollen.

_____

4. Sagen Sie Marianne, dass sie leise sprechen soll.

_____

5. Sagen Sie Ute, dass sie ein neues Kleid kaufen soll.

_____

6. Sagen Sie den Kindern, dass sie nicht krank werden sollen.

_____

7. Sagen Sie Max, dass er den Rasen mähen soll.

_____

8. Sagen Sie den Mädchen, dass sie ihr Zimmer aufräumen sollen.

_____

9. Sagen Sie Emma, dass sie sich die Hände waschen soll.

_____

10. Sagen Sie den Damen, dass sie hier sitzen sollen.

_____

11. Sagen Sie dem Jungen, dass er keine Angst haben soll.

_____

12. Sagen Sie Max und Hans, dass sie vorsichtig sein sollen.

_____

13. Sagen Sie dem Onkel Fritz, dass er die Tür zumachen soll.

_____

14. Sagen Sie dem Nachbarn, dass er den Hund einschließen soll.

_____

15. Sagen Sie dem Kind, dass es die Geschichte vorlesen soll.

_____

16. Sagen Sie den Herren, dass sie langsam fahren sollen.

_____

17. Sagen Sie Jakob und Michael, dass sie ins Wasser laufen sollen.

_____

Impersonal Verbs

When **es** is used as the subject of a verb, we are dealing with an impersonal verb. As in English, many verbs are used impersonally in German. Verbs describing the weather always have an impersonal construction.

Impersonal Weather Verbs

Common impersonal verbs describing the weather are:

es blitzt	it's lightning
es dämmert	it's getting light *or* it's getting dark (depending on the time of day)
es donnert	it's thundering
es friert	it's freezing
es hagelt	it's hailing
es regnet	it's raining
es schneit	it's snowing
es stürmt	it's storming

Impersonal Sensory Verbs

The impersonal construction can also be used with sensory verbs—verbs of a natural nature.

es riecht	it smells (of something)
es stinkt	it stinks
es zieht	there is a draft

 **9-1**

Wie ist das Wetter? *Give the weather conditions in German on the different days of the week.*

> EXAMPLE: On Sunday it's stormy.
> *Am Sonntag stürmt es.*

1. On Sunday it rains. _____

2. On Monday it snows. _____

3. On Tuesday it hails. _____

4. On Wednesday it is lightning. _____

5. On Thursday it thunders. _____

6. On Friday it freezes. _____

7. On Saturday it's stormy. _____

 **9-2**

What are the conditions in the kitchen? Find the most suitable verb for each sentence (Hint: you might have to change the form of the verb).

riechen   **schmecken**   **stinken**   **ziehen**

> EXAMPLE: Dieses Parfüm _____ sehr gut.
> *Dieses Parfüm **riecht** sehr gut.*

1. Die Rosen auf dem Tisch _____ gut.

2. Das Fleisch _____ aber. Es muss alt sein.

3. Mach bitte die Fenster zu. Es _____ hier sehr.

4. Es _____ nach frischem Kaffee.

5. Ich esse noch ein Stück Kuchen. Er _____ so gut!

Impersonal Verbs That Take the Dative

There are a number of *impersonal verbs* that always take the *dative*. They are:

Es gefällt mir.	I like it.
Es geht mir gut (*or* **schlecht**).	I am fine (*or* not well).
Wie geht es Ihnen, Herr Braun?	How are you, Mr. Braun?
Es gelingt mir.	I am successful.
Es geschieht hier viel.	A lot happens here.
Es geschieht mir recht.	It serves me right.
Es scheint mir.	It seems to me.
Es schmeckt mir gut.	I like the taste of it.
Es tut mir Leid.	I am sorry.

Übung   9-3

Luise is writing a letter home. Translate the following sentences.

EXAMPLE: We like it there.
Es gefällt uns dort.

1. I like it here. _____

2. I am fine. _____

3. How are all of you? _____

4. What is happening at home? _____

5. A lot is happening here. _____

6. It seems to be a nice city. _____

7. I am sorry I didn't come here earlier. _____

8. Well (**Na ja**), it serves me right. _____

9. I am sorry that you are not here. _____

10. It is getting dark now. Good night and good-bye! _____

_____

es gibt or es ist, es sind

Es gibt (*there is, there are*) and **es gab** (*there was*), followed by the accusative, are used in a general sense.

Es gibt heute keine Post.	*There is no mail today.*
Es gibt viele Mädchen in diesem Klub.	*There are many girls in this club.*

Es ist (*there is*), **es sind** (*there are*), and **es war** (*there was*), followed by the nominative, are more definite and specific.

Es sind zwei Briefe gekommen.   *Two letters arrived.*
Es ist ein Mädchen dort.   *There is one girl over there.*

<table>
<tr><td>**Übung**</td><td>**9-4**</td></tr>
</table>

Was ist richtig? **Es gibt**, **es ist**, oder **es sind**? *Supply the most suitable phrase in each blank.*

> EXAMPLE: _____ heute nichts zu essen.
> ***Es gibt** heute nichts zu essen.*

1. _____ viele kleine Kinder in diesem Park.

2. _____ nur drei Bänke im Park.

3. _____ einen Baum neben jeder Bank.

4. _____ einen Sandkasten da drüben.

5. _____ viele Blumen im Park.

6. _____ ein schöner Weg der durch den Park geht.

7. _____ heute keine Kinder im Park, denn es regnet.

8. _____ eine neue Schaukel, die da ist.

9. _____ viel Lärm, wenn die Kinder da sind.

10. _____ einen grösseren Park in Tübingen.

<table>
<tr><td>**Übung**</td><td>**9-5**</td></tr>
</table>

Translate the following phrases into German.

> EXAMPLE: It is not freezing.
> ***Es friert nicht.***

1. It's not raining. _____

2. It's not thundering. _____

3. It's not lightning. _____

4. It's not storming. _____

5. It's a beautiful day. _____

6. It smells like (**nach**) roses. _____

7. There is no draft. _____

8. I like it. _____

9. I am fine. _____

10. A lot happens today. _____

11. There is lots of company. (**viel Besuch**) _____

12. There are many presents. _____

13. Three letters arrived. (**angekommen**) _____

14. There is a lot of music. _____

15. There is a lot to eat. _____

Review Exercises in the Present Tense

Supply the correct form of the given verb.

> EXAMPLE: Sie _____ (schlafen) nicht lange.
> *Sie **schläft** nicht lange.*

1. Das Mädchen _____ (heißen) Marie Wendt.

2. Sie _____ (sein) siebzehn Jahre alt.

3. Ihre Geschwister _____ (sein) vierzehn und fünfzehn.

4. Marie _____ (wohnen) in Süddeutschland.

5. Sie _____ (besuchen) das Gymnasium.

6. Dort _____ (lernen) sie viel.

7. Sie _____ (müssen) viele Hausaufgaben

   _____ (machen).

8. Wenn sie Zeit _____ (haben), _____ (lesen) sie gern.

9. Sie _____ (helfen) auch der Mutter im Haus.

10. Ihre Freundinnen _____ (sehen) gern einen Film.

11. Marie _____ (sehen) gern Liebesfilme.

12. Sie _____ auch gern _____ (fernsehen).

13. Ihr Zimmer _____ sie gar nicht gern _____ (aufräumen).

14. Das _____ (gefallen) ihrer Mutter nicht.

15. Mutter _____ (mögen) ein sauberes Haus.

16. Marie _____ (versprechen) es besser zu _____ (machen).

17. Im Sommer _____ (fahren) die Familie nach Österreich.

18. Sie (*pl.*) _____ (haben) Verwandte in Wien.

19. In Wien _____ (geben) es viel zu sehen.

20. Marie _____ (wollen) dieses Jahr in ein Konzert _____ (gehen).

21. Sie _____ (möchten) dafür ein neues Kleid _____ (kaufen).

22. Mutter _____ (meinen), sie _____ (sollen) sich ein neues

    Kleid selbst _____ (nähen).

23. Ein neues Kleid _____ (kosten) viel Geld.

24. Marie _____ (sagen) zu ihrer Oma »_____ (können) du mir bitte

    ein neues Kleid _____ (kaufen)?«

25. Die Oma _____ (geben) ihr Geld dafür.

26. Marie _____ _____ (sich freuen) sehr.

27. _____ du _____ (sich freuen) wenn du Geld _____ (bekommen)?

28. Vater _____ (reparieren) noch schnell das Auto bevor sie (*pl.*) _____ (reisen).

29. Hoffentlich _____ (regnen) es nicht auf der Reise.

Übung 10-2

Supply the correct verb forms in the spaces provided.

    EXAMPLE: Ich _____ (kaufen) Geschenke.
        *Ich **kaufe** Geschenke.*

1. Weihnachten _____ (stehen) vor der Tür.

2. Die Kinder _____ (sein) ganz aufgeregt.

3. Sie (*pl.*) _____ (erwarten) viele Geschenke.

4. Mutter _____ (backen) Plätzchen.

5. Es _____ (riechen) so gut im Haus.

6. Jakob _____ (dürfen) ein Plätzchen _____ (schmecken).

7. Er _____ (wollen) noch mehr _____ (haben).

8. Er _____ (essen) immer gern.

9. Vater _____ (bringen) den Weihnachtsbaum nach Hause.

10. Die großen Kinder _____ (schmücken) ihn.

11. Er _____ (leuchten) schön.

12. Mutter _____ Tante Gretel und ihre Familie _____ (einladen).

13. Luise _____ die Geschenke _____ (einpacken).

14. _____ (bekommen) du Geschenke zu Weihnachten?

15. Was _____ (wünschen) du dir?

16. Am Heiligen Abend _____ (musizieren) die Familie gern zusammen.

17. Mutter _____ (brauchen) Hilfe in der Küche.

18. Alles _____ (werden) schön.

19. Das Essen _____ (schmecken) gut.

20. Die Erwachsenen _____ _____ (sich unterhalten) gut.

21. Die Kinder _____ (spielen) mit den neuen Spielzeugen.

22. Mariechen _____ ihre Puppe _____ (ausziehen), und dann _____

    sie die Puppe wieder _____ (anziehen).

23. Am Abend _____ (werden) alle müde.

24. Der Besuch _____ (verabschieden) sich und _____ (bedanken) sich
    für den schönen Tag.

25. Die Eltern _____ (bringen) die kleinen Kinder ins Bett.

26. Mariechen _____ (schlafen) schon.

27. Die Eltern _____ (sitzen) noch eine Weile auf der Couch und _____ (trinken) ein Glas Wein.

28. Das _____ (sein) Weihnachten bei Krauses.

Insert the correct form of the verb in the blank.

      EXAMPLE: Wie lange _____ (schlafen) du?
           *Wie lange **schläfst** du?*

1. _____ (kennen) du das blonde Mädchen?

2. Ich _____ (wissen) wie sie _____ (heißen), aber sonst _____ (kennen) ich sie nicht.

3. _____ (möchten) du sie besser _____ (kennen lernen)?

4. Du _____ (wissen), dass ich das _____ (wollen).

5. Sie _____ (gefallen) mir sehr gut.

6. Sie _____ (arbeiten) im Einkaufszentrum.

7. In der Freizeit _____ (laufen) sie im Park.

8. Wenn sonst nichts _____ (geschehen), _____ (beantworten) sie Briefe.

9. Worauf _____ (warten) du?

10. _____ (sprechen) mit ihr!

11. Sie _____ (sein) sehr nett.

12. Das _____ (glauben) ich.

Übung   10-4

Father had a bad day at work and orders everyone around when he comes home. Write out the commands for the following sentences.

      EXAMPLE: Sag dem Peter, er soll Gitarre üben.
           Üb Gitarre.

1. Sag den Großeltern, sie sollen uns besuchen. _____

2. Sag Marie, sie soll Kaffee machen. _____

3. Sag Peter und Achim, sie sollen nicht so laut sein. _____

4. Sag der Mutter, sie soll reinkommen. _____

5. Sag dem Hund, er soll sich hinlegen. _____

6. Sag Herrn Schmidt, er soll die Leiter zurückbringen. _____

7. Sag Peter, er soll seine Hausaufgaben machen. _____

8. Sag Onkel Fritz, er soll uns anrufen. _____

9. Sag Müllers, sie sollen morgen vorbeikommen. _____

10. Sag dem Briefträger, er soll die Post hierlassen. _____

Übung   10-5

Complete the following conversations with the correct forms of the auxiliary verbs given.

   EXAMPLE: Was _____ (müssen) du heute _____ (machen)?
        *Was **musst** du heute **machen**?*

1. Was _____ (wollen) du heute _____ (tun)?

   Ich _____ (möchten) ins Theater _____ (gehen), aber ich _____

   (müssen) meine kranke Tante _____ (besuchen).

2. Müllers _____ (wollen) nach Hannover _____ (ziehen).

   Wirklich? Ich _____ (mögen) Hannover nicht. Es ist zu groß. Ich _____

   (möchten) lieber auf dem Land _____ (wohnen).

3. _____ (sollen) ihr nicht euer Zimmer _____ (aufräumen)?

   Mutter sagt, wir _____ (dürfen) auch Ball _____ (spielen).

   Das _____ (können) _____ (sein), aber zuerst _____ (müssen)

   ihr eure Arbeit _____ (machen).

   Wir _____ (wollen) aber nicht. Du _____ (müssen) immer unser Spiel

   _____ (verderben).

4. Jakob und Michael _____ (können) gut Deutsch _____ (sprechen).

   Sie _____ (wollen) auch Dänisch _____ (lernen).

5. Ich _____ (sollen) ein interessantes Buch _____ (lesen).

   Das _____ (können) du später _____ (machen).

PART II

THE FUTURE AND PAST TENSES, *LASSEN*, REFLEXIVE VERBS, AND INFINITIVES

The Future Tense

The future tense is composed of the conjugated present tense of **werden** and an infinitive. The infinitive is always placed at the end of the clause.

Ich **werde** Deutsch lernen.	*I will learn German.*
Du **wirst** Deutsch lernen.	*You will learn German.*
Er/sie/es **wird** Deutsch lernen.	*He/she/it will learn German.*
Wir **werden** Deutsch lernen.	*We will learn German.*
Ihr **werdet** Deutsch lernen.	*You* (pl.) *will learn German.*
Sie/Sie **werden** Deutsch lernen.	*They/you* (form.) *will learn German.*

Adverbs of Time

When an adverb of time, such as **bald**, **morgen**, or **nächste Woche**, is included in a clause, the present tense is used instead of the future tense. The adverb already expresses the future.

Wir fahren **morgen** in die Stadt.	*Tomorrow we will drive to town.*
Er kommt **bald**.	*He will come soon.*

Übung | **11-1**

Rewrite the following sentences using the future tense.

EXAMPLE: Marlies isst ein Eis.
Marlies wird ein Eis essen.

1. Ich habe viel Geld. _____

2. Wir schwimmen im See. _____

3. Peter kauft ein Auto. _____

4. Wohnst du in Bonn? _____

5. Müllers bauen ein großes Haus. _____

6. Seid ihr vorsichtig? _____

7. Frau Wendt, haben Sie Durst? _____

8. Die Mädchen spielen Ball. _____

9. Tante Friede besucht uns. _____

10. In dem Kleid siehst du gut aus! _____

Übung   11-2

Rewrite the following sentences using the future tense, if needed.

>   EXAMPLE: Er kommt nach Hause.
>   *Er wird nach Hause kommen.*

1. Ich kaufe mir ein Eis.

   _____

2. Nächstes Jahr verkaufen Müllers ihr Haus.

   _____

3. Hast du Hunger?

   _____

4. Ab morgen mache ich Diät.

   _____

5. Wir besuchen morgen Onkel Alex.

   _____

6. Tante Luise kommt mit.

   _____

7. Alle gehen ins Restaurant.

   _____

8. Der Kellner findet einen guten Platz am Fenster.

   _____

9. Alles schmeckt gut.

_____

10. Nächstes Mal besuchen wir wieder das gleiche Restaurant.

_____

Position and Form of Modals

Modals are in the infinitive form when the clause expresses the *future tense*. The modal is in the last position and follows the dependent infinitive.

Du **wirst** in die Schule **gehen müssen**.   *You will have to go to school.*
In Deutschland **wird** Emma viel **sehen wollen**.   *Emma will want to see a lot in Germany.*

Again, change the following sentences to the future tense.

EXAMPLE: Ich will in die Schule gehen.
Ich werde in die Schule gehen wollen.

1. Müllers wollen an die Nordsee fahren.

_____

2. Herr Wendt will aber in den Bergen Ferien machen.

_____

3. Das Pferd müssen sie zu Hause lassen.

_____

4. Man darf Pferde nicht ins Ferienhaus mitbringen.

_____

5. Ihren Hund dürfen sie mitnehmen.

_____

The Wendts are planning a vacation in the mountains. What will they all do? Change the following sentences to the future tense, unless there is a reason not to.

EXAMPLE: Peter fällt ins Wasser.
Peter wird ins Wasser fallen.

1. Vater fährt das Auto.

   _____

2. Wir kommen müde an.

   _____

3. Am ersten Morgen schlafen wir lange.

   _____

4. Vater kocht ein gutes Frühstück.

   _____

5. Die Kinder wollen Ball spielen.

   _____

6. Peter und Hans gehen wandern.

   _____

7. Marie schwimmt.

   _____

8. Alle haben Hunger.

   _____

9. Sie sind sehr müde.

   _____

10. Abends spielen sie Karten.

    _____

11. Morgen wollen sie früh aufstehen.

    _____

12. Mutter geht ins Dorf und will ein gutes Bauernbrot kaufen.

    _____

13. Das schmeckt sehr gut.

    _____

14. Der Urlaub gefällt ihnen gut.

    _____

15. Nächstes Jahr reisen sie wieder in die Berge.

    _____

Expressing Probability

Probability in the present tense can also be expressed by using the future tense with adverbs such as **bestimmt**, **schon**, **sicher**, and **wohl**.

Er wird wohl in der Schule sein.   *He is probably at school.*
Sie werden bestimmt viel Geld haben.   *They probably have a lot of money.*

The Müllers went to the North Sea on their vacation. Make sentences telling what they are probably doing, using **sicher** *or* **wohl**.

EXAMPLE: Wo schwimmt Angela? (See)
Sie wird wohl im See schwimmen.

1. Wo spielen die Kinder Ball? (am Strand)

   _____

2. Wohin gehen die großen Jungen? (in den Wald)

   _____

3. Was will Herr Müller essen? (Fisch)

   _____

4. Wie ist das Wetter? (gut)

   _____

5. Was machen sie wenn sie müde sind? (lesen)

   _____

6. Wie lange schlafen sie? (bis zehn)

   _____

7. Was trägt Angela? (Shorts)

   _____

8. Was müssen die Kinder trinken? (Milch)

   _____

9. Was bauen die Kinder im Sand? (Schlösser)

   _____

10. Was gibt es zum Essen? (Fisch)

    _____

Übung   11-6

What will happen when the two families get home? Make sentences using the future tense, where necessary.

EXAMPLE: Müllers / haben / eine gute Heimfahrt
Müllers werden eine gute Heimfahrt haben.

1. Morgen / sein / Müllers und Wendts / zu Hause.

   _____

2. Sie / auspacken / das Auto.

   _____

3. Sie / tragen / die Koffer / ins Haus.

   _____

4. Mutter / machen / das Abendessen.

   _____

5. Alle / essen wollen / viel.

   _____

6. Es / schmecken / alles gut.

   _____

7. Sie / trinken / Limonade.

   _____

8. Marie / anrufen / ihre Freundin.

   _____

9. Peter / mähen müssen / den Rasen / morgen.

   _____

10. Herr Müller / gehen / zur Arbeit / übermorgen.

    _____

11. Die Kinder / haben / wohl / noch keine Schule.

    _____

12. Sie / bleiben / zu Hause.

    _____

13. Die Mutter / waschen / die Wäsche.

   _____

14. Angela / helfen müssen / der Mutter.

   _____

15. Sie / sprechen / bestimmt / über den Urlaub.

   _____

The Past Tense

Usage of the Past Tense

The past tense is usually used to tell a story or a sequence of past events.

Er öffnete die Tür des Cafés und schaute sich um. Als er sie sah, lächelte er vor Freude und eilte auf sie zu.	*He opened the door of the café and looked around. When he saw her, he smiled happily and hurried toward her.*

The past tense is also used to express customary or repeated actions.

An heißen Tagen kaufte sie ein Erdbeereis.	*On hot days she always bought a strawberry ice cream.*

Whereas the present perfect tense is generally preferred in conversation, when using the verbs **haben**, **sein**, and **werden** and the modal auxiliaries **dürfen**, **können**, **mögen**, **müssen**, **sollen**, and **wollen**, the past tense is preferred.

Er **hatte** viel Geld.	*He had lots of money.*
Wir **mussten** um sechs Uhr aufstehen.	*We had to get up at six o'clock.*

When a clause is introduced by **als** (*when*), the past tense is always used.

Als er sie **sah**, **lächelte** er.	*When he saw her, he smiled.*

In all other cases involving back-and-forth conversation, the present perfect is used.

Weak Verbs

German verbs may be broken up into two major groups: weak and strong. The way the past tense of the verb is formed determines whether a verb is weak or strong. Weak verbs do not have a vowel change in the stem in the past tenses. The past tense of weak verbs is formed by adding **-t** to the stem and then adding the following endings:

spielen (*to play*)

ich spiel**te**	wir spiel**ten**
du spiel**test**	ihr spiel**tet**
er/sie/es spiel**te**	sie/Sie spiel**ten**

Note that the first- and third-person singular are the same. Verbs whose stem ends in **-t** or **-d** add an extra **-e-** between the stem and the **-te** suffix: **arbeiten—arbei***te*, **warten—war***te*. This is done to aid pronunciation.

baden (*to bathe or swim*)

ich bad**ete**	wir bad**eten**
du bad**etest**	ihr bad**etet**
er/sie/es bad**ete**	sie/Sie bad**eten**

An **-e-** is also added to some verbs whose stem ends in **-m** or **-n**: **atmen—atmete**, **öffnen—öffnete**; but **lernen—lernte, wohnen—wohnte.**

Verbs with separable prefixes are separated in the past tense in the same manner as in the present tense.

Er macht die Tür zu.	*He closes the door.*
Er machte die Tür zu.	*He closed the door.*

Übung   12-1

Change the following verb phrases to the past tense.

> EXAMPLE: Er tanzt.
> *Er **tanzte**.*

1. Ich wohne. _____

2. Er atmet. _____

3. Das Baby weint. _____

4. Hörst du nichts? _____

5. Herr Müller raucht. _____

6. Wir suchen etwas. _____

7. Lernt ihr viel? _____

8. Die Mädchen öffnen es. _____

9. Wartest du? _____

10. Schmidts kaufen es. _____

11. Sie arbeiten. _____

12. Was sagst du? _____

13. Was spielt ihr? _____

14. Sie lächelt. _____

15. Er wohnt in Berlin. _____

Übung 12-2

Your sister talks about the childhood you shared. Insert the proper past tense verbs in the following sentences.

> EXAMPLE: Oft _____ (reden) wir abends.
> *Oft **redeten** wir abends.*

1. Unsere Familie _____ (machen) immer viel.

2. Vater _____ (arbeiten) jeden Tag.

3. Die Kinder _____ (lernen) in der Schule.

4. Mutter _____ (kochen) jeden Tag mehrere Mal.

5. Sie (*sing., fam.*) _____ (kaufen) immer viel Obst und Gemüse.

6. Das Essen _____ (schmecken) immer gut.

7. Sie (*sing., fam.*) _____ (ernähren) uns gut.

8. Oma _____ (pflanzen) oft neue Blumen, oder sie _____ (putzen) das Haus.

9. Mein großer Bruder _____ (mähen) den Rasen.

10. Abends _____ (erholen) sich alle beim Kartenspiel, oder wir _____ (beschäftigen) uns mit Musik.

11. Die Kinder _____ (spielen) alle ein Instrument.

12. Wir _____ (üben) viel und _____ (verbessern) uns.

13. Vater _____ (achten) darauf dass wir jeden Tag _____ (üben).

14. Der Musikunterricht _____ (kosten) viel.

15. Aber die Eltern _____ (meinen) es _____ (lohnen) sich.

Strong Verbs

All strong verbs have a stem vowel change in the past tense. The first-person singular (**ich**) and third-person singular (**er/sie/es**) are the same and have no endings. The other persons (**du, wir, ihr, sie/Sie**) have the same endings as in the present tense. However, when the stem ends in **-s** or **-ß**, the second-person singular (**du**) adds an **-e-** before the ending for ease of pronunciation: **du aßest, du bewiesest**.

singen (*to sing*)

ich sang	wir sang**en**
du sang**st**	ihr sang**t**
er/sie/es sang	sie/Sie sang**en**

Following is a list of strong verbs in the past tense (note the vowel changes):

i or *ie* to *a*

beginnen	**begann**	to begin
binden	**band**	to tie
bitten	**bat**	to ask
ertrinken	**ertrank**	to drown
finden	**fand**	to find
gewinnen	**gewann**	to win
liegen	**lag**	to lie (down)
schwimmen	**schwamm**	to swim
singen	**sang**	to sing
sitzen	**saß**	to sit
springen	**sprang**	to jump
trinken	**trank**	to drink

e, ie, or *ü* to *o*

anbieten	**bot an**	to offer
fliegen	**flog**	to fly
frieren	**fror**	to freeze
heben	**hob**	to lift
lügen	**log**	to lie
schieben	**schob**	to push
schießen	**schoss**	to shoot
schließen	**schloss**	to close
verbieten	**verbot**	to forbid
verlieren	**verlor**	to lose
ziehen	**zog**	to pull, to move (change residence)

ei to *i* or *ie*

begreifen	**begriff**	to comprehend
beißen	**biss**	to bite
beschreiben	**beschrieb**	to describe
bleiben	**blieb**	to stay, remain
greifen	**griff**	to reach, to grab
heißen	**hieß**	to be named, to command
leihen	**lieh**	to lend
pfeifen	**pfiff**	to whistle

reiten	ritt	to ride (on horseback)
scheinen	schien	to shine, seem
schreiben	schrieb	to write
schreien	schrie	to shout
steigen	stieg	to climb
vergleichen	verglich	to compare

e to *a*

essen	aß	to eat
geben	gab	to give
geschehen	geschah	to happen
helfen	half	to help
lesen	las	to read
nehmen	nahm	to take
sehen	sah	to see
sprechen	sprach	to speak
stehen	stand	to stand
stehlen	stahl	to steal
sterben	starb	to die
treffen	traf	to meet
treten	trat	to step
vergessen	vergaß	to forget
werfen	warf	to throw

a to *u*

einladen	lud ein	to invite
fahren	fuhr	to go (by vehicle)
schlagen	schlug	to beat, hit
tragen	trug	to carry, to wear
wachsen	wuchs	to grow
waschen	wusch	to wash

a, ä, au, u, or *e* to *ie* or *i*

blasen	blies	to blow
fallen	fiel	to fall
fangen	fing	to catch
gehen	ging	to go
halten	hielt	to hold
hängen	hing	to hang
lassen	ließ	to let, to leave
laufen	lief	to run
rufen	rief	to call
schlafen	schlief	to sleep
verlassen	verließ	to leave

o or *u* to *a*

bekommen	bekam	to receive
kommen	kam	to come
tun	tat	to do

Übung 12-3

Give the past tense of the following verbs in the first- or third-person singular.

    EXAMPLE: fliegen
           flog

1. finden _____

2. gewinnen _____

3. gehen _____

4. trinken _____

5. sitzen _____

6. singen _____

7. helfen _____

8. lesen _____

9. stehen _____

10. heißen _____

11. verlieren _____

12. lügen _____

13. sprechen _____

14. essen _____

15. geben _____

16. schreiben _____

17. tun _____

18. vergessen _____

19. laufen _____

20. kommen _____

21. nehmen _____

22. finden _____

23. bleiben _____

24. schwimmen _____

25. einladen _____

 **Übung   12-4**

Conjugate the following verbs in the past tense.

EXAMPLE: trinken—ich
ich trank

gehen

1. ich _____ .

2. du _____

3. wir _____

4. Jakob _____

5. ihr _____

6. Jakob und Michael _____

trinken

7. ich _____

8. wir _____

9. Elisabeth _____

10. ihr _____

11. Frau Wendt _____

tun

12. ich _____

13. Sie _____

14. alle _____

15. er _____

essen

16. du _____

17. ich _____

18. Herr Müller und Herr Schulz _____

19. ihr _____

20. Herr Müller _____

Übung	**12-5**

Write the verb in parentheses in the past tense.

EXAMPLE: (kommen) ich
ich kam

1. (helfen) die Mutter _____

2. (schlafen) die Kinder _____

3. (treffen) wir _____

4. (nehmen) du _____

5. (geben) Oma _____

6. (gehen) ich _____

7. (schwimmen) die Jungen _____

8. (werfen) ihr _____

9. (singen) der Lehrer _____

10. (finden) du _____

11. (beginnen) die Klasse _____

12. (geschehen) es _____

13. (fahren) das Auto _____

14. (vergessen) ich _____

15. (sprechen) Frau Wendt _____

Übung   12-6

Marlies and her friends spend a few days in Hamburg. Change the following sentences to the past tense.

EXAMPLE: Sie spricht immer laut.
Sie sprach immer laut.

1. Marlies und ihre Freunde fahren nach Hamburg.

   _____

2. Ute steuert das neue Auto.

   _____

3. Sie übernachten in einer kleinen Pension.

   _____

4. Das Auto parken sie hinter der Pension.

   _____

5. Sie stehen früh auf.

   _____

6. Sie essen ein gutes Frühstück.

   _____

7. Ute trinkt drei Tassen Kaffee.

   _____

8. Dann ziehen sie sich die Jacken an und gehen zur U-Bahn.

   _____

9. In der Innenstadt besichtigen sie das alte Rathaus und das Museum.

   _____

10. Nachmittags machen sie eine Hafenrundfahrt.

    _____

11. Der Kapitän sieht sehr gut aus.

    _____

12. Viele Leute sitzen im Boot.

    _____

13. Sie sehen aber alles gut.

_____

14. Nach der Rundfahrt steigen sie schnell aus.

_____

15. Sie nehmen ein Taxi zu einem berühmten Restaurant.

_____

16. Im Restaurant finden sie noch einen freien Tisch.

_____

17. Sie bestellen gebratenen Fisch.

_____

18. Die Kellnerin bedient sie gut.

_____

19. Alles schmeckt wunderbar.

_____

20. Sie geben der Kellnerin ein großes Trinkgeld.

_____

21. Müde verlassen sie das Restaurant.

_____

22. Sie legen sich müde ins Bett.

_____

23. Der Tag gefällt ihnen sehr gut.

_____

24. Sie vergessen ihn nie.

_____

Mixed Verbs

Mixed verbs also have a vowel change in the past tense. However, they have the **-te** suffix, which is a characteristic of weak verbs.

The following is a list of mixed verbs:

brennen	**brannte**	to burn
bringen	**brachte**	to bring
denken	**dachte**	to think
kennen	**kannte**	to know
nennen	**nannte**	to name
rennen	**rannte**	to run
senden	**sandte**	to send
wenden	**wandte**	to turn
wissen	**wusste**	to know

 **12-7**

Change the following sentences to the past tense.

EXAMPLE: Das Kind rennt schnell.
*Das Kind **rannte** schnell.*

1. Das Licht brennt schon im Haus. _____

2. Es klopft an der Tür. _____

3. Ich gehe hin und mache die Tür auf. _____

4. Ein fremder Mann steht da. _____

5. Er nennt seinen Namen. _____

6. Ich kenne ihn nicht. _____

7. Er weiß aber, wer ich bin. _____

8. Ich denke mir, »Etwas stimmt nicht!« _____

9. Was machen wir? _____

10. Wende ich mich um und schließe die Tür? _____

11. Sende ich den Mann weg? _____

12. Bringe ich ihn ins Haus? _____

13. Ich denke nach. _____

14. Auf einmal erkenne ich ihn! _____

Übung   12-8

Change the following sentences to the past tense.

EXAMPLE: Ich sende dich weg.
*Ich **sandte** dich weg.*

1. Wir fahren zu alten Freunden.

   _____

2. Wir kennen sie schon viele Jahre.

   _____

3. Meine Frau nennt sie unsere besten Freunde.

   _____

4. Sie wissen viel über uns.

   _____

5. Manchmal denke ich sie wissen zu viel.

   _____

6. Wir bringen frische Tomaten aus unserem Garten mit.

   _____

7. Die Fahrt dauert lange.

   _____

8. Ihre Kinder rennen uns entgegen.

   _____

9. Alle freuen sich sehr.

   _____

10. Wir bleiben den ganzen Nachmittag da.

    _____

haben, sein, and werden

The past tense of the auxiliary verbs **haben**, **sein**, and **werden** is irregular. Whereas all other verbs (except modals) are used in the present perfect tense in conversation, these auxiliary verbs are usually used in the simple past tense.

Present Perfect:	Ich **bin** in der Stadt **gewesen**.
Preferred Past:	Ich **war** in der Stadt.

Following is the conjugation of the three auxiliary verbs in the past tense:

haben (*to have*)		**sein** (*to be*)		**werden** (*to become*)	
ich hatte	wir hatten	ich war	wir waren	ich wurde	wir wurden
du hattest	ihr hattet	du warst	ihr wart	du wurdest	ihr wurdet
er/sie/es hatte	sie/Sie hatten	er/sie/es war	sie/Sie waren	er/sie/es wurde	sie/Sie wurden

Übung   12-9

*Insert the correct form of **haben** in the past tense.*

> EXAMPLE: Ich _____ Hunger.
> *Ich **hatte** Hunger.*

1. Wir _____ viel Geld.

2. _____ ihr auch viel Geld?

3. Ich _____ viel Geld.

4. Er_____ aber nicht viel Geld.

5. Müllers _____ viel Geld.

6. Herr Müller, _____ Sie viel Geld?

7. Luise, _____ du viel Geld?

Übung   12-10

*Insert the correct form of **sein** in the past tense.*

> EXAMPLE: Ich _____ einmal schön.
> *Ich **war** einmal schön.*

1. Ich _____ reich.

2. _____ du reich?

3. Paulinchen und ich _____ immer reich.

4. _____ Meiers reich?

5. Walter Meier _____ reich.

6. Stimmt das, Herr Meier, _____ Sie reich?

7. Max und Georg, _____ ihr reich?

Übung   12-11

*Insert the correct form of **werden** in the past tense.*

EXAMPLE: Ich _____ krank.
*Ich **wurde** krank.*

1. Wann _____ wir reich?

2. Ich _____ 1990 reich.

3. Wendts _____ nie reich.

4. Peter _____ vor dreißig Jahren reich.

5. Wann _____ ihr reich?

6. Meine Familie _____ noch nicht reich.

7. Herr Wendt, _____ Sie nicht reich?

Übung   12-12

Change the following conversational exchanges to the past tense.

EXAMPLE: Wo bist du? Ich bin im Garten.
*Wo **warst** du? Ich **war** im Garten.*

1. Wo ist Anna? Sie ist in der Schule.

_____

2. Wirst du oft krank? Ich werde nie krank.

_____

3. Haben die Kinder Hunger? Nein, Peter hat aber Durst.

_____

4. Wann wird es dunkel? Es wird um acht dunkel.

_____

5. Wo seid ihr? Wir sind im Auto.

_____

6. Hast du Durst? Ja, ich habe Durst.

_____

7. Habt ihr am Wochenende Besuch? Ja, die Großeltern sind da.

8. Bist du fremd hier? Ja, ich bin fremd.

9. Frau Schrank, sind Sie oft im Theater? Ich bin selten im Theater.

10. Wir werden nervös wenn er da ist. Wieso denn? Er ist harmlos.

Modal Auxiliaries

While the present tense of modal auxiliaries is highly irregular, the past tense is not. The modals **dürfen**, **können**, **mögen**, and **müssen** do not have an umlaut in the past tense and add the same endings to the stem as the weak verbs do. As with the auxiliary verbs **haben**, **sein**, and **werden**, the past tense of the modals is used in conversation instead of the present perfect tense.

| Present Perfect Tense: | Er **hat** nach Hause **gehen müssen.** |
| Preferred Past Tense: | Er **musste** nach Hause gehen. |

Following is a list of past tense modal verbs:

	dürfen (*may*)	**können** (*can, to be able to*)	**mögen** (*to be fond of, to like to*)
ich	durfte	konnte	mochte
du	durftest	konntest	mochtest
er/sie/es	durfte	konnte	mochte
wir	durften	konnten	mochten
ihr	durftet	konntet	mochtet
sie/Sie	durften	konnten	mochten

	müssen (*must*)	**sollen** (*to be supposed to*)	**wollen** (*to want to*)
ich	musste	sollte	wollte
du	musstest	solltest	wolltest
er/sie/es	musste	sollte	wollte
wir	mussten	sollten	wollten
ihr	musstet	solltet	wolltet
sie/Sie	mussten	sollten	wollten

Übung   12-13

Last weekend did not turn out as expected. Your friend Ute tells you what everyone had hoped to do. Use the past tense of **wollen** to complete the sentences with the cue given.

EXAMPLE: Marlies—in die Stadt fahren
*Marlies **wollte** in die Stadt fahren.*

1. ich—schwimmen gehen _____

2. Heinz und Kristof—Ball spielen _____

3. du—lange schlafen _____

4. wir—eine Bootfahrt machen _____

5. Mutter—ihre Schwester besuchen _____

6. ihr—eine Radtour machen _____

Übung   12-14

These are the things everyone had to do instead. Use the past tense of **müssen** to complete the sentences with the cue given.

EXAMPLE: Marlies—zu Hause bleiben
*Marlies **musste** zu Hause bleiben.*

1. ich—zum Arzt gehen _____

2. Heinz und Kristof—Hausaufgaben machen _____

3. du—früh aufstehen _____

4. wir—den Rasen mähen _____

5. Mutter—die Oma ins Krankenhaus bringen _____

6. ihr—einen Brief schreiben _____

Übung   12-15

To make up for the ruined weekend, everyone was able to do something else later. Use the past tense of **können** to complete the sentences with the cue given.

EXAMPLE: Marlies—ein neues Kleid kaufen
*Marlies **konnte** ein neues Kleid kaufen.*

1. ich—im Nachbarsschwimmbad baden

_____

2. Heinz und Kristof—ihre Freunde besuchen

_____

3. du—den ganzen Tag faulenzen

_____

4. wir—in den Schwarzwald fahren

_____

5. Mutter—einen Einkaufsbummel in Stuttgart machen

_____

6. ihr—in den Bergen wandern

_____

Übung   12-16

The past tense using modals. Oma likes to talk about her youth. Complete the following sentences using the past tense with the cues given.

EXAMPLE: Ich _____ (müssen) das Geschirr _____ (spülen).
Ich **musste** das Geschirr **spülen**.

1. Als ich jung _____ (sein), _____ (sein) die Zeiten anders.

2. Ich _____ (müssen) viel zu Hause _____ (helfen).

3. Wir _____ (wohnen) auf einem Bauernhof.

4. Wir _____ (dürfen) nicht lange _____ (schlafen).

5. Morgens _____ (müssen) wir in die Schule _____ (gehen).

6. Der Lehrer _____ (sein) sehr streng.

7. Er _____ (haben) aber die Kinder gern.

8. Er _____ (können) sehr nett _____ (sein).

9. In der Pause _____ (wollen) die Jungen Ball _____ (spielen).

10. Die älteren Mädchen _____ _____ (herumstehen) und _____ (erzählen) viel.

11. Nach der Schule _____ (wollen) ich immer _____ (lesen), aber ich

_____ (dürfen) das nicht.

12. Ich _____ (müssen) auf die kleinen Geschwister _____ (aufpassen).

13. Mein großer Bruder _____ (müssen) auf dem Feld _____ (arbeiten).

14. Er _____ (wollen) mit seinen Freunden _____ _____ (zusammen
sein).

15. Das _____ (machen) ihm viel Spaß.

16. Ich _____ (können) endlich _____ (lesen).

17. Ich _____ (mögen) am liebsten Romane _____ (lesen).

18. Meine Eltern _____ (können) endlich etwas _____ (ruhen).

19. Manchmal _____ (wollen) sie aber Freunde _____ (besuchen).

20. Abends _____ (können) wir immer etwas zusammen _____ (tun).

The following exercises review the past tense of verbs studied so far.

Übung   12-17

What has happened in the neighborhood over the weekend? Change the following sentences to the past tense.

EXAMPLE: Wir wohnen in Berlin.
*Wir **wohnten** in Berlin.*

1. Müllers ziehen nach Berlin. _____

2. Sie lassen nichts hier. _____

3. Sie fahren mit dem Auto nach Berlin. _____

4. Der LKW holt die Möbel. _____

5. Wir haben Besuch. _____

6. Onkel Rolf kommt. _____

7. Er gibt uns viele Geschenke. _____

8. Das Wetter ist schön. _____

9. Wir sitzen im Garten. _____

10. Opa spricht wieder viel. _____

11. Wir essen Kuchen und trinken Kaffee. _____

12. Ich finde das Zusammensein schön. _____

13. Peter wirft dem Hund einen Ball zu. _____

14. Der Hund fängt den Ball. _____

15. Nachbars Hund beißt den Briefträger. _____

16. Niemand sieht das. _____

17. Der Hund bleibt seitdem immer im Haus. _____

18. Onkel Rolf nimmt noch ein Stück Kuchen. _____

19. Die Kinder werden müde. _____

20. Mutter trägt das Essen ins Haus. _____

21. Ich wasche das Geschirr. _____

22. Helfen Sie oft in der Küche? _____

23. Um elf Uhr gehen wir ins Bett. _____

24. Morgens schlafen wir lange. _____

Übung 12-18

Life in a village. Change the following sentences to the past tense.

>   EXAMPLE: Die Kuh gibt viel Milch.
>   *Die Kuh **gab** viel Milch.*

1. Ich wohne in Mühlheim am Bach.

   _____

2. Es ist ein kleines Dorf.

   _____

3. Es gibt da nur sechshundert Einwohner.

   _____

4. Die meisten Leute sind Bauern.

   _____

5. Die Frauen arbeiten viel auf dem Feld.

_____

6. Vor Weihnachten backen sie Hutzelbrot.

_____

7. Es schmeckt sehr gut.

_____

8. Die Kinder gehen in die Dorfschule.

_____

9. In der Schule finden wir nur zwei Klassenzimmer.

_____

10. Die Kinder lernen Lesen, Schreiben, und Rechnen.

_____

11. Sie schreiben auf eine Tafel.

_____

12. Sie lesen interessante Bücher.

_____

13. Manchmal sehen sie einen Film.

_____

14. In der Pause spielen sie vor der Schule.

_____

15. Nach der Pause kommen die Kinder leise ins Klassenzimmer.

_____

16. Sie sitzen zu zweit auf der Bank.

_____

17. Der blonde Junge macht Dummheiten.

_____

18. Der Lehrer schlägt den Jungen.

_____

19. Der Junge beißt auf die Lippe.

_____

20. Er weint nicht.

   _____

21. Nach der Schule helfen die Kinder zu Hause.

   _____

22. Sie holen die Gänse nach Hause.

   _____

23. Im Herbst pflücken sie Äpfel.

   _____

24. Sie legen die Äpfel in einen Sack.

   _____

25. Peter isst zu viele Äpfel.

   _____

26. Er hat Bauchschmerzen.

   _____

27. Er wird sehr krank.

   _____

28. Am nächsten Tag bleibt er zu Hause.

   _____

29. Abends bringen die Leute die Milch in die Molkerei.

   _____

30. Die Jugend trifft sich da.

   _____

31. Sie sprechen viel.

   _____

32. Sie haben sich viel zu sagen.

   _____

33. Manchmal lachen sie laut.

   _____

34. Im Winter laufen die Kinder Schlittschuh.

   _____

35. Es wird nicht zu kalt in Mühlheim.

   _____

36. Im Sommer wohnen Sommergäste im Gasthaus.

   _____

37. Am Sonntag machen viele Mühlheimer einen kleinen Ausflug.

   _____

38. Für die Kinder kaufen sie Schokolade.

   _____

39. Die Männer trinken Bier im Gasthaus.

   _____

40. Am späten Nachmittag kehren alle müde nach Hause zurück.

   _____

Übung 12-19

Stories and fairy tales are always told in the past tense. Change the following story of **Rumpelstilzchen**
(Rumpelstiltskin) _to the past tense. The words in quotes should be left in the present tense._

Es gibt einen armen Müller, der hat eine schöne Tochter. Er sagt zu seinem König, »Ich habe
eine Tochter, die kann Stroh zu Gold spinnen.« Der König befiehlt ihm die Tochter ins Schloss
zu bringen.

Im Schloss führt er sie in ein Zimmer wo viel Stroh liegt. Sie muss das Stroh zu Gold
spinnen oder sie soll sterben. Das arme Mädchen weiß nicht wie man das macht und weint.

Auf einmal geht die Tür auf und ein kleines Männlein tritt ein und sagt, »Ich kann das. Was
gibst du mir?« Die Müllerstochter gibt ihm ihr Halsband und das Männlein spinnt das Stroh zu
Gold.

Der König sieht das Gold und freut sich sehr. Sie gehen in ein anderes Zimmer voll Stroh.
Das Mädchen kann nicht Stroh zu Gold spinnen und weint wieder. Das Männlein kommt
zurück. Das Mädchen schenkt ihm ihren Ring vom Finger.

Am nächsten Morgen freut sich der König über das viele Gold. Er will noch mehr Gold
haben. So befiehlt er dem Mädchen: »Spinne das Stroh zu Gold und du wirst meine Frau.
Wenn du das nicht machst, dann stirbst du.« Das Mädchen kann sich nicht helfen. Das
Männlein erscheint wieder. Sie verspricht ihm ihr erstes Kind.

Am nächsten Morgen findet der König viel Gold. Er heiratet die Müllerstochter. Ein Jahr
später bekommen sie ein Kind. Eines Nachts besucht das Männlein die Königin. Er will das
Kind haben. Die Königin jammert und weint bis das Männlein Mitleid hat. Er lässt ihr drei
Tage Zeit. Wenn sie dann seinen Namen weiß, darf sie das Kind behalten.

Sie schickt Boten über das ganze Land. Sie erkundigen sich nach verschiedenen Namen. Keiner ist richtig. Die Boten gehen wieder aus. Ein Bote hört ein Männlein im Wald singen, »Niemand weiß, dass ich Rumpelstilzchen heiß.«

Der Bote erzählt das der Königin. Sie sagt es dem Männlein. Es ist der richtige Name. Das Männlein wird sehr wütend. Er reißt sich den Fuß aus dem Leib und stirbt.

_____

_____

_____

_____

_____

_____

_____

_____

_____

_____

_____

_____

_____

_____

_____

_____

_____

_____

_____

The Present Perfect Tense

Usage of the Present Perfect Tense

In oral conversation, when speaking about something that has happened in the past, German uses the *present perfect tense*:

Ich habe gegessen.	*I have eaten.*
Ich habe gekauft.	*I have bought.*

In English there are different ways of saying the same thing: *I have eaten, I have been eating, I did eat,* and most often, *I ate*; or *I have bought, I have been buying, I did buy,* and again most often, *I bought.* In German, since the present perfect tense is the tense most often used in speech, it is often called the *conversational past.* The present perfect tense is also used in all kinds of informal writing.

Formation of the Present Perfect Tense

In German, as in English, the present perfect tense is a compound tense. It is formed by using the present tense of **haben** or **sein** and the past participle (**gekauft**—*bought,* **gesagt**—*said*). The helping verb **haben** or **sein** is conjugated and must agree with the subject. The past participle is placed in the final position, except in a dependent clause.

Ich **habe** das Buch **gekauft**.	*I **have bought** the book.*
Du **hast** das Buch **gekauft**.	*You **have bought** the book.*
Er/sie/es **hat** das Buch **gekauft**.	*He/she/it **has bought** the book.*
Wir **haben** das Buch **gekauft**.	*We **have bought** the book.*
Ihr **habt** das Buch **gekauft**.	*You (pl.) **have bought** the book.*
Sie/Sie **haben** das Buch **gekauft**.	*They/You (form.) **have bought** the book.*
Ich **bin** in die Schule **gegangen**.	*I **have gone** to school.*

Du **bist** in die Schule **gegangen**.   *You **have gone** to school.*
Er/sie/es **ist** in die Schule **gegangen**.   *He/she/it **has gone** to school.*
Wir **sind** in die Schule **gegangen**.   *We **have gone** to school.*
Ihr **seid** in die Schule **gegangen**.   *You (pl.) **have gone** to school.*
Sie/Sie **sind** in die Schule **gegangen**.   *They/You (form.) **have gone** to school.*

As you have already seen in Unit 12, German verbs may be broken up into two major groups: weak and strong. The way in which the past tense of the verb is formed determines whether a verb is weak or strong. A weak verb does not change its stem in the past tense forms. A strong verb changes its stem vowel and sometimes the consonants in the past tense forms, as can be seen in the verb shown above—**gehen/gegangen**.

Present Perfect Tense of Weak Verbs

The present perfect tense is a compound tense, so you need a helping verb. Weak verbs take the helping verb **haben**. **Haben** must be conjugated to agree with the subject.

Weak verbs do not change their stems in the past tense forms (**er hat gespielt, er spielte**—*he has played, he played* / **ich habe getanzt, ich tanzte**—*I have danced, I danced*).

Regular weak verbs form their past participles by adding the prefix **ge-** to the third-person singular. Therefore, the past participle of **sagen**, as an example, is formed like this:

third-person singular of **sagen** is **sagt**
no stem change
add the prefix **ge-**:
= **gesagt**

Here is a conjugation of all persons:

Ich **habe** nichts **gesagt**.   *I **have said** nothing.*
Du **hast** nichts **gesagt**.   *You **have said** nothing.*
Er/sie/es **hat** nichts **gesagt**.   *He/she/it **has said** nothing.*
Wir **haben** nichts **gesagt**.   *We **have said** nothing.*
Ihr **habt** nichts **gesagt**.   *You (pl.) **have said** nothing.*
Sie/Sie **haben** nichts **gesagt**.   *They/You (form.) **have said** nothing.*

-d, -t, -et; -m, -n

If the stem of the verb ends in **-d** or **-t**, you add an **-e-** between the stem and the **-t** suffix, as in the present tense: **arbeiten, gearbeitet**; **baden, gebadet**. To aid pronunciation an **-e-** is also added between the stem and the **-t** suffix in some verbs whose stems end in **-m** or **-n**: **öffnen, geöffnet**; **atmen, geatmet**; but **lernen, gelernt**; **wohnen, gewohnt**.

Übung   13-1

Your father wants you to mow the lawn. Tell your father that it has already been done.

EXAMPLE: Luise _____.
Luise hat es schon gemacht.

1. Opa _____.

2. Ich _____.

3. Herr Lange _____.

4. Wir _____.

5. Jakob und Michael _____.

6. Herr Müller und Frau Müller _____.

7. Emma _____.

Übung   13-2

Mother wants you to do a number of things before you go away for the weekend. Tell her you have already done these.

EXAMPLE: Deck den Tisch.
Ich habe den Tisch schon gedeckt.

1. Kauf Brot. _____.

2. Spiel mit Annchen. _____.

3. Öffne die Fenster. _____.

4. Bade den Hund. _____.

5. Pack den Koffer. _____.

6. Putz das Zimmer. _____.

7. Arbeite im Garten. _____.

8. Besuch die Nachbarn. _____.

9. Lern Spanisch. _____.

10. Antworte dem Vater. _____.

| **Übung** | **13-3** |

Tante Gretel comes for a visit and tells all the news about her family and the rest of the relatives. Change the following sentences to the present perfect tense.

> EXAMPLE: Benita lernt Polnisch.
> *Benita hat Polnisch gelernt.*

1. Onkel Dieter und Tante Edith bauen ein neues Haus. _____

2. Es kostet viel Geld. _____

3. Sie borgen Geld auf der Bank. _____

4. Sie arbeiten viel im Haus. _____

5. Tante Edith putzt die Fenster oft. _____

6. Sie kauft neue Möbel. _____

7. Sie wünscht sich einen schönen Garten. _____

8. Sie sucht Blumen für den Garten. _____

9. Sie braucht viel Geld. _____

10. Sie zeigt das Haus den Freunden. _____

11. Das Haus macht ihr Freude. _____

12. Opa und Oma atmen oft laut. _____

13. Sie wohnen nicht mehr alleine. _____

14. Oma weint oft. _____

15. Sie sagt nicht viel. _____

16. Die Zwillinge spielen Ball. _____

17. Sie baden oft. _____

18. Sie lachen laut. _____

19. Sabine tanzt mit dem neuen Freund. _____

20. Sie wartet oft auf Post von ihm. _____

haben or *sein* as the Auxiliary Verb in Perfect Tenses

Although **haben** is used as the helping verb by most verbs in the present perfect tense, **sein** is used by some instead of **haben**. When the main verb shows a change of position (such as running, but not dancing [since you can dance in one place]) or a change of condition (such as dying), **sein** is used. These sentences show a change of position:

Er ist nach Hause gegangen.	*He has gone home.*
Die Kinder sind in den Park gelaufen.	*The children have run to the park.*

sein with a Change of Position

The following are common verbs that show a change of position and therefore take **sein** as a helping verb:

fahren	**ist gefahren**	to go (by vehicle)
fallen	**ist gefallen**	to fall
fliegen	**ist geflogen**	to fly
folgen	**ist gefolgt**	to follow
gehen	**ist gegangen**	to go
kommen	**ist gekommen**	to come
kriechen	**ist gekrochen**	to creep, to crawl
laufen	**ist gelaufen**	to run
reisen	**ist gereist**	to travel
reiten	**ist geritten**	to ride (on horseback)
rennen	**ist gerannt**	to run
schwimmen	**ist geschwommen**	to swim
sinken	**ist gesunken**	to sink
springen	**ist gesprungen**	to jump

Übung 13-4

*Axel and his friends spend an afternoon in the park. Insert the correct helping verb, either **haben** or **sein**, in the space provided.*

EXAMPLE: Axel _____ in den Park gekommen.
*Axel **ist** in den Park gekommen.*

1. Die Kinder _____ in den Park gegangen.

2. Dort _____ sie (*pl.*) Ball gespielt.

3. Axel _____ an den See gelaufen.

4. Er _____ den Ball ins Wasser geworfen.

5. Der Ball _____ tief gesunken.

6. Axel _____ ins Wasser gesprungen.

7. Er _____ den Ball geholt.

8. Er _____ ans Ufer geschwommen.

9. Dann _____ er auf das Gras gekrochen.

10. Die anderen Kinder _____ da auf ihn gewartet.

sein with a Change of Condition

You will see a change of condition in these sentences:

Das Kind **ist** schnell eingeschlafen.   *The child **has** fallen asleep quickly.*
Wir **sind** nicht krank geworden.   *We **did** not become ill.*

The following verbs show a change of condition and therefore take **sein** as a helping verb:

aufwachen	**ist aufgewacht**	to wake up
einschlafen	**ist eingeschlafen**	to fall asleep
ertrinken	**ist ertrunken**	to drown
gebären	**hat geboren**	to give birth
	ist geboren	to be born
geschehen	**ist geschehen**	to happen
passieren	**ist passiert**	to happen
sterben	**ist gestorben**	to die
wachsen	**ist gewachsen**	to grow
werden	**ist geworden**	to become

Übung   13-5

Heiko's teacher asks the class what they know about Johann Wolfgang von Goethe. Supply the correct missing helping verb in the students' answers.

EXAMPLE: Silke: Goethe _____ *Faust geschrieben.*
*Silke: Goethe **hat** Faust geschrieben.*

1. Thomas: Goethe _____ in Frankfurt geboren.

2. Heide: Dort _____ er aufgewachsen.

3. Erika: Er _____ in Straßburg studiert.

4. Ute: Er _____ da eine Pastorstochter geliebt.

5. Sebastian: Er _____ viele Gedichte geschrieben.

6. Fritz: In 1786 _____ er nach Italien gereist.

7. Heike: Er _____ in Mittenwald übernachtet.

8. Michael: _____ er da gleich eingeschlafen?

9. Annchen: In Goethes Leben _____ wirklich viel passiert.

10. Franz: 1832 _____ Goethe gestorben.

sein with Verbs of Rest

Sein is also used with two verbs of rest: **sein**—*to be*; **bleiben**—*to remain.*

Er ist im Geschäft gewesen.	*He has been in the store.* (*He was in the store.*)
Ich bin im Bett geblieben.	*I have stayed in bed.* (*I stayed in bed.*)

Übung   13-6

Where is Werner? Fill in the correct helping verb in the space provided.

EXAMPLE: Werner _____ in der Schule geblieben.
Werner *ist* in der Schule geblieben.

1. Werner _____ nicht hier gewesen.

2. Er _____ zu Hause geblieben.

3. Er _____ krank geworden.

4. Dann _____ er viel Saft getrunken.

5. Seine Großeltern _____ bei ihm geblieben.

haben with Some Verbs of Motion

Some verbs of motion can take a direct object. When this is done, the verb takes **haben** as a helping verb.

Ich habe das neue Auto gefahren.	*I have driven the new car.*
Der Pilot hat die Passagiere nach München geflogen.	*The pilot has flown the passengers to Munich.*

Haben is also used when the verb indicates motion within a place rather than motion toward a place.

Der Junge hat im See geschwommen.	*The boy swam in the lake.*
Das Kind hat auf dem Teppich gekrochen.	*The child crawled on the carpet.*

Übung   13-7

Jörg has a rushed morning. In the following sentences he tells about it. Supply the correct form of the helping verb (**haben** *or* **sein**).

EXAMPLE: Er _____ ins Wasser gefallen.
Er *ist* ins Wasser gefallen.

1. Ich _____ früh aufgestanden.

2. Ich _____ nicht lange im Bett gelegen.

3. Ich _____ ins Bad gegangen.

4. Ich _____ mir die Zähne geputzt.

5. In der Küche _____ ich Orangensaft getrunken.

6. Ich _____ auch Toast gegessen.

7. Leider _____ ein Stück Toast auf den Fußboden gefallen.

8. Es _____ mir schon einmal passiert.

9. Es _____ da nicht liegen geblieben.

10. Ich _____ es in den Müll geworfen.

11. Es _____ spät geworden.

12. Ich _____ an die Bushaltestelle gelaufen.

13. Ich _____ auf den Bus gewartet.

14. Der Bus _____ gleich gekommen.

15. Ich _____ eingestiegen.

16. Im Bus _____ ich nach hinten gegangen.

17. Ich _____ mich hingesetzt.

18. Ich _____ etwas die Zeitung gelesen.

19. Ich _____ so müde gewesen.

20. Dann _____ ich eingeschlafen.

21. Der Busfahrer _____ mich aufgeweckt.

22. Ich _____ schwer aufgewacht.

23. Ich _____ alle meine Sachen genommen.

24. Ich _____ an die Bustür gegangen.

25. Dann _____ ich ausgestiegen.

26. Es _____ ein kalter Morgen gewesen.

27. Ich _____ nicht zu spät gekommen. Ich mag meine Arbeit nicht. Ich möchte lieber Busfahrer werden.

28. Ich _____ aber noch nie einen Bus gefahren.

29. Na ja, wenn ich reich geworden _____, brauche ich nicht arbeiten.

30. Bis jetzt _____ das aber noch nicht geschehen!

Present Perfect Tense of Strong Verbs

A strong verb changes its stem and sometimes its consonants when forming the past or perfect tenses. The past participle of strong verbs is formed by adding **ge-** to the beginning and **-(e)n** to the end of the stem (**getan** is an exception).

laufen	**ge**lauf**en**
sehen	**ge**seh**en**

Besides that, many strong verbs change the stem vowel in the past participle from **i** to **u**, **e** to **a**, **e** to **o**, etc.:

gehen	geg**a**ngen
sprechen	gespr**o**chen

Common verbs with a change from **e** to **o**:

befehlen	**befohlen**	to order, command
brechen	**gebrochen**	to break
empfehlen	**empfohlen**	to recommend
heben	**gehoben**	to lift
nehmen	**genommen**	to take
sprechen	**gesprochen**	to speak
stehlen	**gestohlen**	to steal
sterben	**gestorben**	to die
treffen	**getroffen**	to meet
werfen	**geworfen**	to throw

Common verbs with a change from **e** to **a**:

gehen	**gegangen**	to go
stehen	**gestanden**	to stand

Common verbs with a change from **i**, **ie**, or **ü** to **o**:

fliegen	**geflogen**	to fly
frieren	**gefroren**	to freeze
lügen	**gelogen**	to lie
riechen	**gerochen**	to smell
schieben	**geschoben**	to push
schließen	**geschlossen**	to close
schwimmen	**geschwommen**	to swim
verlieren	**verloren**	to lose
ziehen	**gezogen**	to pull, to move (change residence)

Common verbs with a change from **ei** to **i** or **ie**:

beißen	**gebissen**	to bite
greifen	**gegriffen**	to grab
leihen	**geliehen**	to lend
pfeifen	**gepfiffen**	to whistle
reiten	**geritten**	to ride (on horseback)
schreiben	**geschrieben**	to write
schweigen	**geschwiegen**	to keep quiet
steigen	**gestiegen**	to climb
streiten	**gestritten**	to quarrel

Common verbs with a change from **i** to **u**:

binden	**gebunden**	to tie
finden	**gefunden**	to find
singen	**gesungen**	to sing
sinken	**gesunken**	to sink
springen	**gesprungen**	to jump
trinken	**getrunken**	to drink

Common verbs with a change from **i** or **ie** to **e**:

bitten	**gebeten**	to ask
liegen	**gelegen**	to lie (down)
sitzen	**gesessen**	to sit

Other common verbs:

essen	**gegessen**	to eat
haben	**gehabt**	to have
sein	**gewesen**	to be
tun	**getan**	to do
werden	**geworden**	to become, to get

Übung   13-8

Was haben die Studenten letzte Woche gemacht? Supply the proper auxiliary in the following sentences. (Remember the rule governing **haben** or **sein** as a helping verb: if the verb shows a change of position or condition, it takes **sein** as a helping verb.)

EXAMPLE: Er ＿＿＿＿＿＿ einen Aufsatz geschrieben.
*Er **hat** einen Aufsatz geschrieben.*

1. Sie (*pl.*) ＿＿＿＿＿＿ früh in die Uni gefahren.

2. Dort ＿＿＿＿＿＿ sie (*pl.*) andere Freunde getroffen.

3. Sie (*pl.*) ＿＿＿＿＿＿ sich gegenseitig die Hand gegeben.

4. Das neue Mädchen ＿＿＿＿＿＿ viel zu sagen gehabt.

5. Das viele Sprechen ＿＿＿＿＿＿ Martin zu viel geworden.

6. Sie (*pl.*) _____ zusammen in den Saal gegangen.

7. Dort _____ Martin keinen freien Platz gefunden.

8. Eine schöne Blonde _____ ihm aber geholfen.

9. Der Professor _____ sehr laut gesprochen.

10. Ich _____ nicht geschlafen.

11. Wir _____ ins Heft geschrieben.

12. Ein Buch _____ auf den Boden gefallen.

13. Die Freunde _____ dann in die Mensa gegangen.

14. Dort _____ sie (*pl.*) Kaffee getrunken.

15. Das neue Mädchen _____ Brötchen gegessen.

Übung	13-9

Supply the helping verb (for the third-person singular) and the past participle of the following verbs.

  EXAMPLES: schlafen   *hat geschlafen*
       fallen   *ist gefallen*

1. essen _____

2. trinken _____

3. nehmen _____

4. sitzen _____

5. liegen _____

6. springen _____

7. kommen _____

8. laufen _____

9. gehen _____

10. schwimmen _____

11. reiten _____

12. schreiben _____

13. lesen _____

14. geben _____

15. helfen _____

16. treffen _____

17. singen _____

18. sprechen _____

19. sterben _____

20. fahren _____

21. fliegen _____

22. werden _____

23. sein _____

24. haben _____

25. tun _____

Übung   13-10

The teacher wants to know what the students know about Otto von Bismarck. Supply the correct past participle in the students' answers.

EXAMPLE: Emma: (wohnen) Er hat in Berlin _____ .
Emma: Er hat in Berlin **gewohnt**.

1. Peter: (lernen) Er hat viel in der Schule _____ .

2. Luise: (werden) Er ist Rechtsanwalt _____ .

3. Angela: (sprechen) Er hat im Parlament _____ .

4. Birgit: (fahren) Er ist nach Russland _____ .

5. Christoph: (reisen) Nach Frankreich ist er auch _____ .

6. Sabine: (sein) Er ist ein großer Diplomat _____ .

7. Hans: (reiten) Er ist viel in der Armee _____ .

8. Ulrich: (helfen) Er hat den Kranken _____ .

9. Holger: (unterschreiben) Er hat einen Vertrag mit Russland _____ .

10. Erich: (schweigen) Er hat nicht gern _____.

11. Elsa: (haben) Er hat viel Land in Magdeburg _____.

12. Leo: (essen) Er hat gern Hering _____.

13. Beate: (trinken) Er hat viel Tee mit dem Kaiser _____.

14. Uwe: (ziehen) Am Ende seines Lebens ist er auf sein Gut _____.

15. Anke: (sterben) 1898 ist er _____.

Übung   13-11

Magda is talking to her friend on the phone and tells her what she and her family did all day. Change the following sentences to the present perfect tense.

EXAMPLE: Ich sehe einen Film.
Ich habe einen Film gesehen.

1. Wir essen ein gutes Frühstück. _____

2. Ich trinke viel Kaffee. _____

3. Die Kinder gehen in die Schule. _____

4. Sie fahren mit dem Bus. _____

5. Sie spielen auf dem Schulplatz. _____

6. Sie lernen in der Klasse. _____

7. Ich putze die Küche. _____

8. Harold arbeitet im Garten. _____

9. Er pflanzt Tomaten. _____

10. Ich kaufe sie beim Gärtner. _____

11. Sie kosten nicht viel. _____

12. Habt ihr dieses Jahr auch Tomaten? _____

13. Es wird heute Abend kalt. _____

14. Es friert schon lange nicht. _____

15. Moment, ruft der Nachbar? _____

Übung   13-12

Wo warst du gestern? *You came home late last night and your mother wants to know everything that happened.*
Change the following conversation to the present perfect tense.

EXAMPLE: Du: Wir kaufen ein Eis.
Wir haben ein Eis gekauft.

1. Du: Ich fahre mit Michael in die Stadt.

   _____

2. Mutter: Was macht ihr da?

   _____

3. Du: Wir gehen in die Geschäfte.

   _____

4. Mutter: Kauft ihr etwas?

   _____

5. Du: Ja, ich kaufe eine neue Bluse. Sie kostet nicht viel.

   _____

6. Mutter: Und dann?

   Du: Wir sehen einen Film. Ich finde ihn sehr interessant.

   _____

7. Mutter: Was macht ihr dann?

   _____

8. Du: Wir holen etwas zum Essen.

   _____

9. Mutter: Was isst du?

   _____

10. Du: Ich esse ein Stück Torte und trinke Kaffee.

    _____

11. Mutter: Wie lange bleibt ihr im Restaurant?

    _____

12. Du: Wir sitzen da vielleicht zwei Stunden. Wir sprechen viel zusammen. Michael gibt mir ein neues Foto. Ich nehme es natürlich. Sonst tun wir nichts. Wir steigen ins Auto und fahren nach Hause.

_____

_____

_____

Present Perfect Tense of Mixed Verbs

Mixed verbs have a vowel change in the past participle, just as strong verbs do. However, the past participle of mixed verbs ends in **-t**, which is a characteristic of weak verbs. This group of verbs is rather small. The following is a list of these verbs.

Past participles of mixed verbs:

brennen	**gebrannt**	to burn
bringen	**gebracht**	to bring
denken	**gedacht**	to think
kennen	**gekannt**	to know
nennen	**genannt**	to name
rennen	**gerannt**	to run
senden	**gesandt**	to send
wenden	**gewandt**	to turn
wissen	**gewusst**	to know

Übung   13-13

The following letter is from a jilted lover. Rewrite the following sentences in the present perfect tense.

EXAMPLE: Kennst du mich nicht mehr?
Hast du mich nicht mehr gekannt?

1. Ich denke oft an dich. _____

2. Ich denke wir sind (waren) gute Freunde. _____

3. Du bringst mir Geschenke. _____

4. Du sendest mir Liebesbriefe. _____

5. Du nennst mich »Liebling«. _____

6. Jetzt wendest du dich von mir. _____

7. Ich weiss nicht was falsch war. _____

8. Mein Herz brennt noch nie so vor Schmerz. _____

9. Liebst du mich nie? _____

Übung	13-14

A visit to a friend. Change the following sentences to the present perfect tense.

> EXAMPLE: Wir trinken Tee.
> *Wir haben Tee getrunken.*

1. Ich kenne dich gut.

   _____

2. Wir wissen alle wo du wohnst.

   _____

3. Sonst weiß es niemand.

   _____

4. Wir kommen zu dir.

   _____

5. Zuerst schreiben wir einen Brief.

   _____

6. Du sitzt auf der Couch.

   _____

7. Wir gehen ins Haus.

   _____

8. Du machst Tee.

   _____

9. Wir essen Kuchen.

   _____

10. Das Feuer brennt im Ofen.

    _____

11. Der Hund rennt im Garten herum.

    _____

12. Es regnet.

    _____

13. Das Dienstmädchen bringt uns einen Regenschirm.

    _____

14. Wir nehmen den Regenschirm.

_____

15. Wir sagen, »Auf Wiedersehen«.

_____

Present Perfect Tense with Separable Prefixes

If the verb has a separable prefix (such as **ab-**, **ein-**, **mit-**, **vor-**, **zu-**, etc.), the **ge-** of the participle is placed between the separable prefix and the verb.

	Infinitive	**Past Participle**
Weak Verb	aufpassen	aufgepasst
Strong Verb	weggehen	weggegangen

Sie hat immer aufgepasst.   _She always paid attention._
Wann seid ihr weggegangen?   _When did you leave?_

For a list of verbs with separable prefixes, see Unit 4.

Übung   13-15

Complete the following sentences with the correct past participle.

    EXAMPLE: Gestern sind alle _____ (fortfahren).
           Gestern sind alle **fortgefahren.**

1. Wann hast du Luise _____ (abholen)?

2. Sie ist gestern _____ (ankommen).

3. Was hat sie _____ (anziehen)?

4. Die Kinder sind alle _____ (hereinkommen).

5. Vater hat sie alle _____ (hereinlassen).

6. Was haben sie _____ (mitbringen)?

7. Sie haben sich viel _____ (umsehen).

8. Warum hast du die Tür _____ (zumachen)?

9. Darüber habe ich noch nicht _____ (nachdenken).

10. Herr Wende, haben Sie alles Geld _____ (zurückgeben)?

Übung   13-16

Change the following conversations to the present perfect tense.

EXAMPLE: Wann rufst du an?   *Wann **hast** du **angerufen**?*
         Ich rufe nachmittags an.   *Ich **habe** nachmittags **angerufen**.*

1. Wann stehst du auf? _____

   Ich mache das immer um sieben Uhr. _____

2. Was brennt dort nieder? _____

   Das ist bestimmt das alte Haus. _____

3. Werft ihr den Müll heraus? _____

   Natürlich nicht. Das passiert nie. _____

4. Stellst du das schöne Mädchen vor? _____

   Nein. Ich kenne sie nicht. _____

5. Wann kommt der Bus an? _____

   Das geschieht um zwei Uhr. _____

6. Fällt der Ball schon wieder ins Wasser hinein? _____

   Ja. Klaus passt wieder nicht auf. _____

7. Reißt der Gärtner alle Blumen heraus? _____

   Ja. Er pflanzt sie nicht um. _____

8. Wann kommt ihr mit den Freunden zusammen? _____

   Das weiß ich nicht. _____

9. Nimmst du die Äpfel mit? _____

   Nein. Ich lasse sie hier. _____

10. Wir hören mit dem Singen auf. _____

    Gut. Das hört sich wirklich nicht gut an. _____

Present Perfect Tense with Inseparable Prefixes

The inseparable prefixes—so called because they are never separated from the verb—are **be-**, **emp-**, **ent-**, **er-**, **ge-**, **miss-**, **ver-**, and **zer-**. Verbs with inseparable prefixes do not take the usual **ge-** prefix to form the past participle.

	Infinitive	**Past Participle**
Weak Verb	besuchen	besucht
Strong Verb	beginnen	begonnen

Common verbs with inseparable prefixes are listed in Unit 4.

 **13-17**

*Change the following conversation to the present perfect tense or the simple past, as appropriate. (Some of the sentences will use the simple past, since the present perfect is seldom used with **sein**, **werden**, and **haben**.)*

EXAMPLE: Was kaufst du ein?   *Was hast du eingekauft?*
Ich kaufe nichts ein.   *Ich habe nichts eingekauft.*

Wo wart ihr letzten Sommer?

1. Wir fahren in die Alpen.

   _____

2. Bernd kommt mit.

   _____

3. Wir haben viel Spaß.

   _____

4. Was macht ihr alles?

   _____

5. Wir reiten in den Wald hinein.

   _____

6. Wir klettern in den Bergen.

   _____

7. Luise klettert immer schnell hinunter.

   _____

8. Sie passt aber gut auf.

   _____

9. Sie tut sich nicht weh.

_____

10. Nachmittags schwimmen wir viel.

_____

11. Die Jungen werfen die Mädchen gern ins Wasser hinein.

_____

12. Wir bringen immer etwas zum Essen und Trinken mit.

_____

13. Die Jungen spielen Ball.

_____

14. Bernd gibt immer den Ball zurück.

_____

15. Er macht das nicht gern.

_____

16. Was habt ihr abends vor?

_____

17. Wir gehen in die Stadt hinein.

_____

18. Wir schauen uns einen Film an.

_____

19. Wir gehen zum Essen aus.

_____

20. Zu früh kehren wir nach Hause zurück.

_____

Übung   13-18

Our car is gone! Change the following sentences to the present perfect tense.

> EXAMPLE: Die Polizei mißtraut uns nicht.
> _Die Polizei hat uns nicht mißtraut._

1. Wir rufen die Polizei an. _____

2. Unser neues Auto verschwindet. _____

3. Wir begreifen nicht warum. _____

4. Wir besitzen es noch nicht lange. _____

5. Unser Nachbar verkauft es uns. _____

6. Es gefällt mir sehr gut. _____

7. Die Polizei verlangt Beweis. _____

8. Ich beweise dass es mir gehört. _____

9. Ich beschreibe es genau. _____

10. Ich weiss genau wie das Auto aussieht. _____

Wer war Albert Einstein? *Now the teacher wants to know what the students know about Albert Einstein. Change the students' responses to the present perfect tense.*

>   EXAMPLE: Axel: 1940 nimmt er die amerikanische Staatsbürgerschaft an.
>   *Axel: 1940 hat er die amerikanische Staatsbürgerschaft angenommen.*

1. Peter: 1879 kommt er zur Welt.

   _____

2. Beate: Er wächst in Deutschland auf.

   _____

3. Friedel: Er besucht die Schule in München und in der Schweiz.

   _____

4. Emma: Er spielt Violine.

   _____

5. Jörg: Er erfindet die Relativitätstheorie.

   _____

6. Dieter: 1921 bekommt er den Nobelpreis in Physik.

   _____

7. Jürgen: Er verheiratet sich mit seiner Kusine Elsa.

   _____

8. Brigitte: Er entscheidet sich nach Amerika auszuwandern.

   _____

9. Anna: Er verlässt Deutschland.

   _____

10. Ruth: 1933 wandert er nach Amerika aus.

    _____

11. Hilde: Er unterrichtet an der Universität in Princeton.

    _____

12. Ulrike: Da zieht er in ein einfaches Haus.

    _____

13. Anke: Er bespricht vieles mit seiner Frau.

    _____

14. Inge: Der Präsident Roosevelt empfängt einen Brief von ihm.

    _____

15. Fritz: Im Brief beschreibt er die Entwicklung einer Atombombe in Deutschland.

    _____

16. Achim: Er unterstützt den Zionismus.

    _____

17. Marie: Er hilft vielen Menschen.

    _____

18. Michael: Er vergisst die Armen nicht.

    _____

19. Luise: In seinem Leben geschieht wirklich viel.

    _____

20. Thomas: 1955 stirbt er in Princeton.

    _____

Present Perfect Tense with Verbs Ending in *-ieren*

Verbs ending in **-ieren** also do not take the usual **ge-** prefix to form the past participle. The past participle of these verbs is the same as the third-person singular in the present tense.

Infinitive	Past Participle
musizieren—er **musiziert**	**musiziert**
reparieren—er **repariert**	**repariert**

Sie haben im Park **musiziert**. *They **made music** in the park.*
Er hat das Auto **repariert**. *He has **repaired** the car.*

The following is a list of some of the more common verbs ending in **-ieren**:

sich amüsieren	to amuse oneself
dekorieren	to decorate
demonstrieren	to demonstrate
existieren	to exist
fotografieren	to photograph
funktionieren	to function
informieren	to inform
sich interessieren für	to be interested in
sich konzentrieren	to concentrate
korrigieren	to correct
musizieren	to make music
operieren	to operate
passieren	to happen
probieren	to try
sich rasieren	to shave
regieren	to rule, govern
reparieren	to repair
servieren	to serve
studieren	to study
telefonieren	to telephone

Übung 13-20

*Change the following sentences to the present perfect tense. Remember that the present perfect tense is usually not used with **haben** and **sein**. The simple past is used instead.*

EXAMPLE: Hier existieren keine tropischen Vögel.
Hier haben keine tropischen Vögel existiert.

1. Was passiert am Wochenende?

_____

2. Wir korrigieren zuerst unsere Hausaufgaben.

_____

3. Wir konzentrieren uns dabei und es geht schnell.

_____

4. Dann amüsieren wir uns.

_____

5. Sabine telefoniert mit uns.

_____

6. Sie informiert uns dass sie Karten für ein Konzert hat.

_____

7. »Die Blonden Herren« musizieren schön.

_____

8. Wir besuchen alle das Konzert.

_____

9. Dann fahren wir in ein schönes Restaurant.

_____

10. Wir bestellen Kaffee und Kuchen.

_____

11. Heiko probiert die Sachertorte.

_____

12. Die Kellnerin serviert große Stücke.

_____

13. Alles schmeckt gut.

_____

14. Sie fotografiert uns auch.

_____

15. Das macht alles Spaß.

_____

16. Wir verlassen fröhlich das Restaurant.

_____

17. Schreck! Das Auto funktioniert nicht!

_____

18. Peter repariert es aber schnell.

_____

19. Der Motor springt an.

_____

20. Das ist unser Wochenende!

_____

Present Perfect Tense of Modal Auxiliaries and of *sein* and *haben*

The present perfect tense forms **gedurft**, **gekonnt**, **gemocht**, **gemusst**, **gesollt**, and **gewollt** are used only when the modal is the only verb:

Er hat das gemocht.	*He has liked it.*
Sie hat das nicht gewollt.	*She did not want this.*

When another verb is combined with a modal, the present perfect tense uses a double infinitive. **Sie hat die Aufgabe machen müssen.** This is addressed in more detail in Unit 18 under Double Infinitives with Modals. In most cases the simple past is preferred: **Sie wollte zu Hause bleiben.**

Sein and **haben** are used more often in the simple past tense (**war**, **hatten**) than in the present perfect tense. However, sometimes you will come across phrases like:

Ich habe die Grippe gehabt.	*I have had the flu.*
Er ist hier gewesen.	*He has been here.*

Subordinate Clauses and the Present Perfect Tense

When using a subordinate clause, the finite verb (the verb that is conjugated to agree with the subject) is placed in the last position.

Er war krank, weil er zu viel grüne Äpfel gegessen **hat**.	*He was ill because he ate too many green apples.*
Ich weiß, dass ich zu schnell gelaufen **bin**.	*I know that I ran too fast.*

Übung   13-21

Combine the sentences with a conjunction—thus forming a subordinate clause.

EXAMPLE: Bernd hat ein Buch gelesen, während (Luise hat einen Brief geschrieben).
Bernd hat ein Buch gelesen, während Luise einen Brief geschrieben hat.

1. Die Katze hat geschlafen, während (sie hat in der Sonne gelegen).

   _____

2. Sie sind nach Hamburg gefahren, weil (sie wollten den Hafen sehen).

   _____

3. Sie weiß, dass (er hat den Kuchen aufgegessen).

   _____

4. Er tat immer, als ob (er hat nichts verstanden).

   _____

5. Habt ihr gewusst, dass (die Kinder sind in den Park gegangen)?

   _____

Übung	**13-22**

Dagmar and Birgit are talking about their New Year's Eve. Change the following conversation to the present perfect tense.

EXAMPLE: Ich spreche oft mit ihm.
Ich habe oft mit ihm gesprochen.

1. Dagmar: Feierst du gut Sylvesterabend?

   _____

2. Birgit: Oh, ja. Ich habe viel Spaß. Zuerst gehe ich mit Bernd, Ute, und Heinz ins Konzert.

   _____

3. Dagmar: Geht ihr in die neue Konzerthalle?

   _____

4. Birgit: Na, klar. Das Orchester spielt auch wunderbar. Wir sitzen gleich vorne.

   _____

5. Dagmar: Siehst du dort Bekannte?

   _____

6. Birgit: Herr Frank, mein Arzt, sitzt nicht weit von uns. Er erkennt mich gleich.

   _____

7. Dagmar: Was macht ihr nach dem Konzert?

   _____

8. Birgit: Wir fahren zu Ute. Ihre Mutter bereitet ein Essen vor. Alles schmeckt sehr gut. Ich esse natürlich zu viel.

   _____

   _____

9. Dagmar: Wie verläuft der Abend dann?

   _____

10. Birgit: Bernd erzählt Witze. Wir lachen alle. Wir amüsieren uns den ganzen Abend. Ute zeigt auch Bilder von ihrer Reise.

   _____

   _____

11.   Dagmar: Bleibt ihr lange dort?

_____

12. Birgit: Um ein Uhr gehen wir nach Hause. Wie verbringst du Sylvesterabend?

_____

13. Dagmar: Ich bleibe zu Hause. Ich fühle mich nicht wohl und liege im Bett.

_____

14. Birgit: Leistet dir niemand Gesellschaft?

_____

15. Dagmar: Nein, niemand besucht mich. Niemand telefoniert. Ich lese einen langweiligen Roman und schlafe bald ein.

_____

_____

The Past Perfect Tense

The past perfect is formed in the same manner as the present perfect—auxiliary verb plus past participle. However, the past perfect uses the *past* tense of the auxiliary **haben** or **sein**. It is, again, the past participle that determines whether to use **haben** or **sein**, and the past participle is again placed at the end of a clause or sentence. The past perfect is used to show events that happened before other past events.

Bevor er die Prüfung bestand, hatte er viel studiert.	*Before he passed the test, he had studied a lot.*

The following is the conjugation of the past perfect with verbs that take **haben** or **sein**:

Ich **hatte** lange geschlafen.	*I **had** slept long.*
Du **hattest** lange geschlafen.	*You **had** slept long.*
Er/sie/es **hatte** lange geschlafen.	*He/she/it **had** slept long.*
Wir **hatten** lange geschlafen.	*We **had** slept long.*
Ihr **hattet** lange geschlafen.	*You (pl.) **had** slept long.*
Sie/Sie **hatten** lange geschlafen.	*They/You (form.) **had** slept long.*

Ich **war** nach Hause gegangen.	*I **had** gone home.*
Du **warst** nach Hause gegangen.	*You **had** gone home.*
Er/sie/es **war** nach Hause gegangen.	*He/she/it **had** gone home.*
Wir **waren** nach Hause gegangen.	*We **had** gone home.*
Ihr **wart** nach Hause gegangen.	*You (pl.) **had** gone home.*
Sie/Sie **waren** nach Hause gegangen.	*They/You (form.) **had** gone home.*

Übung   14-1

Supply the correct auxiliary verb to form the past perfect tense.

EXAMPLE: Er _____ den Brief geschrieben.
*Er **hatte** den Brief geschrieben.*

1. Ich _____ in die Schule gegangen.

2. Der Lehrer _____ schon gewartet.

3. Die anderen Schüler _____ auch gekommen.

4. Sie (*pl.*) _____ mit dem Bus gefahren.

5. Beate _____ für alle ein Geschenk mitgebracht.

6. Wir _____ uns alle gefreut.

7. Das Lernen _____ heute viel Spaß gemacht.

8. Bernd _____ nicht eingeschlafen.

9. Er _____ gut aufgepasst.

10. Wann _____ eure Schule begonnen?

Übung   14-2

*Complete the sentences in the past perfect tense, beginning with **Bevor wir in die Schweiz flogen**.*

EXAMPLE: wir telefonieren mit Onkel Alois
Bevor wir in die Schweiz flogen, hatten wir mit Onkel Alois telefoniert.

1. wir fahren an die Nordsee

_____

2. wir besuchen das Reisebüro

_____

3. wir machen Pläne

_____

4. wir kaufen die Flugkarten

_____

5. wir packen die Koffer

_____

Übung   14-3

Complete these sentences in the past perfect tense, beginning with **Ich ging nach Hause, denn**.

> EXAMPLE: das Restaurant macht zu
> *Ich ging nach Hause, denn das Restaurant hatte zugemacht.*

1. ich sehe den Film schon

_____

2. ich besuche die Großmutter schon

_____

3. ich gehe schon in den Park

_____

4. ich kaufe alles ein

_____

5. ich besichtige das Museum

_____

Übung   14-4

Complete the sentences in the past perfect tense, beginning with **Als Weihnachten kam**.

> EXAMPLE: wir putzen schon das Haus
> *Als Weihnachten kam, hatten wir schon das Haus geputzt.*

1. wir kaufen schon für jeden ein Geschenk

_____

2. wir packen schon die Geschenke schön ein

_____

3. die Eltern schmücken schon den Weihnachtsbaum

_____

4. Hans backt Plätzchen

_____

5. wir sind noch nicht in der Kirche

_____

6. der Adventskranz liegt auf dem Tisch

    _____

7. wir singen oft Weihnachtslieder

    _____

8. Hans lädt Tante Gretel und ihre Familie ein

    _____

9. die Kinder haben schon vier Tage Ferien

    _____

10. es schneit noch nicht

    _____

The Future Perfect Tense

As in English, the future perfect tense is rarely used in German. When it is used, it usually expresses past probability.

Er **wird** nach Hamburg **gefahren sein**.	*He **has probably driven** to Hamburg.*
Sie **werden** ein neues Auto **gekauft haben**.	*They **probably bought** a new car.*

The future perfect tense is also used to express an action or event that will have been completed in the future.

Wenn er heiratet, **wird** er sechs Jahre **studiert haben**.	*When he gets married, he **will have studied** six years.*

As you can see in the examples, the future perfect is formed with the past participle and the future tense of the auxiliary verb (**er wird haben**, **er wird sein**). Note the position of the conjugated auxiliary verb. It stays right next to the subject. Whether to use **haben** or **sein** is decided by the past participle.

Ich werde geschlafen haben.	*I will have slept./I have probably slept.*
Du wirst geschlafen haben.	*You will have slept./You have probably slept.*
Er/sie/es wird geschlafen haben.	*He/she/it will have slept./He/she/it has probably slept.*
Wir werden geschlafen haben.	*We will have slept./We have probably slept.*
Ihr werdet geschlafen haben.	*You (pl.) will have slept./You (pl.) have probably slept.*
Sie/sie werden geschlafen haben.	*You (form.)/They will have slept./You (form.)/They have probably slept.*

Übung	15-1

We are still talking about what probably happened on the Wendts' and the Müllers' vacations. Insert the future perfect auxiliary verb in the following sentences.

> EXAMPLE: Sie (*pl.*) _____ lange gefahren _____.
> *Sie **werden** lange gefahren **sein**.*

1. Sie (*pl.*) _____ müde angekommen _____.

2. Am ersten Morgen _____ sie (*pl.*) lange geschlafen _____.

3. Mutter _____ ein gutes Frühstück gekocht _____.

4. Die Kinder _____ Ball gespielt _____.

5. Peter und Hans _____ wandern gegangen _____.

6. Marie _____ ein Bauernbrot gekauft _____.

7. Das _____ gut geschmeckt _____.

8. Abends _____ sie Karten gespielt _____.

9. Du _____ Hunger gehabt _____.

10. Der Urlaub _____ ihnen gut gefallen _____.

Übung	15-2

Marie Wendt is now seventeen. Let's predict what will have happened to her ten years from now. Make sentences using the future perfect with the cues given.

> EXAMPLE: wohl nach Italien fahren
> *Sie wird wohl nach Italien gefahren sein.*

1. das Gymnasium beenden

   _____

2. die Universität besuchen

   _____

3. einen Beruf lernen

   _____

4. ein Auto kaufen

   _____

5. eine Ferienreise in die Alpen machen

_____

6. in die eigene Wohnung ziehen

_____

7. wenig Geld haben

_____

8. die Bekanntschaft eines jungen Mannes machen

_____

9. sich verlieben

_____

10. heiraten

_____

Übung	15-3

The Wendts talk about what they suppose will have happened on Marie's honeymoon. What will the couple probably have done? Make sentences using the future perfect with the cues given.

EXAMPLE: im Wald spazieren gehen
Sie werden im Wald spazieren gegangen sein.

1. in die Berge fahren _____

2. gut ankommen _____

3. im See schwimmen _____

4. ins Dorf gehen _____

5. Souvenirs kaufen _____

6. in einem guten Restaurant essen _____

7. eine Spazierfahrt machen _____

8. einen Film sehen _____

9. sich küssen _____

10. viel miteinander sprechen _____

Übung	15-4

Marie and her new husband wonder what her family at home has been doing. Make sentences using the future perfect with the cues given.

EXAMPLE: die Familie—sich die Fotos ansehen
Die Familie wird sich die Fotos angesehen haben.

1. die Eltern—sich bei den Gästen bedanken

   _____

2. die Eltern—sich von den Gästen verabschieden

   _____

3. Vater—die Hochzeitsrechnung bezahlen

   _____

4. Vater—zur Arbeit gehen

   _____

5. Mutter—sich ausruhen

   _____

6. Mutter—im Garten arbeiten

   _____

7. die Großeltern—nach Hause fahren

   _____

8. die Geschwister—den Kuchenrest aufessen

   _____

9. Tante Erika—mit Mutter telefonieren

   _____

10. alle—uns vermissen

    _____

lassen

lassen

ich lasse	wir lassen
du lässt	ihr lasst
er/sie/es lässt	sie/Sie lassen

The verb **lassen** has three basic meanings and is used in a variety of constructions. These are the meanings of **lassen**:

1. to let or to permit

Ich will nicht zur Schule gehen;	*I don't want to go to school;*
lass mich zu Hause bleiben.	*let me stay at home.*

2. to leave

Lass das Kind hier.	*Leave the child here.*
Er hat die Hausaufgaben zu Hause gelassen.	*He left the homework at home.*

3. to have something done or cause something to be done

Ich lasse mir die Haare schneiden.	*I am having my hair cut.*
Er lässt das Auto reparieren.	*He is having the car repaired.*

4. As an alternative to the imperative **wir** form. It is then used as a suggestion.

Lass uns morgen an den See fahren.	*Let's drive to the lake tomorrow.*
Lass uns jetzt nach Hause gehen.	*Let's go home now.*

As you can see from the preceding examples, **lassen** can be the only verb in a sentence or it can take a dependent infinitive as in **Er lässt das Auto reparieren**. (**Reparieren** is the dependent infinitive in that sentence.) If there is a dependent infinitive, **zu** is not used.

Übung   16-1

Give a possible English meaning for each of the following sentences.

> EXAMPLE: Er lässt den Hund ins Haus.
> *He lets the dog into the house.*

1. Wir lassen den Arzt kommen. _____

2. Müllers lassen die Kinder zu Hause. _____

3. Lass uns nicht zu lange warten! _____

4. Sie lässt sich eine Tasse Kaffee machen. _____

5. Er lässt sein Motorrad reparieren. _____

6. Ich habe das Geschenk im Auto gelassen. _____

7. Lass den Schlüssel in der Tür! _____

8. Sie lässt ihn den Tisch decken. _____

9. Mutter lässt uns die Schokolade essen. _____

10. Er lässt das Geld auf dem Tisch liegen. _____

> When do you use **lassen** and when **gelassen**? **Gelassen** is used when there is no dependent infinitive—**zu** is not used.
>
> > Ich habe das Buch in der Schule gelassen.   *I left the book at school.*
>
> When you have a dependent infinitive, **lassen** is used. You then have a double infinitive with **lassen** in the last position.
>
> > Ich habe mir die Haare schneiden lassen.   *I have had my hair cut.*

Übung   16-2

*Do you use **lassen** or **gelassen**? Change the following sentences to the present perfect.*

> EXAMPLES: Er lässt das Essen auf dem Tisch.
> *Er hat das Essen auf dem Tisch gelassen.*
>
> Müllers lassen sich neue Möbel kommen.
> *Müllers haben sich neue Möbel kommen lassen.*

1. Mutter lässt das Kind alleine zu Hause.

_____

2. Er lässt sich ein neues Haus bauen.

_____

3. Müllers lassen das Dach decken.

_____

4. Sie lassen mich kommen.

_____

5. Wir lassen das hier.

_____

6. Liesel lässt die Hausaufgabe im Auto.

_____

7. Wann lässt du dir die Haare schneiden?

_____

8. Die Regierung lässt die Einwanderer ins Land.

_____

Reflexive Verbs

When the subject reflects or reacts upon itself, a reflexive verb is used. German uses the reflexive form more frequently than English does.

There are some verbs that always use the reflexive. However, as in English, the same verb may be reflexive or nonreflexive, depending on its use:

- **Die Mutter wäscht sich.** In this sentence, subject and object are the same person, thus making the verb reflexive.

- **Die Mutter wäscht das Kind.** Here subject and object are two different persons—therefore, the verb is nonreflexive.

To make a reflexive construction, personal pronouns are placed directly after the inflected verb. For the first- and second-person singular and plural, the accusative and sometimes the dative forms of the personal pronouns are used.

Ich wasche **mich**.	*I wash myself.*
Ich tue **mir** weh.	*I hurt myself.*
Du wäschst **dich**.	*You wash yourself.*
Du tust **dir** weh.	*You hurt yourself.*
Wir waschen **uns**.	*We wash ourselves.*
Wir tun **uns** weh.	*We hurt ourselves.*
Ihr wascht **euch**.	*You (pl.) wash yourselves.*
Ihr tut **euch** weh.	*You (pl.) hurt yourselves.*

For the third-person singular and plural and the formal, **Sie**, **sich** is the reflexive pronoun used.

Er/sie/es wäscht **sich**.	*He/she/it washes himself/herself/itself.*
Er/sie/es tut **sich** weh.	*He/she/it hurts himself/herself/itself.*
Sie/Sie waschen **sich**.	*They wash themselves./You* (form.) *wash yourself/yourselves.*
Sie/Sie tun **sich** weh.	*They hurt themselves./You* (form.) *hurt yourself/yourselves.*

Reflexive Verbs with Accusative Pronouns

Following is a list of verbs that can only be used reflexively and take the accusative pronoun:

sich amüsieren	to have a good time
sich anziehen	to dress oneself
sich ärgern	to be provoked
sich ausruhen	to rest
sich ausziehen	to undress oneself
sich bedanken bei	to thank (a person)
sich bedanken für	to thank (for something)
sich beeilen	to hurry
sich benehmen	to behave oneself
sich bewegen	to move
sich bücken	to stoop
sich entschuldigen	to excuse oneself
sich erinnern an	to remember
sich erkälten	to catch a cold
sich festhalten	to hold on
sich freuen	to be glad
sich freuen auf	to look forward to with pleasure
sich freuen über	to be happy about
sich gewöhnen an	to get used to
sich interessieren für	to be interested in
sich kämmen	to comb one's hair
sich legen	to lie down
sich schämen	to be ashamed
sich setzen	to sit down
sich verabschieden	to say good-bye
sich verlieben	to fall in love
sich vorstellen	to introduce oneself
sich waschen	to wash oneself

Reflexive Verbs with Dative Pronouns

Following is a list of verbs that can be used reflexively and take the dative pronoun:

sich denken (einbilden)	to imagine
sich helfen	to help oneself
sich schaden	to harm oneself
sich überlegen	to reflect on something
sich vorstellen	to imagine
sich weh tun	to hurt oneself

If reflexive verbs such as **sich kämmen**, **sich waschen** (*to comb one's hair, to wash oneself*) are used with parts of the body, the reflexive pronoun must be dative.

Ich wasche **mich**.	*I wash myself.*
Ich wasche **mir** die Hände.	*I wash my hands.*
Du kämmst **dich**.	*You comb your hair* (literally *yourself*).
Du kämmst **dir** die Haare.	*You comb your hair.*

Übung 17-1

Rewrite the following sentences using the correct reflexive verb for the subject provided.

EXAMPLE: Marie _____.
Marie **kämmt sich**.

Ich kämme mich.

1. Du _____.

2. Er _____.

3. Ihr _____.

4. Wir _____.

5. Liesel und Ulrike _____.

Du tust dir weh.

6. Frau Brandt _____.

7. Wir _____.

8. Ich _____.

9. Ihr _____.

10. Die Kinder _____.

Übung 17-2

Here are some things Max and Heiko do in the morning. Complete the sentences with the correct reflexive verb.

EXAMPLE: Max wäscht _____.
Max wäscht **sich**.

1. Sie waschen _____.

2. Heiko kämmt _____.

3. Sie putzen ＿＿＿＿＿＿ die Zähne.

4. Sie trocknen ＿＿＿＿＿＿ ab.

5. Heiko zieht ＿＿＿＿＿＿ nur ein Hemd an.

6. Heiko fragt: »Max, ziehst du ＿＿＿＿＿＿ warm an?«

7. Heiko erkältet ＿＿＿＿＿＿.

8. Er ärgert ＿＿＿＿＿＿ dass er keine Jacke angezogen hat.

9. Abends zieht er ＿＿＿＿＿＿ aus.

10. Er legt ＿＿＿＿＿＿ ins Bett.

11. Er ruht ＿＿＿＿＿＿ aus.

12. Max fragt: »Fühlst du ＿＿＿＿＿＿ bald besser?«

13. Er steht auf und wäscht ＿＿＿＿＿＿ wieder.

Übung   17-3

Here are some things I do in the morning. Do you do the same? Supply the missing reflexive pronouns.

EXAMPLE: Ich ruhe ＿＿＿＿＿＿ aus. Ruhst du ＿＿＿＿＿＿ aus?
Ich ruhe **mich** *aus. Ruhst du* **dich** *aus?*

1. Ich ziehe ＿＿＿＿＿＿ an.

2. Ziehst du ＿＿＿＿＿＿ auch an?

3. Dann wasche ich ＿＿＿＿＿＿.

4. Wäschst du ＿＿＿＿＿＿ auch den Hals?

5. Ich putze ＿＿＿＿＿＿ die Zähne.

6. Putzt du ＿＿＿＿＿＿ die Zähne?

7. Ich erkälte ＿＿＿＿＿＿ oft.

8. Daher putze ich ＿＿＿＿＿＿ die Nase.

9. Erkältest du ＿＿＿＿＿＿ auch oft?

10. Ich rasiere ＿＿＿＿＿＿.

11. Hast du einen Bart, oder rasierst du _____?

12. Ich setze _____ dann an den Tisch.

13. Setzt du _____ auch an den Tisch zum Frühstück?

14. Meine Mutter setzt _____ auch an den Tisch.

15. Wir unterhalten _____ bevor ich zur Uni gehe.

Reflexive Constructions to Show Personal Interest

The dative pronouns are also used when the reflexive construction shows personal interest. For *I buy myself a car* (meaning: *I buy it for* ***myself***), for instance, you would say: **Ich kaufe mir ein Auto.**

Sie bauen sich ein neues Haus.	*They are building themselves a new house.*
Er nimmt sich ein Stück Brot.	*He takes a slice of bread for himself.*

Übung   17-4

What do you and your friends do for yourselves? Supply the correct reflexive pronouns.

EXAMPLE: Ich koche _____ eine Tasse Kaffee.
*Ich koche **mir** eine Tasse Kaffee.*

1. Peter kauft _____ eine Kamera.

2. Kaufst du _____ auch eine Kamera?

3. Luise bestellt _____ ein Stück Kuchen.

4. Horst und Erich kaufen _____ ein neues Boot.

5. Ich kaufe _____ ein rotes Auto.

6. Herr Müller baut _____ ein Sommerhaus.

7. Mein Bruder kauft _____ ein neues Rad.

"Each Other"

To convey the English meaning of *each other*, the plural of the reflexive pronoun is used.

Sie verlieben **sich**.	*They fall in love with each other.*
Wir schreiben **uns** oft.	*We write each other often.*

Übung   17-5

Marie and her husband are deeply in love. What do they do together? Supply the missing pronouns and then translate into English.

EXAMPLE: Sie sehen _____ an.
          *Sie sehen **sich** an.*   *They look at **each other**.*

1. Sie rufen _____ an. _____

2. Sie umarmen _____ oft. _____

3. Sie küssen _____ . _____

4. Sie streiten _____ nicht. _____

5. Sie treffen _____ in der Stadt. _____

6. Sie verstehen _____ gut. _____

Reflexive Commands

A reflexive pronoun must also be used after the reflexive verb in the command form.

Setzen Sie sich, Herr Braun.   *Sit down, Mr. Braun.*
Setz dich, Peter!   *Sit down, Peter!*
Setzt euch, Peter und Uwe.   *Sit down, Peter and Uwe.*
Setzen wir uns.   *Let's sit down.*

Perfect Tenses of Reflexive Verbs

All reflexive verbs use **haben** as the auxiliary verb when forming the present perfect, past perfect, and future perfect tenses.

Ich **habe** mich gewaschen.
Du **hattest** dir weh getan.
Ich werde mich gewaschen **haben**.

Übung   17-6

What will we do today? Supply the correct reflexive pronouns.

EXAMPLE: Er zieht _____ schnell an.
          *Er zieht **sich** schnell an.*

1. Ich freue _____ schon lange auf heute. Es wird ein schöner Tag werden.

2. Wir werden _____ schnell duschen.

3. Ich wasche _____ auch die Haare.

4. Dann ziehe ich _____ meine neue Bluse an.

5. Wir essen Frühstück. Wir setzen _____ an den Tisch.

6. Du musst _____ oben hinsetzen, denn es ist dein Geburtstag.

7. Ich nehme _____ ein Brötchen.

8. Peter nimmt _____ nur eine Tasse Kaffee.

9. Wir müssen _____ beeilen und unterhalten _____ nicht.

10. Au! Tust du _____ wieder an dem Stuhl weh?

11. Ich bücke _____ und hole die Serviette.

12. Jetzt müssen wir _____ die Zähne putzen.

13. Inge kämmt _____ wieder die Haare zu lange.

14. Das kann man _____ denken. Das ist nichts Neues.

15. Ich kämme _____ nie zu lange.

16. Dann gehen wir in den Park. Inge muss _____ schneller bewegen. Sie ist immer so langsam.

17. Dort amüsieren wir _____ richtig.

18. Wir spielen viel und ich muss _____ bald ausruhen.

19. Inge ist auch müde und sagt: »Ich lege _____ hin.«

20. Peter interessiert _____ für alles das ich sage.

21. Das gefällt _____ sehr.

22. Ich benehme _____ so gut ich kann.

23. Es wird warm und wir ziehen _____ die Jacken aus. Dann gehen wir nach Hause.

24. Wir verabschieden _____ nicht, denn wir wohnen alle zusammen.

Infinitives

Infinitives are verbs in their base form, before conjugation. In English, all infinitives include the word *to* (*to go, to swim, to eat*). In German, infinitives end in **-en** or **-n** (**gehen, schwimmen, lächeln**). They are used with or without a preceding **zu**.

Infinitives Without *zu*

Infinitives may be used as *nouns* in German. These nouns never take **zu**. When an infinitive is used as a noun, it is always neuter. Since it is a noun, it is also capitalized. The English equivalent is often a gerund, a verb ending in *-ing* used as a noun. Sometimes it also will be an infinitive with *to* that is used as a noun.

Das lange **Warten** wird mir zu viel.	*The long **wait(ing)** is getting to be too much for me.*
Das **Arbeiten** nimmt kein Ende.	*There is no end to **working**.*
(Das) **Rauchen** hat mir viel gekostet.	***Smoking** has cost me greatly.*

The prepositions **bei** (**beim**) and **zu** (**zum**) are often combined with this type of noun.

Beim Schlafen schnarcht er oft.	*He often snores while **sleeping**.*
Zum Arbeiten hat sie nie Lust.	*She never feels like **working**.*

Übung	18-1

Give the English equivalents of the following sentences.

> EXAMPLE: Das Waschen der Hände darf man nicht vergessen.
> *One may not forget to wash one's hands.*

1. Hörst du das Singen im Garten? _____

2. Lesen fällt manchen Kindern schwer. _____

3. Das viele Essen ist ungesund. _____

4. Beim Arbeiten singt er oft. _____

5. Das Spielen in der Straße ist verboten. _____

6. Zum Schlafen haben wir keine Zeit. _____

7. Das Einkaufen geht bei ihr schnell. _____

8. Das Antworten der Frage findet er unnötig. _____

9. Versprechen und Halten sind zweierlei Dinge. _____

10. Zum Laufen hat er keine Energie. _____

No *zu* After Modals and Certain Other Verbs

Zu is not used in front of the infinitive after *modal verbs*.

Er kann morgen nicht **kommen**.	*He can't come tomorrow.*
Ich muss nach Hause **gehen**.	*I have to go home.*

It is also not used after *verbs showing perception*, such as **fühlen** (*to feel*), **hören** (*to hear*), or **sehen** (*to see*).

Hörst du das Kind **weinen**?	*Do you hear the child crying?*
Wir sehen den Bus **kommen**.	*We see the bus coming.*

It is not used after the verbs **fahren** (*to ride, travel*), **gehen** (*to go*), **kommen** (*to come*), **lassen** (*to let* or *to leave behind*), or **reiten** (*to ride an animal*).

Wir gehen später Ball **spielen**.	*We will go (to) play ball later.*
Sie fährt mit dem neuen Auto **spazieren**.	*She is going for a pleasure drive in the new car.*
Er lässt sich die Haare **schneiden**.	*He is having his hair cut.*

Optional *zu*

After the verbs **heißen** (*to tell, to command*), **helfen** (*to help*), **lehren** (*to teach*), and **lernen** (*to learn*), **zu** can be either used or left out. If the clause is longer, the infinitive should be preceded by **zu**. However, when there is a double infinitive with one of these verbs, **zu** is not used.

Er lehrt mich **schwimmen**.   *He teaches me to swim.*
Er lehrt mich im tiefen Wasser **zu schwimmen**.   *He teaches me to swim in the deep water.*
Sie heißt ihn **kommen/zu kommen**.   *She tells him to come.*
Sie heißt ihn schnell **herzukommen**.   *She tells him to come here quickly.*

Übung   18-2

Form sentences using the cues given.

> EXAMPLE: gehen / einkaufen / er / morgen
> *Er geht morgen einkaufen.*

1. müssen / gehen / ich / in die Schule _____

2. hören / lachen / du / die Kinder? _____

3. wollen / machen / er / das _____

4. fahren / spazieren / Andreas / mit dem Rad _____

5. gehen / schwimmen / wir _____

6. können / schlafen / ich / nicht _____

7. können / singen / Sie (*pl.*) / das bestimmt _____

8. sollen / kaufen / ich / das? _____

9. lehren / sprechen / ich / ihn / Deutsch _____

10. hören / singen / du / das Kind? _____

11. heißen / sprechen / ich / ihn / lauter _____

12. lernen / tanzen / ihr? _____

13. sehen / fliegen / er / den Vogel _____

14. möchten / essen / ich / das Eis _____

15. lernen / kochen / Emma _____

Double Infinitives with Modals

Zu is not used with *double infinitives with modals*. Sequences like **essen wollen** and **schlafen müssen** are called double infinitives. The double infinitive is always placed at the end of the clause—with the modal being the last element. Double infinitives are only used with the perfect and future tenses. Note that in the future perfect tense the helping verb **haben** is placed before the double infinitive.

Present Perfect:	Er hat das Museum besuchen wollen.
	He has wanted to visit the museum.
Past Perfect:	Er hatte das Museum besuchen wollen.
	He had wanted to visit the museum.
Future:	Er wird das Museum besuchen wollen.
	He will want to visit the museum.
Future Perfect:	Er wird das Museum haben besuchen wollen.
	He will have wanted to visit the museum.

Übung 18-3

There are lots of things Dieter wants to do. Some of them he won't be able to.
Change the following sentences to the present perfect tense.

> EXAMPLE: Dieter will ins Kino gehen.
> *Dieter hat ins Kino gehen wollen.*

1. Dieter will in die Stadt fahren. _____

2. Er möchte ein neues Auto kaufen. _____

3. Er kann das aber nicht machen. _____

4. Er muss mehr Geld haben. _____

5. Er will sich etwas Geld auf der Bank borgen. _____

Change the following sentences to the future.

> EXAMPLE: Er will mit dem Auto nach Hause fahren.
> *Er wird mit dem Auto nach Hause fahren wollen.*

6. Er kann kein Geld auf der Bank bekommen. _____

7. Er muss älter sein. _____

8. Er muss etwas Geld zum Anzahlen haben. _____

9. Er will sich jetzt ein Motorrad anschaffen. _____

10. Er möchte damit nach Frankreich reisen. _____

Double Infinitives with Other Verbs

Zu is not used with *double infinitives* with **fühlen, heißen, helfen, hören, lassen, lehren, lernen,** and **sehen.** Like the modals, these verbs are also the last element in a double infinitive construction, and **zu** is not used.

fühlen	to feel
heißen	to be called, named, commanded to
helfen	to help
hören	to hear
lassen	to let, leave
lehren	to teach
lernen	to learn
sehen	to see

Present Perfect:	Er hat das Kind kommen lassen.
Past Perfect:	Er hatte das Auto kommen hören.
Future:	Er wird Englisch sprechen lernen.
Future Perfect:	Er wird das Auto haben kommen hören.

Übung   18-4

Change the following sentences to the future tense.

> EXAMPLE: Sie sieht den Bruder schwimmen.
> *Sie wird den Bruder schwimmen sehen.*

1. Die Schwester lernt Englisch sprechen.

   _____

2. Lieselotte hilft der Schwester einen Aufsatz schreiben.

   _____

3. Sie hört die Schwester die englischen Vokabeln sagen.

   _____

4. Die Brüder lassen die Schwester Fehler machen.

   _____

5. Lieselotte heißt die Brüder still sein.

   _____

General Instructions and Recipes

Zu is also not used in general instructions and recipes.

Das Brot eine Stunde lang **backen**.	*Bake the bread for one hour.*
Türen **öffnen**!	*Open the doors!*

Übung   18-5

Andreas is taking the U-Bahn and comes across these signs. Find the missing infinitive that would best complete the phrase.

EXAMPLE: Bitte schnell
Bitte schnell aussteigen.

aussteigen   **eintreten**   **festhalten**   **schließen**   **sitzen**   **zeigen**

1. Türen _____.

2. Karten _____.

3. Beim Stehen sich _____.

4. Ruhig _____.

Übung   18-6

Elisabeth is trying a new recipe. Find the best verb to complete the sentences in the following directions.

EXAMPLE: Den Kuchen mit Zucker
Den Kuchen mit Zucker bestreuen.

bestreuen   **einfetten**   **einheizen**   **gießen**   **rühren**   **schieben**   **tun**

1. Den Ofen _____.

2. Die Butter mit Mehl _____.

3. Mehl, Zucker, Backpulver, Milch und Eier in die Schüssel _____.

4. Den Teig _____.

5. Das Blech mit Butter _____.

6. Den Teig in das Blech _____.

7. Das Blech in den Ofen _____.

ablecken   **backen**   **essen**   **lassen**   **legen**   **nehmen**   **schneiden**   **umstülpen**

8. Den Kuchen 45 Minuten _____.

9. Den Kuchen aus dem Ofen _____.

10. Den Kuchen kühlen _____.

11. Den Kuchen auf einen Teller _____.

12. Ein Stück aus dem Kuchen _____.

13. Das Stück Kuchen auf einen kleinen Teller _____.

14. Den Kuchen mit einer Gabel _____.

15. Mmm! Das schmeckt! Die Finger _____.

Infinitives with *zu*

Infinitives used in combination with most other conjugated verbs are preceded by **zu**. When **zu** is used, it is put right before the infinitive at the end of a clause or sentence. When the infinitive has a separable prefix, **zu** is placed between the prefix and the verb.

Das Kind beginnt **zu sprechen**.   *The child is beginning to speak.*
Ich vergesse immer, ihn **anzurufen**.   *I always forget to call him.*
Es scheint **zu regnen**.   *It seems to be raining.*

Übung   18-7

Andreas and Emma have a lot of plans. Complete the following sentences.

EXAMPLE: Andreas möchte nach Deutschland fahren.
Andreas hat vor, _____.
*Andreas hat vor, **nach Deutschland zu fahren**.*

1. Emma möchte mitfahren.

   Emma plant _____.

2. Die Zwei wollen schon lange eine Deutschlandfahrt machen.

   Die Zwei wünschen _____.

3. Sie machen Pläne.

   Sie beginnen _____.

4. Sie wollen vier Wochen in Deutschland bleiben.

   Sie beabsichtigen _____.

5. Andreas möchte die Alpen sehen.

   Andreas hofft, _____.

6. Emma will Bergsteigen lernen.

   Emma wagt _____.

7. Sie wollen Berlin und die Ostsee sehen.

   Sie haben vor, _____.

8. Emmas Vater will nicht, dass Emma abends alleine ausgeht.

   Emmas Vater verbietet Emma, _____.

9. Sie will das nicht machen.

   Emma verspricht, _____.

10. Emma möchte auch in den Schwarzwald fahren.

    Emma schlägt vor, _____.

11. Sie sollen viel Geld mitnehmen.

    Der Vater rät ihnen, _____.

12. Sie dürfen seine Kreditkarte mitnehmen.

    Er erlaubt ihnen, _____.

13. Sie müssen einen Regenmantel einpacken.

    Sie vergessen nicht, _____.

14. Alles ist in Ordnung.

    Alles scheint _____.

15. Sie wollen viel Spaß haben.

    Sie erwarten, _____.

zu with *sein* and Certain Adjectives

Zu is also used after a form of **sein** and the following adjectives:

aufregend	exciting, upsetting
einfach	simple
gesund	healthy
interessant	interesting
langweilig	boring
leicht	easy
möglich	possible
schwer	hard
teuer	expensive
schwierig	complicated
ungesund	unhealthy

Es ist möglich, Deutsch zu lernen.   *It is possible to learn German.*
Es ist gesund, viel Gemüse zu essen.   *It is healthy to eat a lot of vegetables.*

 **18-8**

Rewrite the following phrases into complete sentences.

EXAMPLE: es ist einfach / Deutsch lernen
Es ist einfach, Deutsch zu lernen.

1. es ist gesund / viel wandern

   _____

2. es war interessant / die alte Burg sehen

   _____

3. es ist nie langweilig / mit Emma zusammen sein

   _____

4. es ist leicht / nach Deutschland fliegen

   _____

5. es war uns nicht möglich / in München übernachten

   _____

6. es war uns schwer / »Auf Wiedersehen« sagen

   _____

7. es ist teuer / ein Auto mieten

   _____

8. es ist Andreas schwierig / die richtige Straße finden

   _____

9. es ist bestimmt ungesund / viel Münchner Bier trinken

   _____

10. es war Andreas einfach / sich für die Reise entscheiden

   _____

zu with Prepositions

Zu is used after the prepositions **anstatt/statt** (*instead of*), **außer** (*besides, but*), **ohne** (*without*), and **um** (*in order to*).

anstatt/statt...zu
Statt in die Schule zu gehen, ging
   er in den Park.

*Instead of going to school, he
   went to the park.*

außer...zu
Was kann ich tun, außer zu warten?

What can I do but wait?

ohne...zu
Sie gehen vorbei, ohne zu grüßen.

They walk by without greeting us.

um...zu
Sie macht Sport, um fit zu bleiben.

She does sports in order to stay fit.

*Emma doesn't follow her father's advice but does the opposite. Make sentences with the cues given. Start the sentences with **Statt**.*

    EXAMPLE: den Regenmantel einpacken—sie lässt ihn zu Hause
        ***Statt** den Regenmantel einzupacken, lässt sie ihn zu Hause.*

1. ein Auto mieten—sie fährt per Anhalter

2. das Geld mitnehmen—sie lässt es zu Hause

3. einen Koffer packen—sie packt vier

4. abends zu Hause bleiben—sie geht in die Disko

5. mit Andreas gehen—sie geht mit dem Freund

Übung    **18-10**

*Make each pair of sentences into one sentence, using **ohne...zu**.*

> EXAMPLE: Emma geht über die Straße. Sie schaut nicht rechts.
> *Emma geht über die Straße, ohne rechts zu schauen.*

1. Andreas fährt zum Flughafen. Er tankt nicht.

   _____

2. Andreas und Emma fliegen nach Deutschland. Sie besuchen Hamburg nicht.

   _____

3. Die Zwei sitzen im Café. Sie trinken keinen Kaffee.

   _____

4. Sie sind vier Wochen in Deutschland. Sie schreiben keine Postkarte.

   _____

5. Emma fliegt nach Deutschland. Sie verabschiedet sich nicht von ihrer besten Freundin.

   _____

Übung   **18-11**

*Form sentences with **um...zu**.*

> EXAMPLE: Andreas isst ein Käsebrot. Er ist nicht hungrig.
> *Andreas isst ein Käsebrot, um nicht hungrig zu sein.*

1. Andreas geht zur Bank. Er holt Geld.

   _____

2. Andreas mietet ein Auto. Er kann in Deutschland fahren.

   _____

3. Emma kauft ein neues Kleid. Sie sieht schön aus.

   _____

4. Die Zwei übernachten in einem billigen Hotel. Sie sparen Geld.

   _____

5. Andreas geht mit Emma. Er hilft seiner Schwester.

   _____

gerade dabei sein

Zu is also used with the expression **gerade dabei sein** (**etwas zu tun**)—*to be doing something at the moment.*

Ich bin gerade dabei, ins Bett zu gehen.   *I am just going to bed.*
Er war gerade dabei, ins Auto zu steigen.   *He was just getting into the car.*

Übung   18-12

Emma gets a phone call, but she and Andreas don't have time to talk. Make sentences with the following phrases using gerade...dabei.

EXAMPLE: ich gehe ins Bett
Ich bin gerade dabei, ins Bett zu gehen.

1. ich packe den Koffer

_____

2. ich suche den Pass

_____

3. ich gehe zur Bank

_____

4. Andreas und ich studieren die Landkarte

_____

5. Andreas isst Abendbrot

_____

Übung   18-13

Insert zu wherever necessary. Not all sentences will take zu.

EXAMPLE: Sie hoffen, viel Spaß _____ haben.
Sie hoffen, viel Spaß zu haben.

1. Das _____ Reisen macht Spaß.

2. Es ist aber teuer, nach Deutschland _____ fliegen.

3. Trotzdem möchten Andreas und Emma nach Deutschland _____ fliegen.

4. Beim _____ Planen hilft ihnen der Vater.

5. Er rät ihnen, genug Geld mit _____ nehmen.

6. Er lehrt sie schon lange, gut mit dem Geld um _____ gehen.

7. Für seine Kinder ist es jetzt möglich, nach Deutschland _____ fliegen.

8. Sie wollen nächste Woche _____ fliegen.

9. Statt im Sommer _____ fliegen, _____ fliegen sie im September.

10. Sie hoffen, gutes Wetter _____ haben.

11. Es ist nicht einfach, eine Vierwochenreise _____ planen.

12. Heute beginnen sie _____ packen.

13. Emma hofft, alle ihre Sachen in einen Koffer _____ kriegen.

14. Das scheint unmöglich _____ sein.

15. Andreas ist schon fleißig dabei, seinen Koffer _____ packen.

16. Vater heißt ihn morgen zur Bank _____ gehen.

17. Vater muss immer an Geld _____ denken.

18. Sie planen, übermorgen zum Flughafen _____ fahren.

19. Anstatt den Koffer selbst _____ tragen, lässt Emma den Vater den Koffer _____ tragen.

20. Vater scheint, etwas aufgeregt _____ sein.

21. Im Flughafen sehen sie ein Schild, _____ »Rauchen verboten.«

22. Beide wünschen nicht, _____ rauchen.

23. Im Flugzeug hilft die Stewardess, die Plätze _____ finden.

24. Das Flugzeug fängt an _____ steigen.

25. Anstatt nervös _____ sein, ist Emma ganz ruhig.

26. Andreas sitzt da, ohne etwas _____ sagen.

27. Deutschland! Es ist aufregend, daran _____ denken.

28. Was können sie aber _____ machen, als daran _____ denken.

29. Sie vergessen nicht, etwas _____ schlafen.

30. Es ist wirklich interessant in Frankfurt _____ landen.

Review Exercises in the Future and Past Tenses, *lassen,* Reflexive Verbs, and Infinitives

Übung | **19-1**

Change the following sentences to the future tense, unless there is a reason not to.

> EXAMPLE: Wir kaufen ein neues Auto.
> *Wir werden ein neues Auto kaufen.*

1. Nächsten Monat ist Hans Jörg mit dem Studium fertig.

   _____

2. Seine Eltern planen eine Feier für ihn.

   _____

3. Sie laden viele Gäste ein.

   _____

4. Die Großeltern kommen aus Süddeutschland.

   _____

5. Es gibt viel Gutes zum Essen.

   _____

6. Seine Freunde gratulieren ihm.

_____

7. In der folgenden Woche macht er eine Reise nach Italien.

_____

8. Er besucht Rom.

_____

9. Da bleibt er vier Tage.

_____

10. Dann fährt er ans Mittelmeer.

_____

11. Da kann er schwimmen und eine Bootfahrt machen.

_____

12. Er amüsiert sich sehr.

_____

13. Im Herbst beginnt er mit seiner Arbeit.

_____

14. Es ist eine große Umstellung für ihn.

_____

15. Der Ernst des Lebens fängt für ihn an.

_____

 **Übung   19-2**

Change the following sentences to the past tense.

EXAMPLE: Er kauft ein Auto.
Er kaufte ein Auto.

1. 1939 beginnt der Krieg.

_____

2. Mein Vater muss an die Front.

_____

3. Er kämpft in Polen.

_____

4. Zu Hause gibt es nicht mehr so viel zu essen.

_____

5. Man schickt die Waren an die Front.

_____

6. Mutter wartet immer auf Post.

_____

7. Die Nachrichten sind nicht gut.

_____

8. Ich verstehe nicht alles.

_____

9. Oft habe ich Angst.

_____

10. Ich vermisse den Vater.

_____

11. Mein großer Bruder will den Vater ersetzen.

_____

12. Natürlich kann er es nicht.

_____

13. Manchmal hören wir wochenlang nichts vom Vater.

_____

14. Mutter weint öfters.

_____

15. Sie schickt ihm Päckchen.

_____

16. Opa kommt und hilft im Garten.

_____

17. So vergehen die Jahre.

_____

18. Manchmal sieht alles hoffnungslos aus.

_____

19. Endlich ist der Krieg zu Ende.

_____

 **Übung   19-3**

Change the following conversations to the present perfect tense. Remember that for **haben, sein,** _and_ **werden** _the simple past is more appropriate._

    EXAMPLE: Was machst du nach der Schule? Ich gehe in den Park.
         Was hast du nach der Schule gemacht? Ich bin in den Park gegangen.

1. Was für einen Beruf lernst du? _____

   Ich werde Ingenieur. _____

2. Was verkauft man in diesem Geschäft? _____

   Man kann hier gutes Gemüse kaufen. _____

3. Ist der Patient tot? _____

   Nein, er atmet noch. _____

4. Siehst du meinen neuen Ball? _____

   Ja, er fällt aber ins Wasser. _____

5. Wohin reist ihr im Sommer? _____

   Wir fliegen nach Norwegen. _____

6. Gehst du oft an den See? _____

   Ich fahre oft mit dem Fahrrad hin. _____

7. Wo findest du Peter? _____

   Er räumt die Garage auf. _____

8. Du sitzt so lange vor dem Fernseher! _____

   Ich finde das Programm interessant. _____

9. Hans isst zwei Stück Kuchen. _____

   Er hat bestimmt großen Hunger. _____

10. Trinkt ihr oft Wein? _____

    Nein, wir geben kein Geld für Wein aus. _____

11. Rom brennt nieder. _____

    Nero beschuldigt die Christen. _____

12. Sagst du nichts? _____

    Nein, ich schweige lieber. _____   _____

13. Die Kinder bringen ein Geschenk. _____

    Mutter bedankt sich dafür. _____

14. Vater arbeitet zu viel. _____

    Ja, und niemand hilft ihm. _____

15. Einstein stirbt in den U.S.A. _____

    Er besucht aber die Schule in Deutschland. _____

16. Warum wirst du so oft krank? _____

    Ich weiss das nicht. _____

17. Denkt ihr manchmal an mich? _____

    Ja, dann telefonieren wir. _____

18. Kennst du Berlin? _____

    Nein, ich wohne in Biebesheim. _____

19. Passen die Kinder in der Schule auf? _____

    Ja, aber manchmal drehen sie sich um. _____

20. Vermisst du mich? _____

    Wenn ich dich vermisse, besuche ich dich doch. _____

Übung   19-4

Use the past perfect tense to tell what Marie Wendt did before she was married.

    EXAMPLE: Marie studiert in Heidelberg.
        Vor ihrer Hochzeit hatte Marie in Heidelberg studiert.

1. Sie besucht das Gymnasium.

   _____

2. Sie wohnt bei den Eltern.

   _____

3. Sie hat viele Freunde.

   _____

4. Sie kennt Franz zwei Jahre.

   _____

5. Ihre Eltern machen eine Reise nach Texas.

   _____

6. Sie arbeitet als Sekretärin.

   _____

7. Franz und sie kaufen neue Möbel.

   _____

8. Sie besuchen Franzes Eltern oft.

   _____

9. Franz beendet sein Studium.

   _____

10. Franz bekommt eine gute Arbeitsstelle.

    _____

 **Übung   19-5**

Andreas and his sister Emma left for Germany a week ago. The family talks about what they have probably done by now. Use the future perfect tense in forming the following sentences.

> EXAMPLE: Vater—vom Flugplatz nach Hause fahren
> _Vater wird vom Flugplatz nach Hause gefahren sein._

1. Andreas und Emma—gut in Deutschland ankommen

   _____

2. sie (_pl._)—Andenken kaufen

   _____

3. Emma—Schwarzwälder Torte essen

_____

4. sie (*pl.*)—Onkel Paul besuchen

_____

5. Onkel Paul—sich freuen

_____

6. die Kusine—mit ihnen ins Theater gehen

_____

7. Andreas und Emma—am Rhein entlangfahren

_____

8. Andreas—ein schönes Mädchen kennen lernen

_____

9. sie (*pl.*)—in Hamburg sein

_____

10. sie (*pl.*)—den Hafen besichtigen

_____

 **Übung   19-6**

Give the English meaning of the following sentences.

> EXAMPLE: Er lässt den Ball im Park.
> *He leaves the ball in the park.*

1. Meiers lassen ein neues Haus bauen.

_____

2. Vater lässt die Kinder ins Kino gehen.

_____

3. Lass uns ins Konzert gehen.

_____

4. Lass die Katze im Haus.

_____

5. Liesel lässt die Hausaufgaben zu Hause.

_____

6. Lass doch das Licht an.

_____

7. Herr Wolf lässt sein Auto waschen.

_____

8. Wenn meine Haare lang sind, lass ich sie mir schneiden.

_____

9. Hast du deinen Mantel zu Hause gelassen?

_____

10. Die Gefangenen werden freigelassen.

_____

 **Übung**   **19-7**

Change the following sentences to the present perfect tense.

    EXAMPLE: Er lässt sich die Haare schneiden.
          Er hat sich die Haare schneiden lassen.

1. Sie lässt das Geld zu Hause.

_____

2. Sie lassen die Rechnung ins Haus kommen.

_____

3. Das Kind lässt sich waschen.

_____

4. Wir lassen die Schuhe reparieren.

_____

5. Die Mutter lässt das Kind lange schlafen.

_____

6. Er lässt das Mädchen in Ruhe.

_____

7. Goethe lässt das Pferd galoppieren.

_____

8. Ich lasse mich gern massieren.

   _____

9. Lässt du das Auto hier?

   _____

10. Er lässt sich bedienen.

    _____

Übung   19-8

Insert the correct reflexive form in the given blank.

> EXAMPLE: Ich wasche _____ oft.
> *Ich wasche **mich** oft.*

Ich habe einen guten Freund.

1. Bevor wir _____ sehen mache ich _____ fertig.

2. Ich dusche _____, ich putze _____ die Zähne, ich kämme

   _____ gründlich.

3. Wie oft putzt du _____ die Zähne am Tag?

4. Mein Freund putzt _____ oft die Zähne.

5. Dann ziehe ich _____ an.

6. Der Pulli ist warm. Ich erkälte _____ nicht.

7. Erkältest du _____ im Winter?

8. Es ist Zeit, dass wir _____ treffen.

9. Wir verstehen _____ gut.

10. Meine Eltern verstehen _____ auch gut.

11. Mein Freund und ich interessieren _____ für die gleichen Dinge.

12. Wir streiten _____ nicht.

13. Ich stelle _____ ein Leben mit ihm vor.

14. Freuen _____ meine Eltern darüber?

Übung   19-9

*Insert **zu** wherever necessary. Of course, not every blank will take **zu**.*

ⅠEXAMPLE: In den Geschäften gibt es viel _____ kaufen.
*In den Geschäften gibt es viel **zu** kaufen.*

1. Das _____ Landen in Deutschland läuft gut ab.

2. Andreas und Emma hoffen ihre Koffer gleich _____ finden.

3. Beim _____ Suchen lässt Emma ihre Handtasche fallen.

4. Dann gehen sie ein Auto _____ mieten.

5. Andreas wünscht, ein schnelles Auto _____ fahren.

6. Emma lässt ihn _____ fahren.

7. Sie wollen zuerst Onkel Paul _____ besuchen.

8. Emma wird Andreas die Straße finden _____ helfen.

9. Emma heißt Andreas nicht so schnell _____ fahren.

10. Sie sehen ein Schild, auf dem steht »_____ Überholen verboten!«

11. Sie müssen _____ tanken.

12. Andreas versucht, mit der Kreditkarte _____ zahlen.

13. Es ist teuer in Deutschland Benzin _____ kaufen.

14. Anstatt mit dem Auto _____ fahren, nehmen viele Deutsche den Bus.

15. Andreas und Emma fahren weiter, ohne etwas _____ essen.

16. Sie fahren an den Rhein, um eine Bootfahrt _____ machen.

17. Sie hoffen, gutes Wetter _____ haben.

18. Das scheint möglich _____ sein.

19. _____ Reisen macht den Beiden Spaß.

20. Sie wünschen, nächstes Jahr wieder nach Deutschland _____ kommen.

PART III

THE PASSIVE VOICE, SUBJUNCTIVE MOOD, AND CONDITIONAL TENSE

The Passive Voice

Active Voice Versus Passive Voice

Verbs can be either in the active or in the passive voice. This is true in English and in German. In the active voice, the subject is *active*. It performs the action of the verb.

Der Junge isst den Kuchen.   *The boy eats the cake.*

In the above sentence, the subject is the boy and he is performing the action and most likely enjoying it! Therefore, this is an active sentence.

When the subject of the verb is the thing or person the action is being done to, the sentence is passive.

Der Kuchen wird von dem   *The cake is being eaten by the boy.*
    Jungen gegessen.

The cake, **der Kuchen**, is the subject in the above sentence. The cake is not doing any action—the action is being done to it. It is, therefore, a passive sentence.

The passive voice is formed with the auxiliary verb **werden** and the past participle of the main verb. The past participle is used in all tenses, even the present.

Active Voice

Present:	Brauns bauen das große Haus.
	The Brauns are building the large house.
Present Perfect:	Brauns haben das große Haus gebaut.
	The Brauns have built the large house.
Past:	Brauns bauten das große Haus.
	The Brauns built the large house.
Past Perfect:	Brauns hatten das große Haus gebaut.
	The Brauns had built the large house.
Future:	Brauns werden das große Haus bauen.
	The Brauns will build the large house.

Future Perfect:	Brauns werden das große Haus gebaut haben.
	The Brauns will have built the large house.

Passive Voice

Present:	Das große Haus wird von Brauns gebaut.
	The large house is being built by the Brauns.
Present Perfect:	Das große Haus ist von Brauns gebaut worden.
	The large house has been built by the Brauns.
Past:	Das große Haus wurde von Brauns gebaut.
	The large house was built by the Brauns.
Past Perfect:	Das große Haus war von Brauns gebaut worden.
	The large house had been built by the Brauns.
Future:	Das große Haus wird von Brauns gebaut werden.
	The large house will be built by the Brauns.
Future Perfect:	Das große Haus wird von Brauns gebaut worden sein.
	The large house will have been built by the Brauns.

Note that in the passive, the past participle is the last element in the sentence or clause in the present or past tense. In the perfect tenses of the passive (present perfect, past perfect, and future perfect), **worden** is used instead of **geworden**, with **sein** as the auxiliary. **Worden** is placed after the past participle.

Übung   20-1

Change the following sentences into the given passive tense.

> EXAMPLE: Das Lied wird von Anke gesungen.
>   Present Perfect: *Das Lied ist von Anke gesungen worden.*

Der Brief wird von der Mutter geschrieben.

1. Present Perfect: _____

2. Past Perfect: _____

3. Future: _____

4. Future Perfect: _____

5. Past: _____

von or durch

When the passive voice tells you who performed the action (who the agent is), **von** is used, followed by the dative case.

> Das Haus wird **von** dem Mann gebaut.   *The house is being built by the man.*

When the passive voice tells you the means by which something is brought about or done, **durch** is used, followed by the accusative case.

> Das Haus wurde **durch** den Sturm zerstört.   *The house was destroyed by the storm.*

Übung 20-2

*Answer the following questions with the cues given, using **von**.*

> EXAMPLE: Wer empfiehlt das Restaurant? (der Nachbar)
> *Das Restaurant wird von dem Nachbarn empfohlen.*

1. Wer besucht das gute Restaurant? (die Freunde)

   _____

2. Wer bestellt den gebratenen Fisch? (der junge Mann)

   _____

3. Wer isst die Sachertorte? (das Mädchen)

   _____

4. Wer bringt das Essen zum Tisch? (der Kellner)

   _____

5. Wer bezahlt die Rechnung? (das Paar)

   _____

Übung 20-3

*Answer the following questions with the cues given, using **durch**.*

> EXAMPLE: Wie wurde der Baum zerstört? (der Frost)
> *Der Baum wurde durch den Frost zerstört.*

1. Wie wurde Deutsch gelernt? (viel Mühe)

   _____

2. Wie wurde das Kind geweckt? (laute Musik)

   _____

3. Wie wurde die Kirche zerstört? (der Sturm)

   _____

4. Wie wurdest du geheilt? (Medizin)

   _____

5. Wie wurde die Ratte getötet? (Gift)

   _____

Impersonal Passive Constructions

A passive construction without a subject or an agent is called an *impersonal passive construction.*

The sentence **Das Haus wird von dem Mann gebaut** tells you who the agent is (**Mann**). However, there are often passive sentences where the agent is omitted, as if the corresponding active sentence has no subject.

Das Haus wurde gebaut.	*The house was being built.*
Das Haus wurde zerstört.	*The house was destroyed.*

Who or what did the previously mentioned things to the house? The sentences don't tell us. The agent is not named.

The pronoun **es** can also begin an impersonal passive construction when no other words precede the verb. The English equivalent would be *there is* or *there are.*

Es wird viel gelernt.	*There is a lot being learned.*
Es wurde viel Geld ausgegeben.	*A lot of money was spent.*
Es werden viel Äpfel gegessen.	*There are a lot of apples being eaten.*

Übung   20-4

*What activities are being done by the Müllers on the weekend? Supply the form of **werden** and the past participle of the given verb. Notice the sentences don't tell us who does what.*

EXAMPLE: Der Rasen _____ nachmittags _____ (mähen).
Der Rasen ***wird*** *nachmittags* ***gemäht***.

1. Das Geschirr _____ mit heissem Wasser _____ (spülen).

2. Die Betten _____ morgens _____ (machen).

3. Das Auto _____ gut _____ (waschen).

4. Die Blumen _____ _____ (giessen).

5. Das Kino _____ abends _____ (besuchen).

Übung   20-5

*Restate the following sentences, beginning with **Es**.*

EXAMPLES: Hier wird viel gearbeitet.
Es wird hier viel gearbeitet.

Im Sommer wurde viel geschwommen.
Es wurde im Sommer viel geschwommen.

1. Abends wird musiziert. _____

2. Dem Lehrer wurde nicht geantwortet. _____

3. Dem Kind wird nichts geglaubt. _____

4. Am Wochenende wurde viel gegessen. _____

5. In den Ferien wurde viel gewandert. _____

sein and the Passive Voice

When using the passive with **sein**, the resulting state of the action is emphasized, rather than the process of the action (which is emphasized when using **werden**). It is formed in the same way as the **werden** passive but with **sein** taking the place of **werden**.

werden	Das Bett wird gemacht.	*The bed is being made.*
sein	Das Bett ist gemacht.	*The bed is made.* (the job has been completed)

The **sein** passive is usually used only in the present and the past tenses.

Inge has passed her exams with flying colors. Leo is throwing her a party and is making sure everything is in order. Make sentences using the cues given.

EXAMPLE: der Tisch—decken
Der Tisch ist gedeckt.

1. die Getränke—kühlen _____

2. die Würstchen—braten _____

3. der Kuchen—servieren _____

4. die Küche—aufräumen _____

5. die Wohnung—schmücken _____

Then Leo makes sure he looks good.

6. die Haare—kämmen _____

7. das Gesicht—waschen _____

8. die Zähne—putzen _____

9. der Bart—rasieren _____

10. die Krawatte—binden _____

Übung   20-7

Translate the following sentences into German, showing what was completed before it was time to leave for school. Use the past tense.

EXAMPLE: The homework was done.
Die Hausaufgabe war gemacht.

1. The book was read. _____

2. The essay (**der Aufsatz**) was written. _____

3. The bag (**die Tasche**) was packed. _____

4. The breakfast was eaten. _____

5. The teeth were brushed. _____

6. The coat was put on. _____

7. The bag was taken. _____

8. The door was closed. _____

Substitutes for the Passive Voice

Where English uses the passive, German frequently substitutes one of a number of active constructions for the passive voice.

man

Man (meaning *one, they, you, we,* or *people*) is frequently used whenever the agent is indefinite.

Man macht das nicht!	*One doesn't do that! (That isn't done.)*
Das lernt man leicht.	*That is easy to learn.*

Übung   20-8

*Restate the following passive sentences, using **man**.*

EXAMPLE: Wie wird das auf Deutsch gesagt?
Wie sagt man das auf Deutsch?

1. Wie wird das Wort geschrieben? _____

2. Das Lied wird laut gesungen. _____

3. Der Kuchen wird mit der kleinen Gabel gegessen. _____

4. Die Suppe wird langsam gekocht. _____

5. Viel Geld wurde für diese Bilder bezahlt. _____

6. Das Kind wird ins Bett gebracht. _____

7. Die Tür wurde zugemacht. _____

8. Das Licht wird ausgemacht. _____

When changing a sentence that uses **man** into a true passive sentence, **man** is dropped.

Man singt das Lied leise.	*They sing the song quietly.*
Das Lied wird leise gesungen.	*The song is being sung quietly.*

Übung 20-9

Was wird alles in der Klasse gemacht? *Change the following sentences into passive sentences, beginning with* ***Es wird****.*

EXAMPLE: Man macht die Rechenaufgabe.
Es wird die Rechenaufgabe gemacht.

1. Man sitzt ruhig. _____

2. Man hebt die Hand. _____

3. Man schreibt ins Heft. _____

4. Man spricht nicht mit den Nachbarn. _____

5. Man passt gut auf. _____

sein...zu + Infinitive

A form of **sein** plus an adjective, followed by **zu** and an infinitive, is also often used instead of the passive voice.

Er ist schwer zu verstehen.	*He is hard to understand.*
Das Gedicht ist leicht zu lernen.	*The poem is easy to learn.*

Übung 20-10

Answer the following questions in the affirmative with a ***sein...zu*** *+ infinitive construction.*

EXAMPLE: Kann man das Dorf leicht finden?
Ja, es ist leicht zu finden.

1. Kann man den Wein billig herstellen? _____

2. Kann man die Tür leicht leise öffnen? _____

3. Kann man die Sprache leicht lernen? _____

4. Kann man das Auto schwer verkaufen? _____

5. Kannst du das Kind gut verstehen? _____

sich lassen + Infinitive

A form of **sich lassen** + an infinitive can also be substituted for the passive voice. The phrase suggests that the action is possible.

Das Stroh lässt sich zu Gold spinnen.   *It is possible to spin straw into gold.*
Das Männlein lässt sich leicht erkennen.   *It is possible to recognize the little man easily.*

Übung	20-11

*Rewrite the following sentences using a **sich lassen** + infinitive construction. Some of the items are in the past and need to take the past tense of **lassen**.*

EXAMPLES: Man kann Deutsch leicht lernen.
Deutsch lässt sich leicht lernen.

Konnte man den Fisch leicht braten?
Ließ sich der Fisch leicht braten?

1. Den Stuhl kann man reparieren. _____

2. Den Patient kann man retten. _____

3. Kann man das Lied leicht singen? _____

4. Kann man die Straße gleich finden? _____

5. Das wird mit Schwierigkeit gemacht. _____

6. Das wurde schnell erklärt. _____

7. Die Frage konnte man schwer beantworten. _____

8. Das Geld wurde schnell ausgegeben. _____

9. Das Mädchen kann man sehen. _____

10. Das Geld kann man leicht verlieren. _____

Übung   20-12

What are the eating habits of Germans? Change the following sentences from the active to the passive. Remember, when changing a sentence from the active to the passive, the direct object of the active sentence becomes the subject of the passive.

EXAMPLES: Die meisten Familien trinken abends Tee.
Tee wird von den meisten Familien abends getrunken.

Man isst viel Obst.
Viel Obst wird gegessen.

1. Die Leute essen viel Spätzle im Süden.

    _____

2. Man legt die linke Hand nicht in den Schoß.

    _____

3. Man trinkt Getränke ohne Eis.

    _____

4. Man isst die Hauptmahlzeit meistens mittags.

    _____

5. Zum Frühstück essen die Leute oft frische Brötchen.

    _____

6. Abends isst man viel Kartoffelsalat und Würstchen.

    _____

7. Die Kinder bringen ein Pausenbrot in die Schule mit.

    _____

8. Sonntagnachmittags serviert man Kaffee und Kuchen.

    _____

9. Man lädt oft Besuch zum Kaffee ein.

    _____

10. Obstkuchen isst man oft mit Schlagsahne.

    _____

11. Die Kinder trinken Kakao.

    _____

12. Der Besuch bringt Blumen.

    _____

Übung   20-13

How was life when Oma was young? Change the following sentences to the passive using the past tense.

EXAMPLE: Die Mutter pflanzte viel Gemüse.
Viel Gemüse wurde von der Mutter gepflanzt.

1. Frauen machten die Arbeit im Haus.

   _____

2. Die Frau versorgte die Kinder.

   _____

3. Der Mann brachte das Geld ins Haus.

   _____

4. Junge Männer lernten einen Beruf.

   _____

5. Junge Mädchen lernten die Arbeit im Haus.

   _____

6. Man backte das Brot zu Hause.

   _____

7. Man aß selten Kuchen.

   _____

8. Die Leute schrieben viele Briefe.

   _____

9. Die Waschfrau wusch die Wäsche mit der Hand.

   _____

10. Man fuhr viel mit dem Rad oder ging zu Fuß.

   _____

Übung   20-14

Remember **Rumpelstilzchen**? *Indicate whether each of the following sentences is in the active voice, passive voice, or passive voice with* **sein** *or is using a substitute for the passive voice.*

EXAMPLES: Die Tochter wurde vom Vater zum König gebracht. (*passive voice*)
Der Vater brachte die Tochter zum König. (*active voice*)
Man brachte die Tochter zum König. (*substitute for passive voice*)

1. Der König führte die Müllerstochter in die Kammer. _____

2. Die Tür ist geschlossen. _____

3. Das Stroh wurde in die Kammer gebracht. _____

4. Das lässt sich nicht machen. _____

5. Es ist nicht leicht Stroh zu Gold zu spinnen. _____

6. Das Stroh wurde vom Männlein zu Gold gesponnen. _____

7. Bis zum Morgen wurde gearbeitet. _____

8. Dann wurde das Halsband weggegeben. _____

9. Das Gold wurde dem König gezeigt. _____

10. Er wollte noch mehr Gold haben. _____

11. Es ist leicht nie genug zu haben. _____

12. Man konnte den Namen nicht raten. _____

13. Der Name wurde vom Männlein gesungen. _____

14. Das Singen wurde vom Boten gehört. _____

15. Man freute sich den Namen zu wissen. _____

16. Das Kind wurde von der Königin geliebt. _____

17. Das schöne Kind ließ sich leicht lieben. _____

18. Der Fuß wurde vom Männlein rausgerissen. _____

19. Das Männlein war wütend und starb. _____

20. Der Name Rumpelstilzchen wird selten einem Kind gegeben. _____

Subjunctive I

Mood: Indicative and Subjunctive

The verb tenses you have studied so far have been in the indicative mood. The indicative mood expresses fact or reality.

Ich gehe in die Schule.   *I am going to school.*

The subjunctive mood, on the other hand, indicates a subjective attitude on the part of the speaker and shows uncertainty, possibility, doubt, wish, or desire.

Er sagt, er gehe in die Schule.   *He says he is going to school.*

He *says* he is going, though he may not go. When using the subjunctive in indirect discourse, the speaker indicates that he or she doesn't take responsibility for the accuracy of what is being said.

There are two ways of forming the subjunctive in German. Usually they are referred to as subjunctive I, or special subjunctive, and subjunctive II, or general (more common) subjunctive. Here we will use the terms *subjunctive I* and *subjunctive II*. Both subjunctives have a present and past form. But they only have one past form each—no present perfect, simple past, or past perfect, as in the indicative. Probable happenings in the future are expressed by using the present form. The terms *present-time* and *past-time subjunctive* are used quite often when referring to the two tenses of the subjunctive. We will use these terms here.

Use and Formation of the Subjunctive I

The use of the subjunctive I is fading away, now being found mostly in formal, literary German. In spoken German it is generally only used with the **er/sie/es** form, because this form is clearly different from the indicative.

Indicative	Subjunctive I
er/sie/es hat	er/sie/es habe
er/sie/es macht	er/sie/es mache
er/sie/es isst	er/sie/es esse

Subjunctive I is mainly used in indirect discourse—the speaker telling what someone else says or said.

| Er sagt immer, er habe kein Geld. | *He always says he has no money.* (though maybe he does) |
| Sie meint, sie singe am besten. | *She thinks she is the best singer.* |

Present-Time Subjunctive I

The *present-time subjunctive I* is made up of the infinitive stem and the subjunctive I endings.

kommen

ich komm**e**	wir komm**en**
du komm**est**	ihr komm**et**
er/sie/es komm**e**	sie/Sie komm**en**

Verbs that have a vowel change in the indicative in the second- and third-person singular do not have this change in the subjunctive I. Therefore, **er isst** would be **er esse**; **er schläft** would be **er schlafe**; and **er hat** would be **er habe**.

Sein is the only verb used somewhat frequently with all persons in the subjunctive I.

sein

ich sei	wir seien
du seiest *or* seist	ihr seiet
er/sie/es sei	sie/Sie seien

Übung   21-1

Andrea is in love and can't stop talking about her friend. Following are things Uwe, her new friend, supposedly says to her. Begin the sentences with **Er sagt**.

EXAMPLE: Ich liebe dich.
Er sagt, er liebe mich.

1. Ich finde dich sehr schön. _____

2. Du hast schöne Augen. _____

3. Ich bin so gern mit dir zusammen. _____

4. Ich kaufe dir ein schönes Geschenk. _____

5. Ich will mit dir ins Theater gehen. _____

6. Im Sommer gehe ich gern mit dir spazieren. _____

7. Dein Gang ist so anmutig. _____

8. Ich singe gern mit dir. _____

9. Ich denke oft an dich. _____

10. Es ist recht langweilig ohne dich. _____

Past-Time Subjunctive I

To form the *past-time subjunctive I,* use the subjunctive I of **haben** or **sein** and the past participle of the main verb.

Volker hat gesagt, er **habe** den Kuchen nicht **gegessen**.   *Volker said he did not eat the cake.*
Uschi sagte, sie **sei** gestern in Berlin **gewesen**.   *Uschi said she was in Berlin yesterday.*

*The new neighbor likes to brag about her life before moving here. Mother tells the family later what she said. Change the following sentences using the past-time subjunctive I. Start the sentence with **Sie sagte**.*

EXAMPLE: Ich habe ein schönes Kleid gekauft.
Sie sagte, sie habe ein schönes Kleid gekauft.

1. Ich habe zehn Pfund abgenommen.

_____

2. Meine Frisur ist sehr modern.

_____

3. Ich mache viermal in der Woche Gymnastik.

_____

4. Ich koche jede Woche eine neue Speise.

_____

5. Ich backe immer den besten Kuchen.

_____

6. Unser Wohnzimmer hat einen neuen Teppich.

_____

7. Anton, mein Sohn, bekommt immer gute Noten.

_____

8. Gabriela, meine Tochter, ist die schönste in der Klasse.

_____

9. Mein Mann hat die zweite Lohnerhöhung bekommen.

_____

10. Mein Vater gibt mir oft Geld.

_____

Indirect Questions

The subjunctive I is also used in indirect questions. The sentence could be started with **Er fragte**, or with **Er wollte wissen**. The verb is at the end of the main clause.

Er fragte, wieviel das Kind **wisse**.   _He asked how much the child knew._

Übung	21-3

Holger has a new girlfriend. His mother wants to know all about her. He is upset about all her questioning and tells his friend about it. Rewrite the following questions using the present-time subjunctive I. Begin the paragraph with **Sie wollte wissen**.

EXAMPLE: Wie alt ist sie?
Sie wollte wissen, wie alt sie sei.

1. Wie heißt sie? _____

2. Wie sieht sie aus? _____

3. Ist sie intelligent? (ob) _____

4. Wo wohnt sie? _____

5. Wer sind ihre Eltern? _____

6. Was für eine Arbeit hat der Vater? _____

7. Hat die Familie Geld? (ob) _____

8. Was macht sie in ihrer Freizeit? _____

9. Spricht sie gutes Deutsch? (ob) _____

10. Kann sie gut kochen? (ob) _____

sollen in Commands

When reporting a _command_, **sollen** is usually used.

Mach das Bett.   _Make the bed._
Mutter sagte, ich solle das Bett machen.   _Mother said I should make the bed._

Übung   21-4

Michael comes home and tells what his music teacher told him to do. Rewrite the commands, reporting what he was told to do.

> EXAMPLE: Spiel nicht so laut.
> *Er sagte, ich solle nicht so laut spielen.*

1. Übe jeden Tag. _____

2. Sitz gerade. _____

3. Schau nicht auf die Finger. _____

4. Spiel am Ende des Stückes leiser. _____

5. Kauf ein neues Musikheft. _____

Expressing a Wish

When *expressing a wish*, the third person of subjunctive I is used. Some of these wishes are idiomatic in nature and occur mostly in literature or have a religious origin, and they are taken from there to use in speech.

> Lang lebe der König!   *Long live the king!*
> Gott segne euch!   *God bless you!*

Übung   21-5

Give the English meaning of the following wishes.

> EXAMPLE: Gott segne dich!
> *God bless you!*

1. Gott sei Dank! _____

2. Dein Wille geschehe! _____

3. Gott behüte dich! _____

4. Dein Reich komme! _____

5. Es lebe die Freiheit! _____

Übung   21-6

*The Brauers receive a letter from Emma telling about her experiences in Germany. Mother is the first to read it and then talks about it. Rewrite the following sentences in the subjunctive I, telling what Mother said. Begin the sentences with **Sie schreibt**. Be careful: some of the sentences should be in the present-time and some in the past-time subjunctive I.*

EXAMPLE: Ich bin gut in Frankfurt gelandet.
Sie schreibt, sie sei gut in Frankfurt gelandet.

1. Ich habe im Flugzeug geschlafen.

    _____

2. Frankfurt ist eine schöne Stadt.

    _____

3. Ich habe die Altstadt besichtigt.

    _____

4. Ich habe das Goethehaus interessant gefunden.

    _____

5. Ich bin nach München gefahren.

    _____

6. Ich war einen ganzen Nachmittag im Englischen Garten.

    _____

7. In den Alpen bin ich zweimal geklettert.

    _____

8. Ich habe viele Souvenirs gekauft.

    _____

9. Ich habe oft Wiener Schnitzel gegessen.

    _____

10. Ich habe Luthers Wartburg in Thüringen interessant gefunden.

    _____

11. Ich habe genug Geld mitgebracht.

    _____

12. Ich habe auch eine Schifffahrt auf dem Rhein gemacht.

_____

13. Andreas hat auch viel Spaß.

_____

14. Er hat ein schönes Mädchen kennen gelernt.

_____

15. Sie wohnt in Bonn.

_____

Subjunctive II and *würde* Constructions

Use and Formation of the Subjunctive II

The more common subjunctive II, or general subjunctive, is used to express conditions, hypotheses, and wishes.

Er hätte genug Geld das Auto zu kaufen.	*He would have enough money to buy the car.*
Die alte Stadt wäre interessanter.	*The old city would be more interesting.*

The Present-Time Subjunctive II

The *present-time subjunctive II* of weak verbs is identical to the past forms of the indicative (active voice). Remember that the present-time subjunctive is also used to express the future, since there is no separate future form.

	lernen	warten
ich	lernte	wartete
du	lerntest	wartetest
er/sie/es	lernte	wartete
wir	lernten	warteten
ihr	lerntet	wartetet
sie/Sie	lernten	warteten

Er meinte immer, er lernte am besten in der Klasse.	*He always thought he was the best student in the class.*
Sie behauptet, wir warteten nicht lange genug.	*She claims we don't wait long enough.*

The present-time subjunctive II forms of mixed verbs are also the same as the past forms of the indicative, except that an umlaut is added when possible.

ich dachte	ich dächte
du wusstest	du wüsstest
es brannte	es brännte

Kannte (**kennen**) does not take an **ä** but stays **kennte**.

Wüsstest du wie er heißt?	*Would you know what his name is?*
Kennte er die Frau?	*Would he know the woman?*

The present-time subjunctive II of strong verbs is formed by adding the subjunctive endings **-e**, **-est**, **-e**, **-en**, **-et**, and **-en** to the indicative past tense stem of the verb. If the stem has a vowel of **a**, **o**, or **u**, an umlaut is added.

	bleiben	geben
ich	bliebe	gäbe
du	bliebest	gäbest
er/sie/es	bliebe	gäbe
wir	blieben	gäben
ihr	bliebet	gäbet
sie/Sie	blieben	gäben

	haben	sein
ich	hätte	wäre
du	hättest	wärest
er/sie/es	hätte	wäre
wir	hätten	wären
ihr	hättet	wäret
sie/Sie	hätten	wären

The subjunctive verb endings **-est** and **-et** are often contracted to **-st** and **-t**, especially in speech.

du blieb**est**—du blieb**st**	ihr blieb**et**—ihr blieb**t**
du gäb**est**—du gäb**st**	ihr gäb**et**—ihr gäb**t**

Bliebst du länger in Italien, wenn du Geld hättest?	*Would you stay longer in Italy, if you had money?*

When a modal verb has an umlaut in the infinitive of the indicative, it also has an umlaut in the present-time subjunctive II.

können	Könntest du morgen kommen?
dürfen	Dürfte er draußen spielen?
sollen	Solltest du nicht ins Bett gehen?

Übung 22-1

Magda would like to go to the park. Make phrases saying that the following people would like to go to the park as well.

Magda ginge gern.

     EXAMPLE: Wir _____ auch gern.
             *Wir **gingen** auch gern.*

1. Frau Kohl _____ auch gern.

2. Wir _____ auch gern.

3. Die Mädchen _____ auch gern.

4. Du _____ auch gern.

5. Ihr _____ auch gern.

6. Ich _____ auch gern.

7. Er _____ auch gern.

8. Herr und Frau Bohl _____ auch gern.

Übung 22-2

Change the following active sentences to the present-time subjunctive II.

     EXAMPLE: Ich kann das machen.
             Ich könnte das machen.

1. Wir kaufen es gern. _____

2. Wir haben aber kein Geld. _____

3. Mutter muss es uns geben. _____

4. Gibt sie es gern? _____

5. Das weiß ich nicht. _____

6. Die Kinder sagen immer, Vater verdient viel. _____

7. Bringt ihr das Geld dann? _____

8. Wir denken nicht daran. _____

9. Kennt er die neuen Nachbarn? _____

10. Bist du am Wochenende hier? _____

11. Ich soll jetzt gehen. _____

12. Kommst du morgen wieder? _____

13. Wenn du es willst. _____

14. Wir gehen jetzt nach Hause. _____

15. Schreibt ihr uns einen Brief? _____

16. Arbeitest du lange? _____

17. Nein, ich bin zu müde. _____

18. Nennt sie das Kind Rumpelstilzchen? _____

19. Das will ich nicht. _____

20. Er hat es aber gern. _____

Modal Verbs in the Subjunctive II

Subjunctive II modal verbs are often used to form polite questions, requests, or statements.

Könntest du, bitte, die Tür zumachen?	*Could you, please, close the door?*
Dürfte ich, bitte, telefonieren?	*May I telephone, please?*

Übung   22-3

Little Jens is sick in bed and has many requests. Make sentences with the cues given in parentheses.

EXAMPLE: (können, haben) ich ein Glas Wasser?
Könnte ich ein Glas Wasser haben?

1. (dürfen, essen) ich ein Stück Schokolade? _____

2. (können, ausmachen) du das Licht? _____

3. (dürfen, fernsehen) ich? _____

4. (können, lesen) der Vater ein Buch? _____

5. (dürfen, spielen) Paul mit mir? _____

Übung   **22-4**

The subjunctive II is also used to express wishes. Lars tells his grandmother what everyone would like for Christmas. Make sentences with the cues given.

       EXAMPLE: ich—neues Fahrrad
              Ich hätte gern ein neues Fahrrad.

1. Inge—neue Puppe _____

2. die Zwillinge—elektrischen Zug _____

3. der Vater—neuen Pullover _____

4. ich—Fußball _____

5. Peter und ich—viel Schokolade _____

Übung   **22-5**

Luise and her friends stop at a restaurant for refreshments. She orders for everyone. Make sentences with the cues given.

       EXAMPLE: Peter—ein Vanilleeis
              Peter hätte gern ein Vanilleeis.

1. ich—ein Stück Torte _____

2. Marie—eine Limo _____

3. Hans und Lars—eine Pizza _____

4. Frank, was du? _____

5. Beate und ich—ein Erdbeereis _____

The Past-Time Subjunctive II

The *past-time subjunctive II* is formed by using the subjunctive II form of **sein** (**wäre**) or **haben** (**hätte**) and the past participle of the main verb.

ich hätte gespielt (*I would have played*)   ich wäre gegangen (*I would have gone*)
du hättest gespielt   du wär(e)st gegangen
er/sie/es hätte gespielt   er/sie/es wäre gegangen
wir hätten gespielt   wir wären gegangen
ihr hättet gespielt   ihr wäret gegangen
sie/Sie hätten gespielt   sie/Sie wären gegangen

      Er hätte gern den Kuchen gegessen.   *He would have liked to eat the cake.*
      Sie wären gern in den Park gegangen.   *They would have liked to go to the park.*

Übung   **22-6**

Change the following sentences to the past-time subjunctive II.

    EXAMPLE: Das ist eine gute Idee.
          Das wäre eine gute Idee gewesen.

1. Er kommt heute nicht. _____

2. Sie nimmt wieder nichts mit. _____

3. Das ist nett. _____

4. Wir haben viel Geld. _____

5. Die Kinder lernen viel. _____

6. Er geht schnell nach Hause. _____

7. Kennt sie die Stadt? _____

8. Ich weiß nichts davon. _____

9. Wir besuchen die Oma oft. _____

10. Er macht die Reise. _____

11. Axel kauft einen neuen Anzug. _____

12. Peter macht nie seine Hausaufgaben. _____

13. Er findet das langweilig. _____

14. Das ärgert den Lehrer. _____

15. Peter spielt aber lieber. _____

Modal Verbs in the Past-Time Subjunctive II

When *modal verbs* are conjugated in the past-time subjunctive II, the modal verb stays in its infinitive form and serves as the past participle. The modal past participle is always in the last position. It follows the infinitive of the main verb.

    Er hätte den Kuchen essen **wollen**.   *He would have liked to eat the cake.*
    Sie hätten in den Park gehen **sollen**.   *They should have gone to the park.*

Übung | **22-7**

Change the following sentences to the past-time subjunctive II.

> EXAMPLE: Sie müsste mehr lernen.
> *Sie hätte mehr lernen müssen.*

1. Emma müsste mehr Geld mitnehmen.

   _____

2. Sie wollte alles sehen.

   _____

3. Andreas wollte mehr Zeit in Deutschland haben.

   _____

4. Sie sollten länger in Deutschland bleiben.

   _____

5. Sie könnten dann mehr sehen.

   _____

6. Ich wollte auch mitfahren.

   _____

7. Ich müsste nicht immer zu Hause bleiben.

   _____

8. Die Reise sollte länger sein.

   _____

9. Sie müssten nicht so früh zurückkommen.

   _____

10. Wolltest du auch eine Reise machen?

    _____

The *würde* Construction

Würden (the subjunctive II form of **werden**) plus an infinitive is often used instead of the subjunctive II form. This is especially true for the present-time subjunctive. The meaning does not change when using the **würde** construction. This construction is especially used when:

> 1. The subjunctive form of the verb could be interpreted as the indicative past:

> Wenn Anna mehr spielte, lernte sie nicht genug.

A clearer sentence would be:

Wenn Anna mehr spielte, würde sie nicht genug lernen.

2. Use of the subjunctive II verb would be considered awkward:

Wenn das Kind allein stünde, käme die Mutter.
Wenn das Kind allein stehen würde, käme die Mutter.

Very seldom would you use the **würde** construction to replace **hätte**, **wäre**, or the subjunctive II of the modals (**dürfte**, **könnte**, **müsste**, **möchte**, **sollte**, or **wollte**).

Übung 22-8

Supply the correct form of **würden** in the following sentences.

EXAMPLE: Peter _____ mehr Deutsch lernen.
Peter **würde** mehr Deutsch lernen.

1. Ilse _____ mehr Deutsch lernen.

2. Ich _____ mehr Deutsch lernen.

3. Du _____ mehr Deutsch lernen.

4. Wir _____ mehr Deutsch lernen.

5. Peter und ich _____ mehr Deutsch lernen.

6. Ihr _____ mehr Deutsch lernen.

7. Herr Lutz, Sie _____ mehr Deutsch lernen.

Übung 22-9

Andreas and Emma's father had advice for them before they left for Germany.
A. Complete the following sentences using the present-time subjunctive II construction.

EXAMPLE: Es wäre schön, wenn ihr an den Bodensee _____ (fahren).
Es wäre schön, wenn ihr an den Bodensee **führet**.

1. Es wäre schön, wenn ihr mehr Zeit _____ (haben).

2. Es wäre besser, wenn ihr nur zwei Koffer _____ (nehmen).

3. Es wäre besser, wenn ihr mehr Deutsch _____ (lernen).

4. Es wäre besser, wenn Emma nicht allein _____ (ausgehen).

5. Es wäre schön, wenn ihr meinen Freund in Duisburg _____ (besuchen).

6. Es wäre besser, wenn Andreas das Geld hier _____ (umtauschen).

7. Es wäre besser, wenn ihr ein Hotelzimmer _____ (reservieren).

8. Es wäre besser, wenn ihr nur Deutsch _____ (sprechen).

9. Es wäre besser, wenn Andreas die Koffer _____ (nehmen).

10. Es wäre sicherer, wenn Emma nie allein _____ (sein).

B. *Rewrite the above sentences using the **würde** construction, if appropriate. Remember that the **würde** construction is not used to replace **hätte**, **wäre**, or the subjunctive II of the modals.*

    EXAMPLE: Es wäre schön, wenn ihr an den Bodensee führet.
         Es wäre schön, wenn ihr an den Bodensee fahren würdet.

1. _____

2. _____

3. _____

4. _____

5. _____

6. _____

7. _____

8. _____

9. _____

10. _____

Übung   **22-10**

*Emma and Andreas's sister is unhappy she could not go to Germany, so she proceeds to say what she would do differently in their place. Use the **würde** construction in the following sentences.*

    EXAMPLE: Ich nehme mehr Geld mit.
         Ich würde mehr Geld mitnehmen.

1. Ich packe nur einen Koffer.

_____

2. Ich fahre auf die Insel Sylt.

_____

3. Ich kaufe mir neue Kleider.

   _____

4. Ich fahre mit dem Taxi zum Flugplatz.

   _____

5. Ich esse oft Schwarzwälder Torte.

   _____

6. Ich reise nach Thüringen.

   _____

7. Der Vater schickt mir bestimmt mehr Geld.

   _____

8. Meine Freundin und ich gehen jeden Tag spazieren.

   _____

9. Meine Reise kostet nicht so viel.

   _____

10. Ich übernachte in einer Jugendherberge.

   _____

Conditional Sentences

Conditional sentences have two clauses: the **wenn** clause (*if* clause), or condition, and the conclusion. The conditions under which an event mentioned in the conclusion may or may not take place are found in the **wenn** clause.

Wenn er Geld hat, kauft er das Haus.	*If he has money, he buys (will buy) the house.*
Wenn er Geld hätte, würde er das Haus kaufen.	*If he had money, he would buy the house.*

There are three types of conditional sentences: conditions of fact, unreal conditions, and speculation about the past.

Conditions of Fact

These sentences have conditions that can be fulfilled. Use the indicative verb forms in these sentences.

Present

Wenn ich viel lerne, weiß ich viel.	*If I study a lot, I will know a lot.*
Wenn sie genug Geld haben, kaufen sie das Haus.	*If they have enough money, they will buy the house.*

When using the past tense in a conditional sentence of fact, regular or repeated action in the past is implied.

Present

Wenn die Arbeiter Durst hatten, tranken sie Wasser.	*When/whenever the workers were thirsty, they drank water.*
Wenn es heiß war, kaufte sie sich ein Erdbeereis.	*When/whenever it was hot, she bought herself strawberry ice cream.*

 **23-1**

Combine the groups of two sentences, making a real condition. Notice the position of the verbs.

> EXAMPLE: Es ist kalt. Sie zieht sich warm an.
> *Wenn es kalt **ist**, **zieht** sie sich warm an.*

1. Klaus hat Hunger. Er isst sein Pausenbrot.

   _____

2. Ich habe Geld. Ich fahre nach Freudenstadt.

   _____

3. Die Sonne scheint. Die Kinder gehen schwimmen.

   _____

4. Es regnet. Sie gehen nach Hause.

   _____

5. Sie sind müde. Sie gehen ins Bett.

   _____

Unreal Conditions

If the conditions are unreal—meaning that it is possible they could be fulfilled, although there is no guarantee of this happening—the present-time subjunctive II is used. This form is often used to express wishes.

Wenn er nur bald kommen würde!	*If he only came soon!*
Wenn ich viel Geld hätte, könnte ich nach Egypten fahren.	*If I had a lot of money, I could go to Egypt. (It is questionable whether I will ever have enough extra money for this, but it could happen.)*

If two present-time subjunctive II verbs (aside from **haben**, **sein**, and the modals) are used in a conditional sentence, the **würde** construction should be used for clarity. Remember that the subjunctive II of weak verbs is the same as the indicative past form and that using this form could confuse the meaning.

Not: Wenn sie mit mir telefonierte, sagte ich ihr alles.	
But: Wenn sie mit mir telefonierte, würde ich ihr alles sagen.	*If she telephoned me, I would tell her everything.*

Übung	23-2

*Emma's mother gets frustrated with her sometimes. Here she expresses her wishes to her husband. Make sentences using the **würde** construction (except with **haben** or **sein**) with the given cues.*

EXAMPLE: nur ihr Zimmer aufräumen
Wenn sie nur ihr Zimmer aufräumen würde.

1. nur nicht so lange am Telefon sprechen

   _____

2. nur mehr zu Hause helfen

   _____

3. nur bessere Noten bekommen

   _____

4. nur nicht so oft in die Disko gehen

   _____

5. nur nicht so viel Geld ausgeben

   _____

6. nur bessere Freunde haben

   _____

7. nur nicht so lange schlafen

   _____

8. sich nur nicht mit der Schwester streiten

   _____

9. nur die Kleider aufhängen

   _____

10. nur die Oma besuchen

    _____

*Emma tells what she would do if certain conditions were fulfilled. Note that the subjunctive II is used in the condition and a **würde** construction is used in the conclusion.*

EXAMPLE: Wenn ich Zeit habe, gehe ich zur Oma.
Wenn ich Zeit hätte, würde ich zur Oma gehen.

1. Wenn ich Geld habe, kaufe ich mir etwas schönes.

   _____

2. Wenn ich Lust habe, gehe ich ins Kino.

   _____

3. Wenn ich ein gutes Buch habe, lese ich.

   _____

4. Wenn das Wetter schön ist, machen meine Freunde und ich einen Ausflug.

   _____

5. Wenn es warm ist, gehen wir schwimmen.

   _____

Speculation About the Past

To speculate how conditions might have been in the past, use the past-time subjunctive II. Remember, the event happened in the past, so the condition can no longer be fulfilled.

Wenn er Geld gehabt hätte, hätte er das Auto gekauft.	*If he had had money, he would have bought the car.* (He didn't have money, so he didn't buy it. End of story.)
Wenn sie hier gewesen wäre, hätte ich mit ihr gesprochen.	*If she had been here, I would have spoken to her.*

Starting with the Conclusion

In all three types of conditions you can start the sentence with the conclusion, followed by the **wenn** clause.

Ich weiß viel, wenn ich viel lerne.
Sie würde telefonieren, wenn sie Zeit hätte.
Ich hätte mit ihr gesprochen, wenn sie hier gewesen wäre.

Omitting *wenn*

Especially in written German, the **wenn** can be omitted. If this is done, the verb comes first in what would have been the **wenn** clause. Usually this is only possible if that clause (the condition, which is the subordinate clause) comes first.

> Hätte sie Zeit, telefonierte sie.
> Wäre sie hier gewesen, hätte ich mit ihr gesprochen.

 **23-4**

*Emma's Oma is not always the happiest person; she likes to talk about how things could have been different. Begin each sentence with **Wenn ich klug gewesen wäre...***

EXAMPLE: ich lerne mehr in der Schule
Wenn ich klug gewesen wäre, hätte ich mehr in der Schule gelernt.

1. ich spare weniger Geld

   _____

2. ich mache mehr Reisen

   _____

3. ich habe weniger Kinder

   _____

4. ich heirate einen reicheren Mann

   _____

5. ich streite mich nicht so viel mit meiner Schwester

   _____

6. ich mache mehr Sport

   _____

7. ich kaufe mir schönere Sachen

   _____

8. ich wohne auf dem Land

   _____

9. ich lerne Auto fahren

   _____

10. ich nehme mir ein Dienstmädchen

    _____

Übung   23-5

Was würde Emma tun, wenn sie nicht nach Deutschland fahren könnte? _Complete the following sentences with the given cues._

EXAMPLE: Freunde besuchen
Wenn Emma nicht nach Deutschland fahren könnte, würde sie Freunde besuchen.

1. weinen _____

_____

2. böse sein _____

_____

3. nach Chicago fahren _____

_____

4. in ihrem Zimmer sitzen _____

_____

5. ihre Freundin anrufen _____

_____

Übung   23-6

Was würden Müllers tun, wenn sie eine Million Euro hätten? _Complete the following sentences with the given cues._

EXAMPLE: nicht mehr arbeiten
Wenn Müllers eine Million Euro hätten, würden sie nicht mehr arbeiten.

1. ein neues Haus bauen _____

_____

2. nach Australien fliegen _____

_____

3. ein Haus an der Nordsee kaufen _____

_____

4. zwei neue Mercedes kaufen _____

_____

5. keine Geldsorgen haben _____

_____

Review Exercises in the Passive Voice, Subjunctive Mood, and Conditional Tense

Übung | **24-1**

Was macht Lotte im Büro? *Change the following sentences from the active to the present tense passive.*

EXAMPLE: Lotte kocht Kaffee.
Kaffee wird von Lotte gekocht.

1. Der Chef öffnet das Büro.

   _____

2. Er schaltet die Computer ein.

   _____

3. Lotte begrüßt die anderen Arbeiter.

   _____

4. Sie bedient das Telefon.

   _____

5. Sie tippt fünf Briefe.

   _____

6. Der Briefträger bringt die Post.

   _____

7. Lotte kann ihn hören bevor er ins Büro kommt.

_____

8. Um zwölf macht Lotte Pause.

_____

9. Sie isst Salat und eine Schnitte Brot.

_____

10. Am Nachmittag bezahlt sie die Rechnungen.

_____

Übung 24-2

Change the following sentences to the past tense passive. (Note that some of them are in the present tense passive to begin with.)

> EXAMPLE: Die Gäste trinken Wein.
> _Wein wurde von den Gästen getrunken._

1. Sie bringen Blumen. _____

2. Die Gäste werden begrüßt. _____

3. Es wird viel gesprochen. _____

4. Der Gastgeber lädt sie zum Essen ein. _____

5. Es wird viel gegessen. _____

Übung 24-3

Change the following sentences to the future tense in the passive. (Some are already in the passive, but not in the future.)

> EXAMPLE: Es wird in Frankfurt gelandet.
> _Es wird in Frankfurt gelandet werden._

1. Der Koffer wird gepackt.

_____

2. Ein Geschenk wird gekauft.

_____

3. Hans besucht das Reisebüro.

_____

4. Die Flugkarte wird gesucht.

_____

5. Der Pilot startet den Motor.

_____

6. Die Stewardess begrüßt die Passagiere.

_____

7. Getränke werden serviert.

_____

8. Die Passagiere schauen sich einen Film an.

_____

9. Der Pilot gibt Auskunft.

_____

10. Die Passagiere genießen den Flug.

_____

Übung   24-4

Restate the following sentences using **man**.

    EXAMPLE: Wie viel wird dafür ausgegeben?
       Wie viel gibt man dafür aus?

1. Die Großeltern werden besucht. _____

2. Ein Geschenk wird gebracht. _____

3. Es wird Kaffee getrunken. _____

4. Alte Geschichten werden erzählt. _____

5. Es wird viel gelacht. _____

6. Das Zusammensein wird geschätzt. _____

7. Das jüngste Enkelkind wird gezeigt. _____

8. Es wird bewundert. _____

9. Das Kind wird rumgetragen. _____

10. Fotos werden gemacht. _____

Übung   24-5

*Rewrite the following sentences using **sich lassen**.*

> EXAMPLE: Man kann das Bild gut sehen.
> *Das Bild lässt sich gut sehen.*

1. Man kann den Redner gut verstehen. _____

2. Die Sitzplätze werden leicht gefunden. _____

3. Der Redner ist leicht zu sehen. _____

4. Man gratuliert dem Redner. _____

Übung   24-6

*Mariechen has a new friend. Oma wanted to know all about her. Mariechen tells her mother all the things that Oma wanted to know. Begin each sentence with **Sie wollte wissen**. Use the present-time subjunctive I.*

> EXAMPLE: Wo wohnt sie?
> *Sie wollte wissen, wo sie wohne.*

1. Wie heißt sie? _____

2. Wie alt ist sie? _____

3. Was spielt sie gern? _____

4. Wo geht sie zur Schule? _____

5. Hat sie Geschwister? (ob) _____

6. Sind ihre Geschwister höflich? (ob) _____

7. Wie heißen ihre Eltern? _____

8. Wo arbeitet ihr Vater? _____

Übung   24-7

Change the following indicative sentences to the present-time subjunctive II.

> EXAMPLE: Das Mädchen sieht sehr gut aus.
> *Das Mädchen sähe sehr gut aus.*

1. Weißt du das bestimmt? _____

2. Er kennt die Frau. _____

3. Sie bleiben in Hamburg. _____

4. Kannst du morgen kommen? _____

5. Die Kinder dürfen lange spielen. _____

6. Er gibt ihr immer teure Geschenke. _____

7. Er hat kein Geld. _____

8. Wir dachten nicht daran. _____

9. Sollst du nicht deine Hausaufgaben machen? _____

10. Wann kommt ihr morgen? _____

 **Übung   24-8**

Mariechen decides to be extra polite when stating her wishes and requests. Use the present-time subjunctive II form.

> EXAMPLE: Kann ich einen Bonbon haben?
> *Könnte ich einen Bonbon haben?*

1. Darf ich draußen spielen?

   _____

2. Soll ich mein Zimmer aufräumen?

   _____

3. Darf Lieschen mich besuchen?

   _____

4. Können Lieschen und ich mit der neuen Puppe spielen?

   _____

5. Kann ich ein Stück Schokolade haben?

   _____

 **Übung   24-9**

Change the following sentences to the past-time subjunctive II.

> EXAMPLE: Er muss abnehmen.
> *Er hätte abnehmen müssen.*

1. Sonntags gehen wir in den Park. _____

2. Das ist eine gute Idee. _____

3. Peter will am liebsten spielen. _____

4. Kennst du das schöne Mädchen? _____

5. Denkst du an mich? _____

6. Wo wohnt ihr? _____

7. Das wissen wir nicht. _____

8. Er geht gern in die Schule. _____

9. Das kann ich kaum glauben. _____

10. Ich muss ihn das fragen. _____

 **Übung   24-10**

*Complete the following sentences using the **würde** construction (except with **haben**, **sein**, and the modals).*

> EXAMPLE: Es wäre gut, wenn du die Universität (besuchen).
> *Es wäre gut, wenn du die Universität besuchen würdest.*

1. Ich hätte Glück, wenn ich viel Geld (gewinnen) _____.

2. Es wäre besser, wenn er zu Hause (bleiben) _____.

3. Es wäre sicherer, wenn ein Polizist hier (sein) _____.

4. Es wäre traurig, wenn sie (*pl.*) (sich scheiden lassen) _____.

5. Es wäre schön, wenn ihr zu Besuch (kommen) _____.

6. Ich hätte Pech, wenn ich die Prüfung nicht (bestehen) _____.

7. Es wäre schön, wenn er viel Geld (haben) _____.

8. Es wäre sehr nett, wenn wir ein Geschenk (bringen) _____.

9. Es wäre toll, wenn er mich (lieben) _____.

10. Er hätte Angst, wenn er in der Nacht (gehen müssen) _____.

Übung 24-11

Combine the two sentences, making a real condition.

EXAMPLE: Er hat Durst. Er trinkt viel Wasser.
Wenn er Durst hat, trinkt er viel Wasser.

1. Sie isst viel. Sie nimmt zu. _____

2. Es regnet. Sie laufen ins Haus. _____

3. Wir haben Geld. Wir fahren nach Spanien. _____

4. Er lernt viel. Er weiß viel. _____

5. Er liebt sie. Er heiratet sie. _____

Übung 24-12

Hans laments his lack of money. He tells how things would have been different if he had money.

EXAMPLE: Wenn ich Geld gehabt hätte—ich fahre nach Italien.
Wenn ich Geld gehabt hätte, wäre ich nach Italien gefahren.

1. Wenn ich Geld gehabt hätte—ich kaufe ein neues Auto.

_____

2. Wenn ich Geld gehabt hätte—die Mädchen laufen mir nach.

_____

3. Wenn ich Geld gehabt hätte—ich kaufe viele Geschenke.

_____

4. Wenn ich Geld gehabt hätte—ich besuche Freunde in Irland.

_____

5. Wenn ich Geld gehabt hätte—ich reise nach Russland.

_____

Final Review

The Present Tense

Übung   R-1

Supply the correct form of the verb in the present tense.

EXAMPLE: kommen—*ich **komme***

1. **haben**

   ich _____

   du _____

   Ute _____

   wir _____

   ihr _____

   sie (*pl.*) _____

2. **sein**

   ich _____

   du _____

   Vater _____

   wir _____

   ihr _____

   die Geschwister _____

3. **werden**

   ich _____

   du _____

   er _____

wir _____

ihr _____

sie (*pl.*) _____

4. **wissen**

ich _____

du _____

er _____

wir _____

ihr _____

sie (*pl.*) _____

5. **nehmen**

ich _____

du _____

er _____

wir _____

ihr _____

die Schüler _____

6. **putzen**

du _____

er, sie, es _____

ihr _____

Hans und Gretel _____

7. **antworten**

du _____

er, sie, es _____

ihr _____

die Eltern _____

8. **wandern**

   ich _____

   du _____

   Herr Schmidt _____

   wir _____

   ihr _____

   sie, Sie _____

9. **helfen**

   ich _____

   du _____

   er _____

   ihr _____

10. **aufstehen**

    ich _____

    er _____

    wir _____

    die Kinder _____

11. **erfahren**

    ich _____

    Herbert _____

    wir _____

    Sie _____

Übung   R-2

Iris helps her little brother get ready for school. Complete the sentences in the present tense with the verb given.

> EXAMPLE: (sprechen) Wir _____ leise.
> *Wir **sprechen** leise.*

1. (wecken) Sie (*sing., fam.*) _____ ihn.

2. (schlafen) Er _____ gern.

3. (waschen) Er _____ sich.

4. (helfen) Sie (*sing., fam.*) _____ ihm beim Anziehen.

5. (geben) Sie (*sing., fam.*) _____ ihm Essen.

6. (trinken) Er _____ gern Orangensaft.

7. (essen) Er _____ Brötchen.

8. (suchen) Er _____ seine Schulsachen.

9. (anziehen) Er _____ seine Jacke _____.

10. (aufmachen) Er _____ die Tür _____.

11. (gehen) Er _____ aus dem Haus.

12. (begleiten) Iris _____ ihn nicht.

13. (warten) Er _____ auf den Bus.

14. (einsteigen) Er _____ _____.

15. (nehmen) Er _____ Platz.

16. (sehen) Er _____ aus dem Fenster.

17. (sprechen) Er _____ mit dem Nachbarn.

18. (schreien) Hinten _____ die Jungen.

19. (aufstehen) Jetzt _____ die Kinder _____.

20. (verlassen) Uwe _____ den Bus.

21. (laufen) Er _____ schnell.

22. (betreten) Er _____ die Schule.

23. (grüssen) Er _____ die Lehrerin.

24. (grüssen) _____ du auch die Lehrerin?

25. (aufhängen) Er _____ die Jacke _____.

26. (finden) Er _____ seinen Platz.

27. (setzen) Er _____ sich.

28. (sitzen) _____ du neben Uwe?

29. (beginnen) Die Klasse _____.

30. (rechnen) Zuerst _____ er.

31. (lesen) Dann _____ er.

32. (essen) Was _____ du in der Pause?

33. (zurückkehren) Am Nachmittag _____ er nach Hause _____.

Übung   R-3

Separable and inseparable prefix verbs: Form a sentence with each group of words.

> EXAMPLES: zurückbringen / wir / das Buch
> *Wir bringen das Buch zurück.*
>
> besuchen / ich / Tante Gretel
> *Ich besuche Tante Gretel.*

1. vorhaben / ihr / im Sommer / was?

   _____

2. besuchen / wir / Verwandte / in der Schweiz

   _____

3. verstehen / wir / uns / sehr gut / mit ihnen

   _____

4. anbieten / die Schweiz / viel / Schönes

   _____

5. mitkommen / deine Kusine?

   _____

6. ausgeben / wir / wieder / viel Geld

   _____

7. vorbereiten / ihr euch / für die Reise / wann?

   _____

8. entscheiden / wir / das / nächste Woche

_____

9. besprechen / müssen /wir / zusammen / das

_____

10. empfehlen / ich / eine Bergtour

_____

11. gefallen / das / mir / immer

_____

12. mitnehmen / wir / viel / für die Reise

_____

13. einpacken / wir / hoffentlich / alles

_____

14. zumachen / können / wir / bestimmt / alle Koffer

_____

15. zurückkehren / ihr / wann?

_____

 **Übung   R-4**

Separable-prefix verbs in a subordinate clause: Form a sentence with the group of words given.

    EXAMPLE: (runterschlucken, hungern) Weil / das Kind / nichts / es
    Weil das Kind nichts runterschluckt, hungert es.

1. (aussehen, mögen) Weil / das Mädchen / gut / er/ es

_____

2. (mitkommen, fahren) Wenn / ihr / wir / in die Schweiz

_____

3. (aufwachen, schreien) Sobald / das Kind / es

_____

4. (einkaufen, gehen) Nachdem / wir alles / wir / nach Hause

_____

5. (hinfallen, weinen) Wenn / das Kind / es

_____

Übung   R-5

*Modals and **lassen** in the present tense: Make sentences out of the given phrases.*

> EXAMPLES: (möchten, spielen) Die Kinder / Ball
> *Die Kinder möchten Ball spielen.*
>
> (sich lassen, küssen) Das Kind
> *Das Kind lässt sich küssen.*

1. (wollen, einladen) Ute und Heiko / Freunde / zum Kaffee

   _____

2. (möchten, einladen) Ute / ihre / besten Freundinnen

   _____

3. (wollen, haben) Heiko / Max / hier

   _____

4. (mögen) Ute / ihn nicht

   _____

5. (sollen, kommen) Die Gäste / um vier Uhr

   _____

6. (möchten, decken) Ich / den Tisch

   _____

7. (können, kochen) Heiko, / du / Kaffee

   _____

8. (wollen, aufschneiden) Ja, / ich / auch / den Kuchen

   _____

9. (müssen, stehen) Der Strauss / in der / Mitte

   _____

10. (dürfen, sein) Der Strauss / nicht / zu hoch

    _____

11. (müssen, sich sehen, können) Die Gäste

    _____

12. (lassen, kommen) Das Paar / die Gäste / ins Haus

    _____

13. (möchten, bringen) Die Gäste / natürlich / ein Geschenk

_____

14. (sich lassen, bedienen) Die Gäste

_____

15. (sich freuen, sein, können) Alle / weil sie zusammen

_____

Wissen oder kennen: _Supply the correct form of_ **wissen** _or_ **kennen.**

    EXAMPLE: _____ _du wie er heißt?_

        Weißt du wie er heißt?

1. Bärbel: _____ du Sabine Sims? Sie wohnt hier in der Nähe.

    _____ du wo?

2. Uschi: Ich _____ sie gut. Ich _____ aber nicht wo sie wohnt.

    Ich _____ die Umgebung nicht. Ich bin hier fremd.

3. Bärbel: _____ du wo der Zoo ist? Wir sind nicht weit von dem.

Imperative Verbs

Übung   R-7

Give the four imperative forms of the following verbs.

    EXAMPLE: kommen
        Kommen Sie, komm(e), kommt, kommen wir

1. sammeln _____   _____   _____   _____

2. atmen _____   _____   _____   _____

3. lernen _____   _____   _____   _____

4. warten _____   _____   _____   _____

5. anrufen _____   _____   _____   _____

6. versprechen _____   _____   _____   _____

7. essen _____   _____   _____   _____

8. sein _____   _____   _____   _____

9. haben _____   _____   _____   _____

10. nehmen _____   _____   _____   _____

Übung	**R-8**

Make commands by following the given directions.

> EXAMPLES: Sagen Sie Herrn Braun, dass er den Kuchen essen soll.
> *Essen Sie den Kuchen.*
>
> Sagen Sie Anke, dass sie den Kuchen essen soll.
> *Iss den Kuchen.*
>
> Sagen Sie Uwe und Erich, dass sie den Kuchen essen sollen.
> *Esst den Kuchen.*

1. Sagen Sie Peter, dass er jetzt schlafen soll.

   _____

2. Sagen Sie Frau Günther, dass sie pünktlich sein soll.

   _____

3. Sagen Sie der Oma, dass sie gesund werden soll.

   _____

4. Sagen Sie Hans und Gretel, dass sie die Krümmel einsammeln sollen.

   _____

5. Sagen Sie Anna, dass sie laut sprechen soll.

   _____

6. Sagen Sie den Kindern, dass sie nicht laut schreien sollen.

   _____

7. Sagen Sie Herrn Müller und Herrn Schmidt, dass sie bitte helfen sollen.

   _____

8. Sagen Sie Silke, dass sie das Buch lesen soll.

   _____

9. Sagen Sie der Mutter, dass sie bitte Brot kaufen soll.

   _____

10. Sagen Sie Petra, dass sie Liesel einladen soll.

    _____

The Future Tense

Übung	R-9

What will happen when the Müllers inherit 1,000,000 euro? Change the following sentences to the future tense.

> EXAMPLE: Müllers erben viel Geld.
> *Müllers werden viel Geld erben.*

1. Sie bekommen einen Brief.

   _____

2. Sie sollen zur Bank kommen.

   _____

3. Morgen fährt Herr Müller zur Bank.

   _____

4. Er hat keine Idee, was los ist.

   _____

5. Er spricht mit dem Beamten.

   _____

6. Die Familie erhält ein Erbe.

   _____

7. Der Beamte gibt Herrn Müller einen grossen Scheck.

   _____

8. Er darf den Scheck nehmen.

   _____

9. Die Familie ist überrascht.

   _____

10. Was machen sie wohl mit dem Geld?

    _____

11. Sie kaufen ein grösseres Haus.

    _____

12. Die Eltern machen nächsten Monat eine Reise nach Afrika.

    _____

13. Sie zahlen alle Schulden ab.

   _____

14. Herr Müller bestellt ein neues Auto.

   _____

15. Ich will Müllers kennenlernen. Vielleicht geben sie mir etwas Geld.

   _____

The Past Tense

Übung   R-10

Strong verbs and modals: Give the past tense of the following verbs.

   EXAMPLE: er kommt   *kam*

1. ich gehe _____

2. wir sitzen _____

3. du schläfst _____

4. er mag _____

5. ich tue _____

6. sie läuft _____

7. wir vergessen _____

8. ihr fallt _____

9. ich stehe _____

10. sie schreiben _____

11. du sprichst _____

12. er hilft _____

13. wir rufen _____

14. ich bekomme _____

15. ihr findet _____

16. ich nehme _____

17. ich bin _____

18. er hat _____

19. sie wird _____

20. wir lesen _____

21. ich trage _____

22. ich sehe _____

23. er wirft _____

24. wir geben _____

25. ich heiße _____

Übung	R-11

Past tense of modals and helping verbs: Change the following conversational exchanges to the past tense.

> EXAMPLES: Hast du Hunger? Ja, ich habe grossen Hunger.
> *Hattest du Hunger? Ja, ich hatte grossen Hunger.*
>
> Müsst ihr gehen? Ja, wir wollen ins Kino.
> *Musstet ihr gehen? Ja, wir wollten ins Kino.*

1. Wirst du krank? Ja, ich fühle mich nicht wohl.

   _____

2. Warum muss er immer singen? Er denkt, er hat eine gute Stimme.

   _____

3. Der Film ist interessant. Die Kinder wollen aber nicht ruhig sitzen.

   _____

4. Kannst du mich hören? Nein, du musst lauter sprechen.

   _____

5. Mag er das Mädchen? Ja, er will es heiraten.

   _____

6. Wo bist du? Ich bin hier in der Küche.

   _____

7. Habt ihr schulfrei? Ja, wir können zu Hause bleiben.

   _____

8. Darf das Kind Eis essen? Nein, es soll die Milch trinken.

9. Es wird spät. Wir wollen nach Hause.

10. Ich will das kaufen. Du hast aber nicht genug Geld.

Übung   R-12

Change the following fairy tale to the past tense by rewriting the boldfaced words in the past tense where necessary. Leave the sentences in quotes in the present tense.

EXAMPLES: Sie **isst** das Brot.   *Sie **ass** das Brot.*
                 Sie **will** das Haar **kämmen**.   *Sie **wollte** das Haar **kämmen**.*
                 Er **gibt** ihr etwas zu **essen**.   *Er **gab** ihr etwas zu **essen**.*

Es **gibt** ein Land wo ein schönes Mädchen **wohnt**. Ihre Haare **sind** schwarz und ihre Haut **ist** klar und zart, deshalb **heißt** sie Schneewittchen.

Schneewittchen **wird** manchmal traurig, denn sie **hat** eine schlechte Stiefmutter. Die Stiefmutter **will** die Schönste **sein**. Oft **steht** sie vor dem Spiegel und **sagt** »Spiegel, Spiegel an der Wand, wer ist die Schönste im ganzen Land?« Der Spiegel **antwortet** dann, »Schneewittchen.« Das **macht** die Stiefmutter böse und sie **stampft** mit dem Fuss.

Die Stiefmutter **denkt** nach. Was **kann** sie **tun**? Schneewittchen **muss** weg! Weit weg!

Am nächsten Morgen **ruft** sie Schneewittchen und **befiehlt** ihr sich für eine Reise fertig zu **machen**. Sie **gibt** ihr ein altes Pferd und Schneewittchen **muss** weit weg **reiten**—bis in die entfernteste Ecke des Landes.

Auf der Reise **regnet** es viel und der Wind **bläst** kalt. Schneewittchen **wird** krank. Zuletzt **fällt** sie ohnmächtig vom Pferd. Sie **bleibt** lange **liegen**. Endlich **öffnet** sie die Augen. Sie **weiss** nicht wo sie **ist**. Wer **sind** die Leute die da **stehen**? Sie **sehen** so klein **aus**! Vielleicht **träumt** sie noch. Nein, jetzt **sieht** sie alles klar. Das **sind** kleine Männer, man **nennt** sie Zwerge. Der eine Zwerg **reicht** ihr etwas zu **trinken**. Der andere **hilft** ihr beim Aufstehen. Sie **führen** Schneewittchen in eine Hütte. Sie **findet** es schön warm hier. Sie **bekommt** etwas zu **essen**. Sie **fühlt** sich stärker. Sie **will** aber **schlafen**. Die Zwerge **machen** ihr ein weiches Bett. Das Mädel **legt** sich hin und **schläft** gleich **ein**.

Am nächsten Morgen **geht** es Schneewittchen viel besser. Nach dem Frühstück **putzt** sie die Hütte. Sie **kocht** eine Suppe. Der dicke Zwerg **backt** Brot, ein anderer **sägt** Holz and **stapelt** es **auf**. Zwei **arbeiten** im Wald und **sammeln** Pilze. Sie **singen** oft dabei. So **leben** sie friedlich zusammen. Bald **lieben** sie Schneewittchen. Es **gefällt** Schneewittchen auch gut bei den Zwergen.

Die böse Stiefmutter **will** jetzt **wissen** wer die Schönste im Land **ist**. Sie **fragt** den Spiegel wieder. Er **beantwortet** die Frage so wie früher. Die Stiefmutter **ärgert** sich sehr und **reißt** sich an den Haaren. Sie **muss** die Schönste **sein**! Sie **schläft** die ganze Nacht nicht und **überlegt**. Schneewittchen **muss sterben**! Die Stiefmutter **sucht** einen schönen Apfel und **spritzt** Gift hinein. Dann **reitet** sie **los** und **sucht** Schneewittchen.

Nach drei Tagen **findet** sie das Mädchen. Sie **spricht** freundlich mit ihr und **bietet** den Apfel **an**. Schneewittchen **will** ihn nicht **nehmen** aber sie **nimmt** ihn doch und **beißt** hinein. Sie **fällt um**. Sie **atmet** nicht mehr. Die Stiefmutter **lacht** und **lacht** vor Freude. Die Zwerge **kommen** gelaufen. Sie **sehen** Schneewittchen und **sind** entsetzt. Sie **sprechen** mit ihr—sie **antwortet** nicht. Sie **weinen**. Nichts **hilft**, das Mädchen **ist** tot. Sie **bauen** einen Sarg. Sie **stehen** traurig um dem Sarg. Da **kommt** ein Reiter. Er

springt vom Pferd. Er **sieht** das Mädchen **an.** Er **umarmt** sie. Er **küsst** sie. Sie **macht** die Augen **auf.** Die Zwerge **tanzen** vor Freude. Die Stiefmutter **kann** man aber nirgends **sehen.**

Der junge Mann **ist** der Prinz vom Lande. Er **heiratet** Schneewittchen. Viele Jahre **leben** sie glücklich zusammen.

The Present Perfect

 **R-13**

Change the following conversations to the present perfect tense.

> EXAMPLE: Wo kauft ihr das Auto? Wir kaufen es in Bremen.
> *Wo habt ihr das Auto gekauft? Wir haben es in Bremen gekauft.*

1. Spielst du am Abend Ball? Nein, ich arbeite bis spät abends.

   _____

2. Wann macht ihr eine Reise? Im Frühling, wir packen aber zu viel ein.

   _____

3. Lernst du gern Deutsch? Ja, es macht mir viel Spaß.

   _____

4. Warten Sie schon lange auf den Bus? Was sagen Sie?

   _____

5. Warum atmet er so laut? Weil er genug Luft braucht.

   _____

 **R-14**

Read the conversation Beate and her friends are having. Change the following sentences to the present perfect tense.

> EXAMPLE: Wir essen Würstchen.
> *Wir haben Würstchen gegessen.*

1. München gefällt mir schon immer gut.

   _____

2. Ich fahre gern da hin.

   _____

3. Da gibt es viel zu sehen.

   _____

4. Meistens benutze ich den Bus.

   _____

5. Das Parken bringt oft Probleme mit sich.

   _____

6. Die meisten Touristen besichtigen die Frauenkirche.

   _____

7. Im Hofbräuhaus kann man gutes Bier trinken.

   _____

8. Jeden Herbst gehe ich zum Oktoberfest.

   _____

9. Da kauft man gut Andenken.

   _____

10. Da geschieht auch immer viel.

    _____

11. Der Fasching findet im Februar statt.

    _____

12. Die Leute verkleiden sich dann.

    _____

13. Mein Onkel arbeitet bei BMW in München.

    _____

14. Ich besuche ihn oft.

    _____

15. Dann schenkt er mir oft etwas.

    _____

16. Seine Kinder sprechen meistens Bayrisch.

    _____

17. Die grosse Kusine benimmt sich immer gut.

    _____

18. Wissen Sie, wo die Universität ist?

    _____

19. Mein Bruder studiert da.

    _____

20. Ich kehre oft nach München zurück.

    _____

Übung	R-15

*What do these first graders know about **Schneewittchen** (Snow White)? Change the following sentences to the present perfect.*

EXAMPLE: Der Prinz trinkt Apfelsaft.
Der Prinz hat Apfelsaft getrunken.

1. Beate: Die Stiefmutter hasst Schneewittchen.

    _____

2. Hans: Sie schaut oft in den Spiegel.

    _____

3. Peter: Der Prinz reitet viel.

    _____

4. Julia: Die Zwerge bauen eine Hütte.

    _____

5. Annchen: Schneewittchen putzt die Hütte.

    _____

6. Marie: Ein Zwerg backt Brot.

    _____

7. Heiko: Das Feuer brennt in der Hütte.

    _____

8. Anke: Schneewittchen beißt in den Apfel.

    _____

9. Ute: Der Apfel tötet Schneewittchen.

    _____

10. Max: Die Stiefmutter freut sich.

    _____

11. Silke: Die Zwerge weinen.

    _____

12. Sabine: Sie vermissen Schneewittchen.

    _____

13. Joachim: Sie legen Schneewittchen in den Sarg.

    _____

14. Franz: Die Vögel fliegen um den Sarg.

_____

15. Axel: Alle trauern.

_____

16. Paul: Der Prinz rettet Schneewittchen.

_____

17. Andreas: Schneewittchen wacht wieder auf.

_____

18. Emma: Sie stirbt nicht.

_____

19. Petra: So etwas passiert nicht oft.

_____

20. Luise: Alle springen vor Freude auf und ab.

_____

Übung   R-16

Combine the following sentences with a conjunction, thus forming a subordinate clause.

> EXAMPLE: Er hat draussen ein Bier getrunken, während (es hat geregnet)
> _Er hat draussen ein Bier getrunken, während es geregnet hat._

1. Sie hat immer so getan, als ob (sie hat alles gewusst)

_____

2. Ich habe vergessen, dass (die Kinder sind in den Park gegangen)

_____

3. Hast du gewusst, dass (sie haben hier nie gewohnt)

_____

4. Sie hat über München gesprochen, während (er hat geschlafen)

_____

5. Der Polizist weiß, dass (ich bin zu schnell gefahren)

_____

The Past Perfect Tense

*Complete the sentences in the past perfect tense, beginning with **Bevor der Sturm einbrach**.*

> EXAMPLE: wir schalten den Fernseher ab
> *Bevor der Sturm einbrach, hatten wir den Fernseher abgeschaltet.*

1. die Nachrichten warnen davor

   _____

2. es blitzt im Westen

   _____

3. die Nachbarin geht schnell nach Hause

   _____

4. die Kinder laufen ins Haus

   _____

5. Mutter ruft den Hund ins Haus

   _____

6. die Katze versteckt sich

   _____

7. Liesel schließt alle Fenster

   _____

8. die Jungen bringen die Gartenmöbel ins Haus

   _____

9. Vater fährt das Auto in die Garage

   _____

10. Vater macht die Garagentür zu

    _____

The Future Perfect Tense

Übung **R-18**

Change the following sentences to the future perfect tense.

EXAMPLE: Sie besucht die Freunde.
Sie wird die Freunde besucht haben.

1. Jörg kauft ein altes Auto.

_____

2. Er fährt damit nach Hause.

_____

3. Die Nachbarn bewundern es.

_____

4. Es geht kaputt.

_____

5. Er repariert es mit seinen Freunden.

_____

Übung **R-19**

*What will probably happen after Jörg is 21? Begin the sentences with **Wenn Jörg 21 ist**, changing the sentences to the future perfect.*

EXAMPLE: er geht oft auf Reisen
Wenn Jörg 21 ist, wird er oft auf Reisen gegangen sein.

1. er beendet die Schule

_____

2. er zieht mit seiner Familie nach München

_____

3. er findet eine gute Arbeitsstelle

_____

4. er schafft sich ein Auto an

_____

5. die Eltern freuen sich über ihn

_____

Reflexive Verbs

Übung   R-20

Hans wants to know what his friend Peter does in the morning. Complete the sentences with the correct reflexive verbs and pronouns.

   EXAMPLE: Was machst du morgens wenn du aufstehst?
      (umdrehen) Ich **drehe mich um**. Du **drehst dich um**. Und dann?

1. (duschen) Ich _____ _____.

 Du _____ _____. Und dann?

2. (abtrocknen) Ich _____ _____ _____.

 Du _____ _____ _____. Und dann?

3. (anziehen) Ich _____ _____ _____.

 Du _____ _____ _____. Und dann?

4. (die Haare kämmen) Ich _____ _____ _____ _____.

 Du _____ _____ _____ _____.

 (kämmen) Ja, ich _____ _____ oft.

5. (Zähne putzen) Ich _____ _____ _____ _____.

 Du _____ _____ _____ _____. Und dann?

Übung   R-21

Was macht Peter morgens? *Complete the sentences with the correct reflexive verbs and pronouns.*

   EXAMPLE: (umdrehen) Er _____ _____ _____.
      *Er **dreht sich um**.*

1. (duschen) Er _____ _____.

2. (abtrocknen) Er _____ _____ _____.

3. (anziehen) Er _____ _____ _____.

Übung   R-22

Ask Heino and Uwe what they do in the morning. Complete the sentences with the correct reflexive verbs and pronouns.

EXAMPLE: (umdrehen) **Dreht ihr euch um?** *Ja, wir* **drehen uns um.**

1. (anziehen) _____?

   Ja, wir ___ _____.

2. (Haare kämmen) _____?

   Ja, wir _____.

3. (Zähne putzen) _____?

   Ja, wir _____.

Übung   R-23

Do these reflexive verbs take the dative or accusative? Complete the following sentences with the proper pronouns.

EXAMPLE: *Ich erkälte* **mich** *oft.*
Das kalte Wetter schadet **mir.**

1. Ich freue _____ so aufs Wochenende.

2. Zuerst muss ich _____ überlegen, ob ich wirklich in den Schwarzwald will.

3. Ich erinnere _____ an den letzten Besuch.

4. Ich hatte _____ sehr erkältet.

5. Ich hatte _____ nicht warm genug angezogen.

6. Ich interessiere _____ aber sehr für die Natur.

7. Ich bewege _____ gern im Freien.

8. Wenn ich müde bin, setze ich _____.

9. Ich kann _____ das Wochenende gut vorstellen.

10. Ich beeile _____ und packe schnell.

Infinitives

Übung	R-24

Form sentences with the given cues.

> EXAMPLE: gehen / tanzen / Marie / am Samstag
> *Marie geht am Samstag tanzen.*

1. hören / kommen / Sie / den Zug?

   _____

2. sehen / aufgehen / du / die Sonne?

   _____

3. heißen / schlafen gehen / die Mutter / das Kind

   _____

4. möchten / trinken / er / den Wein

   _____

5. lernen / sprechen / wir / Deutsch

   _____

6. lehren / fahren / der Lehrer / den Schüler / Auto

   _____

7. lassen / fallen / ich / den Ball

   _____

8. wollen / schlafen / ich / morgen / lange

   _____

9. helfen / aufräumen / du / mir / das Zimmer

   _____

10. können / laufen / er / sehr schnell

    _____

Übung	R-25

*Insert **zu** when necessary. Not all sentences will need **zu**.*

EXAMPLE: Sie versucht den Apfel _____ essen.
*Sie versucht den Apfel **zu** essen.*

1. Die Stiefmutter will Schneewittchen weg _____ gehen.

2. Sie heißt das Mädchen weg _____ reiten.

3. Die Zwerge sehen Schneewittchen _____ kommen.

4. Sie geben ihr etwas _____ essen.

5. Beim _____ Arbeiten helfen sie ihr.

6. Der Zwerg lehrt Schneewittchen, gut mit der Säge _____ um gehen.

7. Statt das Mädchen _____ lieben, möchte sie es _____ töten.

8. Die Stiefmutter tötet Schneewittchen, um die Schönste _____ sein.

9. Die Zwerge beginnen Brot _____ backen.

10. Schneewittchen sagt »Das Brot eine Stunde _____ backen.«

11. Der Prinz reitet schnell, um das Mädchen _____ retten.

12. Er möchte sie _____ umarmen.

13. Er ist gerade dabei, sie _____ küssen.

14. Die Zwei wünschen _____ heiraten.

15. Sie beginnen Pläne _____ machen.

The Passive Voice

Change the following sentences to the passive. Keep the same tense.

> EXAMPLE: Der Vogel trinkt das Wasser.
> *Das Wasser wird vom Vogel getrunken.*

1. Schneewittchen isst den Apfel.

_____

2. Der Zwerg backt das Brot.

_____

3. Die Stiefmutter fand Schneewittchen.

_____

4. Die Zwerge sammelten Pilze.

_____

5. Der Prinz wird das Mädchen retten.

_____

6. Zuerst hat sie die Hütte geputzt.

_____

7. Die Zwerge bauten einen Sarg.

_____

8. Sie singen ein trauriges Lied.

_____

*Von, durch: Answer the following questions with the cues given, using **von** or **durch**.*

> EXAMPLES: Wer besucht das Museum? (die Touristen)
> *Das Museum wird von den Touristen besucht.*
>
> Wie wurde das Mädchen geweckt? (der Kuss)
> *Das Mädchen wurde durch einen Kuss geweckt.*

1. Wer singt das Lied? (das Mädchen)

_____

2. Wie wurden Müllers reich? (viel Arbeit und Glück)

_____

3. Wer räumt die Hütte auf? (der Zwerg)

_____

4. Wer vergiftet Schneewittchen? (die Stiefmutter)

_____

5. Wie wird Schneewittchen vergiftet? (ein Apfel)

_____

6. Wer beneidet Schneewittchen? (die Stiefmutter)

_____

7. Wer rettet Schneewittchen? (der Prinz)

_____

 **Übung   R-28**

Restate the following passive sentences, using **man**.

> EXAMPLE: Die Hand wird beim Grüssen gereicht.
> _Man reicht die Hand beim Grüssen._

1. Wie wird das Brot gebacken?

_____

2. Das Brot wird im Ofen gebacken.

_____

3. Das Mehl wird zuerst gesiebt.

_____

4. Das Brot wird mit dem Messer geschnitten.

_____

5. Die Butter wird auf das Brot geschmiert.

_____

Subjunctive Mood

 **R-29**

Frau Braun talks about her new house. Ute's Oma is hard of hearing, so Ute tells her what Frau Braun says. Use the present-time subjunctive I. Start the sentences with **Sie sagt***.*

> EXAMPLE: Es ist sehr schön.
> *Sie sagt, es sei sehr schön.*

1. Es hat neun Zimmer.

   _____

2. Die Aussicht ist wunderbar.

   _____

3. Es kostet viel Geld.

   _____

4. Der Teppich im Wohnzimmer gefällt ihr gut.

   _____

5. Hinter dem Haus liegt ein grosser Garten.

   _____

Übung **R-30**

Use the past-time subjunctive I in the following sentences. Start the sentences with **Peter hat gesagt***.*

> EXAMPLE: Der Kuchen schmeckt gut.
> *Peter hat gesagt, der Kuchen habe gut geschmeckt.*

1. Er hat die Schule geschwänzt.

   _____

2. Er geht an den See.

   _____

3. Freunde treffen ihn.

   _____

4. Sie spielen Ball.

   _____

5. Er geht dann schwimmen.

   _____

6. Ich bin nicht dabei.

_____

7. Er kommt spät nach Hause.

_____

Change the following sentences to the present-time subjunctive II. Start the sentences with **Er meint**.

EXAMPLE: Er weiß nicht wo sie wohnt.
Er meint, er wüsste nicht wo sie wohnt.

1. Ich habe keine Idee.

_____

2. Du weißt alles.

_____

3. Wir bleiben gern zu Hause.

_____

4. Das stimmt aber nicht.

_____

5. Wir kommen gern mit.

_____

6. Ich habe nicht genug Geld dafür.

_____

7. Vielleicht kann Jens etwas leihen.

_____

8. Mutter wird etwas geben.

_____

9. Das ist eine gute Idee.

_____

10. Wir machen das so.

_____

11. Wir dürfen lange wegbleiben.

_____

12. Ihr bleibt bestimmt auch lange weg.

_____

13. Das kann schon sein.

_____

14. Du bist damit zufrieden.

_____

15. Peter geht auch.

_____

Übung	**R-32**

Change the following sentences to the past-time subjunctive II.

>   EXAMPLE: Sie isst heute nichts.
>   _Sie hätte heute nichts gegessen._

1. Wir machen einen Ausflug.

_____

2. Das Wetter ist schön.

_____

3. Wir bringen Essen mit.

_____

4. Jens vergisst das Trinken.

_____

5. Luise denkt daran.

_____

6. Jens hat Glück.

_____

7. Wir wollen Spaß haben.

_____

8. Die Fahrt beginnt um 8 Uhr.

_____

9. Jens soll neben Anke sitzen.

_____

10. Das gefällt ihr.

_____

Anke is in a bad mood, so she talks about what she would do differently in her life. Use the **würde** construction.

     EXAMPLE: Ich schlafe lange.
             Ich würde lange schlafen.

1. Ich kaufe neue Kleider.

_____

2. Die alten Schuhe schmeiße ich raus.

_____

3. Ich treffe mich mit Freunden in der Stadt.

_____

4. Wir gehen ins Kino.

_____

5. Dann finden wir ein nettes Café.

_____

6. Wir bestellen uns etwas zu essen.

_____

7. Ich esse ein grosses Stück Torte.

_____

8. Ich nehme aber nicht zu.

_____

9. Ich nehme 10 Pfund ab.

_____

10. Wir kommen spät nach Hause.

_____

Conditional Sentences

Combine each pair of sentences, making a real condition.

> EXAMPLE: Es ist warm. Ich mache die Fenster auf.
> *Wenn es warm ist, mache ich die Fenster auf.*

1. Er hat Urlaub. Er fährt in den Schwarzwald.

   _____

2. Er backt Mohnkuchen. Die Familie isst ihn mit Freuden.

   _____

3. Die Kinder passen gut auf. Sie bekommen gute Noten.

   _____

4. Es donnert und blitzt. Sie bleiben im Haus.

   _____

5. Sie hat lange Weile. Sie liest ein Buch.

   _____

Combine each pair of sentences, forming an unreal condition. Use the würde construction.

> EXAMPLE: Ich habe Geld. Ich fahre in die Alpen.
> *Wenn ich Geld hätte, würde ich in die Alpen fahren.*

1. Er hat ein neues Auto. Silke mag ihn.

   _____

2. Ich weiss es. Ich sage es ihr.

   _____

3. Wir haben eine Feier. Ich backe einen Kuchen.

   _____

4. Wir bekommen Besuch. Wir trinken Kaffee.

   _____

5. Sie sieht ihn. Sie spricht mit ihm.

   _____

Übung | **R-36**

Speculate what might have happened in the past. Make an unreal condition of the following phrases.

EXAMPLE: Die Familie hat kein Geld, sie bleibt zu Hause.
Wenn die Familie kein Geld gehabt hätte, wäre sie zu Hause geblieben.

1. Der Prinz kommt nicht, Schneewittchen lebt nicht.

   _____

2. Schneewittchen lebt nicht mehr, die Stiefmutter freut sich.

   _____

3. Sie sind in der Stadt, sie besuchen uns.

   _____

4. Sie lieben sich, sie heiraten bestimmt.

   _____

5. Er entschuldigt sich, wir sind jetzt gute Freunde.

   _____

Verb Summary

Present-Tense Verb Forms

	Regular	Stem Ending in -d, -n, or -t	Stem Ending in -el or -er	Stem Ending in -z, -s, -ss, -tz, or -ß
infinitive	lernen	arbeiten	lächeln	tanzen
ich (*I*)	lerne	arbeite	lächle	tanze
du (*you, sing.*)	lernst	arbeitest	lächelst	tanzt
er (*he*)	lernt	arbeitet	lächelt	tanzt
sie (*she*)	lernt	arbeitet	lächelt	tanzt
es (*it*)	lernt	arbeitet	lächelt	tanzt
man (*one*)	lernt	arbeitet	lächelt	tanzt
wir (*we*)	lernen	arbeiten	lächeln	tanzen
ihr (*you, pl.*)	lernt	arbeitet	lächelt	tanzt
sie (*they*)	lernen	arbeiten	lächeln	tanzen
Sie (*you, form.*)	lernen	arbeiten	lächeln	tanzen

Notice the differences between the verbs in the above chart:

1. Verbs with a stem ending in **-d, -n,** or **-t,** such as **arbeiten** and **finden,** add an **-e-** before the ending in the **du** form (**du arbeitest**) and the **er/sie/es/man** and **ihr** forms (**er arbeitet, ihr arbeitet**).

2. Verbs with a stem ending in **-el** or **-er,** such as **lächeln** and **wandern,** may drop the **-e-** of the **-el** or **-er** ending in the **ich** form: **ich lächle, ich wandre,** in colloquial speech. Note that there is only an **-n,** not an **-en,** in the **wir, sie,** and **Sie** forms.

3. Verbs with a stem ending in **-z, -s, -ss, -tz,** or **-ß** do not add an **-s** but only a **-t** in the **du** forms: **du tanzt, du heißt.**

Verbs with a Stem-Vowel Change

	a to ä, au to äu		e to i or to ie	
ich	falle	laufe	gebe	sehe
du	fällst	läufst	gibst	siehst
er	fällt	läuft	gibt	sieht
sie	fällt	läuft	gibt	sieht
es	fällt	läuft	gibt	sieht
man	fällt	läuft	gibt	sieht
wir	fallen	laufen	geben	sehen
ihr	fallt	lauft	gebt	seht
sie	fallen	laufen	geben	sehen
Sie	fallen	laufen	geben	sehen

A number of verbs have a stem-vowel change from **a** to **ä**, **au** to **äu**, or **e** to **i** or to **ie**. This change only occurs in the **du** and **er/sie/es** forms.

Common Irregular Verbs

	haben	*sein*	*werden*	*nehmen*	*wissen*
ich	habe	bin	werde	nehme	weiß
du	hast	bist	wirst	nimmst	weißt
er	hat	ist	wird	nimmt	weiß
sie	hat	ist	wird	nimmt	weiß
es	hat	ist	wird	nimmt	weiß
man	hat	ist	wird	nimmt	weiß
wir	haben	sind	werden	nehmen	wissen
ihr	habt	seid	werdet	nehmt	wisst
sie	haben	sind	werden	nehmen	wissen
Sie	haben	sind	werden	nehmen	wissen

Modal Auxiliary Verbs

	dürfen	*können*	*mögen*	*müssen*	
ich	darf	kann	mag	muss	
du	darfst	kannst	magst	musst	
er	darf	kann	mag	muss	
sie	darf	kann	mag	muss	
es	darf	kann	mag	muss	
man	darf	kann	mag	muss	
wir	dürfen	können	mögen	müssen	
ihr	dürft	könnt	mögt	müsst	
sie	dürfen	können	mögen	müssen	
Sie	dürfen	können	mögen	müssen	

	sollen	*wollen*	*möchten*
ich	soll	will	möchte
du	sollst	willst	möchtest
er	soll	will	möchte
sie	soll	will	möchte
es	soll	will	möchte
man	soll	will	möchte
wir	sollen	wollen	möchten
ihr	sollt	wollt	möchtet
sie	sollen	wollen	möchten
Sie	sollen	wollen	möchten

The above auxiliary verbs are usually used with an infinitive, which is placed at the end of the sentence. In cases where the meaning of that infinitive is understood, the auxiliary verb can stand alone, for example, **Ich will aber nicht.** It is understood that *I don't want to do* (**tun**) *that.* Note that the **ich** and **er/sie/es/man** forms are the same in all the modals.

Verbs with Prefixes

ausgeben:	Er **gibt** immer viel Geld **aus.**
aufstehen:	Wann **stehst** du **auf?**

Some verbs have prefixes that separate from the verb. For a list of these verbs, see Unit 4.

besuchen:	Wann **besuchst** du mich?
vergessen:	Ich **vergesse** das nie.

Some prefixes are never separated from the verb. For a list of these verbs, also see Unit 4.

Commands
Regular Verbs

	spielen	*lernen*
du *(commanding one person)*	Spiel(e).	Lern(e).
ihr *(commanding several)*	Spielt.	Lernt.
Sie *(sing. and pl.)*	Spielen Sie.	Lernen Sie.
"let's" *(mild command)*	Spielen wir.	Lernen wir.

Stem-Changing Verbs

	essen	*geben*	*lesen*	*schlafen*
du	Iss.	Gib.	Lies.	Schlaf.
ihr	Esst.	Gebt.	Lest.	Schlaft.
Sie	Essen Sie.	Geben Sie.	Lesen Sie.	Schlafen Sie.
"let's"	Essen wir.	Geben wir.	Lesen wir.	Schlafen wir.

Verbs that have an **e** to **i** or to **ie** stem change also show that vowel change in the **du** command. For verbs with a vowel change of **a** to **ä** and **au** to **äu**, however, the command form does not show the vowel change.

Separable-Prefix Verbs

	aufstehen	*mitkommen*	*wegfahren*
du	Steh(e) auf.	Komm(e) mit.	Fahr(e) weg.
ihr	Steht auf.	Kommt mit.	Fahrt weg.
Sie	Stehen Sie auf.	Kommen Sie mit.	Fahren Sie weg.
"let's"	Stehen wir auf.	Kommen wir mit.	Fahren wir weg.

Future Tense

There are three ways to express the future:

1.   Present tense

Ich esse ein Eis.	*I will eat an ice cream.*
Er kauft es bestimmt.	*He will surely buy it.*

2.   Present tense, along with words expressing the future, such as **morgen**, **nächste**

Er kauft es morgen.	*He will buy it tomorrow.*
Ich komme nächstes Jahr.	*I'll come next year.*

3.   Conjugation of **werden** plus an infinitive

Er wird es kaufen.	*He will buy it.*
Ich werde nichts sagen.	*I'll say nothing.*

Past Tense

The past (narrative past or simple past) is used when telling a story or relating a sequence of events.

Weak Verbs

	kaufen	*spielen*
ich	kaufte	spielte
du	kauftest	spieltest
er	kaufte	spielte
sie	kaufte	spielte
es	kaufte	spielte
man	kaufte	spielte
wir	kauften	spielten
ihr	kauftet	spieltet
sie	kauften	spielten
Sie	kauften	spielten

The -**te** marker plus endings is added to the stem of weak verbs.

Strong Verbs

	kommen	*gehen*
ich	kam	ging
du	kamst	gingst
er	kam	ging
sie	kam	ging
es	kam	ging
man	kam	ging
wir	kamen	gingen
ihr	kamt	gingt
sie	kamen	gingen
Sie	kamen	gingen

Strong verbs have a stem change plus an ending.

Helping Verbs

	haben	*sein*	*werden*
ich	hatte	war	wurde
du	hattest	warst	wurdest
er	hatte	war	wurde
sie	hatte	war	wurde
es	hatte	war	wurde
man	hatte	war	wurde
wir	hatten	waren	wurden
ihr	hattet	wart	wurdet
sie	hatten	waren	wurden
Sie	hatten	waren	wurden

Modals

	dürfen	*können*	*mögen*	*müssen*
ich	durfte	konnte	mochte	musste
du	durftest	konntest	mochtest	musstest
er	durfte	konnte	mochte	musste
sie	durfte	konnte	mochte	musste
es	durfte	konnte	mochte	musste
man	durfte	konnte	mochte	musste
wir	durften	konnten	mochten	mussten
ihr	durftet	konntet	mochtet	musstet
sie	durften	konnten	mochten	mussten
Sie	durften	konnten	mochten	mussten

	sollen	*wollen*
ich	sollte	wollte
du	solltest	wolltest
er	sollte	wollte
sie	sollte	wollte
es	sollte	wollte
man	sollte	wollte
wir	sollten	wollten
ihr	solltet	wolltet
sie	sollten	wollten
Sie	sollten	wollten

Note that none of the modals has an umlaut in the past tense.

Mixed Verbs

	bringen	*denken*	*kennen*	*nennen*	*wissen*
ich	brachte	dachte	kannte	nannte	wusste
du	brachtest	dachtest	kanntest	nanntest	wusstest
er	brachte	dachte	kannte	nannte	wusste
sie	brachte	dachte	kannte	nannte	wusste
es	brachte	dachte	kannte	nannte	wusste
man	brachte	dachte	kannte	nannte	wusste
wir	brachten	dachten	kannten	nannten	wussten
ihr	brachtet	dachtet	kanntet	nanntet	wusstet
sie	brachten	dachten	kannten	nannten	wussten
Sie	brachten	dachten	kannten	nannten	wussten

Mixed verbs have a vowel change in the past but have the same endings as weak verbs.

Present Perfect

The present perfect tense is also called the conversational tense since it is mostly employed in conversation. As we have seen, German verbs are divided into two groups: weak verbs and strong verbs. Weak verbs usually follow a regular pattern. Strong verbs are usually irregular.

Weak Verb: *kaufen*	**Strong Verb:** *gehen*
ich habe etwas gekauft	ich bin schnell gegangen
du hast etwas gekauft	du bist schnell gegangen
er hat etwas gekauft	er ist schnell gegangen
sie hat etwas gekauft	sie ist schnell gegangen
es hat etwas gekauft	es ist schnell gegangen
man hat etwas gekauft	man ist schnell gegangen
wir haben etwas gekauft	wir sind schnell gegangen
ihr habt etwas gekauft	ihr seid schnell gegangen
sie haben etwas gekauft	sie sind schnell gegangen
Sie haben etwas gekauft	Sie sind schnell gegangen

The present perfect tense is formed using the present tense of **haben** or **sein** and the past participle of the verb, which is usually placed in the last position of the sentence or clause. If the verb shows a change of position or condition (**laufen**, **sterben**), **sein** is used as a helping verb instead of **haben**.

Formation of Past Participles

Weak Verbs:	lernen	er lernt	gelernt	Er hat gelernt.
Inseparable Prefixes:	verkaufen	er verkauft	verkauft	Er hat verkauft.
Separable Prefixes:	einkaufen	er kauft ein	eingekauft	Er hat eingekauft.
Strong Verbs:	gehen	er geht	gegangen	Er ist gegangen.
Inseparable Prefixes:	vergessen	er vergisst	vergaß	Er hat vergessen.
Separable Prefixes:	ankommen	er kommt an	kam an	Er ist angekommen.

For a list of strong and irregular past participles, see Unit 13.

Past Perfect Tense

This tense is used when speaking of events that happened before other past events.

Als er nach Hamburg kam, hatte er schon ein neues Auto gekauft.	*When he came to Hamburg, he had already bought a new car.*
Als der Vater kam, war das Kind schon geboren.	*When the father came, the child had already been born.*

Note that the past tense of **haben** (**hatten**) or **sein** (**waren**) is used along with a past participle, which is placed at the end of the clause or sentence.

Future Perfect Tense

The future perfect tense is mostly used to express possibility or to predict that something will have happened in the future.

Er wird ins Haus gegangen sein.	*He probably went into the house.*
Nächstes Jahr werde ich die Schule beendet haben.	*Next year I will have finished school.*

Use a form of **werden**, a past participle, and **sein** or **haben**, which is placed at the end of the sentence or clause.

Passive Voice

In a passive sentence the action is being done to the subject, instead of the subject being the doer.

Present:	Der Kuchen wird gegessen.	*The cake is being eaten.*
Past:	Der Kuchen wurde gegessen.	*The cake was eaten.*
Present Perfect:	Der Kuchen ist gegessen worden.	*The cake has been eaten.*
Past Perfect:	Der Kuchen war gegessen worden.	*The cake had been eaten.*
Future:	Der Kuchen wird gegessen werden.	*The cake will be eaten.*
Future Perfect:	Der Kuchen wird gegessen worden sein.	*The cake will have been eaten.*

Modals and the Passive

Present:	Der Kuchen muss gegessen werden.	*The cake must be eaten.*
Past:	Der Kuchen musste gegessen werden.	*The cake had to be eaten.*

Subjunctive and the Passive

Der Kuchen würde gegessen.	*The cake would be eaten.*
Der Kuchen sollte gegessen werden.	*The cake should be eaten.*

Subjunctive

The subjunctive mood shows uncertainty, possibility, doubt, wish, or desire.

Subjunctive I

The **subjunctive I** is generally only used with the **er/sie/es** form.

Present-time:	er/sie/es habe
	er/sie/es mache
	er/sie/es esse

Verbs with a vowel change in the third person of the indicative, present tense, do not have the change in the subjunctive I (**er isst**, but **er esse**; **er schläft**, but **er schlafe**).

sein

ich **sei**	wir **seien**
du **seiest** or **seist**	ihr **seiet**
er/sie/es/man **sei**	sie/Sie **seien**

Sein is the only verb used with all persons in the subjunctive I.

Past-Time Subjunctive I

Past-time:	Magda hat gesagt, sie **habe** den Film **gesehen**.
	Emma sagte, sie **sei** in Deutschland **gewesen**.

Past-time subjunctive I uses the present-time subjunctive I of **haben** or **sein** and the past participle.

Subjunctive II

Present-Time Subjunctive II

Weak Verbs

kochen	*warten*
ich kochte	ich wartete
du kochtest	du wartetest
er kochte	er wartete
sie kochte	sie wartete
es kochte	es wartete
man kochte	man wartete
wir kochten	wir warteten
ihr kochtet	ihr wartetet
sie kochten	sie warteten
Sie kochten	Sie warteten

The present-time subjunctive II of weak verbs is identical to the simple past forms of the indicative.

Mixed Verbs

ich wüsste	wir brächten
du dächtest	ihr bränntet

The present-time subjunctive II of mixed verbs is the same as the simple past forms of the indicative, except that an umlaut is added (the exception to this is the verb **kennen**; the simple past tense form is **er kannte**, but the present-time subjunctive II is **er kennte**).

Strong Verbs

kommen	*lesen*
ich käme	ich läse
du kämest	du läsest
er käme	er läse
sie käme	sie läse
es käme	es läse
man käme	man läse
wir kämen	wir läsen
ihr kämet	ihr läset
sie kämen	sie läsen
Sie kämen	Sie läsen

1. Add the subjunctive endings **-e**, **-est**, **-e**, **-en**, **-et**, and **-en** to the indicative simple past tense stem of the verb.

2. If the stem vowel is **a**, **au**, **o**, or **u**, add an umlaut.

3. The endings **-est** and **-et** are often contracted to **-st** and **-t**.

haben		*sein*	
ich hätte	wir hätten	ich wäre	wir wären

Modals

ich könnte	wir dürften
ich sollte	wir wollten

Modals that have an umlaut in the infinitive of the indicative also have an umlaut in the present-time subjunctive II.

Past-Time Subjunctive II

lernen	*kommen*
ich hätte gelernt	ich wäre gekommen
du hättest gelernt	du wärest gekommen
er hätte gelernt	er wäre gekommen
sie hätte gelernt	sie wäre gekommen
es hätte gelernt	es wäre gekommen
man hätte gelernt	man wäre gekommen
wir hätten gelernt	wir wären gekommen
ihr hättet gelernt	ihr wäret gekommen
sie hätten gelernt	sie wären gekommen
Sie hätten gelernt	Sie wären gekommen

Use the present-time subjunctive II form of **sein** (**wäre**) or **haben** (**hätte**) and a past participle to form the past-time subjunctive II.

Modals

Er hätte das Buch lesen **wollen**.   Ich hätte gleich gehen **sollen**.

The modal stays in the infinitive and is always in the last position in the past-time subjunctive II.

würde Constructions

Würde constructions are often used instead of the present-time subjunctive II for clarity's sake.

Wenn Paul heute käme, würde ich mich freuen.
Würde sie früher aufstehen, könnte sie mitkommen.
Wäre er hungrig, würde er essen.

Würde does not replace **hätte**, **wäre**, or the subjunctive II of the modals.

Conditional Sentences

Real: Wenn ich schnell laufe, werde ich müde. (*The indicative is used.*)
Unreal: Wenn ich müde wäre, ginge ich ins Bett.
              Wenn ich müde wäre, würde ich ins Bett gehen.
              (*The present-time subjunctive II or* **würde** *construction is used.*)

Verbs Followed by the Dative Case

antworten	to answer
begegnen	to meet
danken	to thank
folgen	to follow, obey
gefallen	to please
gehören	to belong to
geschehen	to happen to
glauben	to believe
gratulieren	to congratulate
helfen	to help
passen	to fit, suit
passieren	to happen to
schaden	to harm

Expressions Using the Dative

Es geht (ihm) gut.	*He is well.*
Es schmeckt (ihm) gut.	*It tastes good to him.*
Es tut (ihm) Leid.	*He is sorry.*
Es steht (ihm) gut.	*It suits him, looks good on him.*
Es macht (ihm) Spaß.	*It is fun for him.*
Es tut (ihm) weh.	*It hurts him.*
Was fehlt (ihm)?	*What is wrong with him?*

Principal Parts of Verbs

The following is a list of strong and irregular verbs used in this text. The third-person singular indicative, the past, the past participle (showing whether it uses **haben** or **sein**), and the English meaning are also given. The same pattern is followed by all compounds of these verbs: **einschlafen** and **verschlafen** have the same changes as **schlafen**, and the same would be true of the verb family **finden**, **empfinden**, **befinden**, and so forth.

Infinitive	Present (*er/sie*)	Past	Past Participle	English
backen	bäckt	backte	hat gebacken	*to bake*
befehlen	befiehlt	befahl	hat befohlen	*to order, command*
beginnen	beginnt	begann	hat begonnen	*to begin, start*
beißen	beißt	biss	hat gebissen	*to bite*
bekommen	bekommt	bekam	hat bekommen	*to receive*
beweisen	beweist	bewies	hat bewiesen	*to prove*
binden	bindet	band	hat gebunden	*to bind*
bitten	bittet	bat	hat gebeten	*to ask, request*
blasen	bläst	blies	hat geblasen	*to blow*
bleiben	bleibt	blieb	ist geblieben	*to stay*
braten	brät	briet	hat gebraten	*to roast*
brechen	bricht	brach	hat gebrochen	*to break*
brennen	brennt	brannte	hat gebrannt	*to burn*
bringen	bringt	brachte	hat gebracht	*to bring*
denken	denkt	dachte	hat gedacht	*to think*
dürfen	darf	durfte	hat gedurft	*to be allowed to*
einladen	lädt ein	lud ein	hat eingeladen	*to invite*
empfehlen	empfiehlt	empfahl	hat empfohlen	*to recommend*
fahren	fährt	fuhr	ist gefahren	*to drive, ride*
fallen	fällt	fiel	ist gefallen	*to fall*
fangen	fängt	fing	hat gefangen	*to catch*
finden	findet	fand	hat gefunden	*to find*
fliegen	fliegt	flog	ist geflogen	*to fly*
frieren	friert	fror	hat gefroren	*to freeze*
gebären	gebärt/gebiert	gebar	hat geboren	*to give birth*
			ist geboren	*to be born*
geben	gibt	gab	hat gegeben	*to give*
gefallen	gefällt	gefiel	hat gefallen	*to please*
gehen	geht	ging	ist gegangen	*to go*
gelingen	gelingt	gelang	ist gelungen	*to succeed*
genießen	genießt	genoss	hat genossen	*to enjoy*
geschehen	geschieht	geschah	ist geschehen	*to happen*
gießen	gießt	goss	hat gegossen	*to pour*

Infinitive	Present (*er/sie*)	Past	Past Participle	English
greifen	greift	griff	hat gegriffen	*to grab*
haben	hat	hatte	hat gehabt	*to have*
halten	hält	hielt	hat gehalten	*to hold*
hängen	hängt	hing	hat gehangen	*to hang*
heben	hebt	hob	hat gehoben	*to lift*
heißen	heißt	hieß	hat geheißen	*to be called, named*
helfen	hilft	half	hat geholfen	*to help*
kennen	kennt	kannte	hat gekannt	*to know (a person or place)*
kommen	kommt	kam	ist gekommen	*to come*
können	kann	konnte	hat gekonnt	*to be able, can*
kriechen	kriecht	kroch	ist gekrochen	*to crawl*
lassen	lässt	ließ	hat gelassen	*to let, leave, have done*
laufen	läuft	lief	ist gelaufen	*to run*
leihen	leiht	lieh	hat geliehen	*to lend*
lesen	liest	las	hat gelesen	*to read*
liegen	liegt	lag	hat gelegen	*to lie, recline*
lügen	lügt	log	hat gelogen	*to tell a lie*
mögen	mag	mochte	hat gemocht	*to like*
müssen	muss	musste	hat gemusst	*to have to*
nehmen	nimmt	nahm	hat genommen	*to take*
nennen	nennt	nannte	hat genannt	*to name*
raten	rät	riet	hat geraten	*to advise, to guess*
reißen	reißt	riss	hat gerissen	*to tear*
reiten	reitet	ritt	ist geritten	*to ride (an animal)*
rennen	rennt	rannte	ist gerannt	*to run*
riechen	riecht	roch	hat gerochen	*to smell*
rufen	ruft	rief	hat gerufen	*to call*
scheiden	scheidet	schied	ist geschieden	*to leave, depart*
(sich) scheiden lassen	lässt sich scheiden	ließ sich scheiden	hat sich scheiden lassen	*to divorce*
scheinen	scheint	schien	hat geschienen	*to shine, seem, appear*
schieben	schiebt	schob	hat geschoben	*to shove, push*
schlafen	schläft	schlief	hat geschlafen	*to sleep*
schlagen	schlägt	schlug	hat geschlagen	*to hit*
schließen	schließt	schloss	hat geschlossen	*to close, lock*
schneiden	schneidet	schnitt	hat geschnitten	*to cut*
schreiben	schreibt	schrieb	hat geschrieben	*to write*
schreien	schreit	schrie	hat geschrien	*to shout*
schweigen	schweigt	schwieg	hat geschwiegen	*to be silent*
schwimmen	schwimmt	schwamm	ist geschwommen	*to swim*
sehen	sieht	sah	hat gesehen	*to see*
sein	ist	war	ist gewesen	*to be*
senden	sendet	sandte	hat gesandt	*to send*
singen	singt	sang	hat gesungen	*to sing*
sinken	sinkt	sank	ist gesunken	*to sink*
spinnen	spinnt	spann	hat gesponnen	*to spin*
sprechen	spricht	sprach	hat gesprochen	*to speak*
springen	springt	sprang	ist gesprungen	*to jump*

Infinitive	Present (*er/sie*)	Past	Past Participle	English
stehlen	stiehlt	stahl	hat gestohlen	*to steal*
steigen	steigt	stieg	ist gestiegen	*to climb*
sterben	stirbt	starb	ist gestorben	*to die*
stinken	stinkt	stank	hat gestunken	*to stink*
streiten	streitet	stritt	hat gestritten	*to argue*
tragen	trägt	trug	hat getragen	*to carry, wear*
treffen	trifft	traf	hat getroffen	*to meet*
treten	tritt	trat	hat getreten	*to step*
trinken	trinkt	trank	hat getrunken	*to drink*
tun	tut	tat	hat getan	*to do*
verbieten	verbietet	verbot	hat verboten	*to forbid*
vergessen	vergisst	vergaß	hat vergessen	*to forget*
verlassen	verlässt	verließ	hat verlassen	*to leave*
verlieren	verliert	verlor	hat verloren	*to lose*
verschwinden	verschwindet	verschwand	ist verschwunden	*to disappear*
wachsen	wächst	wuchs	ist gewachsen	*to grow*
waschen	wäscht	wusch	hat gewaschen	*to wash*
wenden	wendet	wandte (wendete)	hat gewandt (hat gewendet)	*to turn*
werden	wird	wurde	ist geworden	*to become*
werfen	wirft	warf	hat geworfen	*to throw*
wissen	weiß	wusste	hat gewusst	*to know (something)*
zerbrechen	zerbricht	zerbrach	hat zerbrochen	*to break*
zerreißen	zerreißt	zerriss	hat zerrissen	*to tear*
ziehen	zieht	zog	hat/ist gezogen	*to pull/to change residence*

Verbs with Prepositions

Below you will find a list of verbs that are followed by a preposition. In some cases the preposition is the same as it would be in English: to begin *with*—**anfangen mit**. Most verbs, however, take a different preposition than the English expression does: **warten auf**, *to wait for*, **denken an**, *to think about.*

Most verbs with prepositions take the accusative case. If the verb takes the dative, you will find a **(d)** placed next to the verb. Verbs with prepositions are used like any other verb.

Er denkt oft an sie.	*He often thinks of her.*
Sie spricht selten mit dem Nachbarn.	*She seldom speaks to the neighbor.*

anfangen mit (d)	to begin (with)
antworten auf	to reply to
sich ärgern über	to be angry about
aufhören mit (d)	to stop
beginnen mit	to begin with
berichten von (d)	to report about/tell about
sich beschäftigen mit (d)	to occupy oneself with
bestehen auf (d)	to insist on
bestehen aus (d)	to consist of
bitten um	to ask for
danken für	to thank for
denken an	to think of/about
einladen zu (d)	to invite to
erinnern an (d)	to remind of/about
erkennen an (d)	to recognize from/because of
erzählen von (d)	to tell of/about
fragen nach (d)	to ask about
sich freuen auf	to look forward to
sich freuen über	to be pleased about
gehören zu (d)	to belong to/be part of
sich gewöhnen an	to get used to
glauben an	to believe in
helfen bei (d)	to help with
hören von (d)	to hear of/about
sich interessieren für	to be interested in
sich konzentrieren auf	to concentrate on
lachen über	to laugh about
lesen von (d)	to read about
nachdenken über	to think about/reflect on
passen zu (d)	to go with/match
reagieren auf	to react to

reden über	to talk about
reden von (d)	to talk of/about
riechen nach (d)	to smell of
rufen nach (d)	to call for
schmecken nach (d)	to taste of
schreiben an	to write to
schreiben über	to write about
sorgen für	to take care of
sprechen mit (d)	to talk with
sprechen über	to talk about
sprechen von (d)	to talk of/about
streiten über	to argue about
suchen nach (d)	to search for
teilnehmen an (d)	to participate in
telefonieren mit (d)	to telephone someone
träumen von (d)	to dream of/about
sich unterhalten mit (d)	to talk to/converse with
sich unterhalten über	to talk/converse about
sich verlassen auf	to depend on
sich verlieben in	to fall in love with
warnen vor (d)	to warn about
warten auf	to wait for
wohnen bei (d)	to live at someone's house
sich wundern über	to be surprised at

Answer Key

Part I The Present Tense

Unit 1 Conjugation of Verbs in the Present Tense

1-1

1. Schön singt Heidi.
2. Viel Geld haben Müllers.
3. Nächste Woche ist Marie in Frankfurt.
4. Weihnachten feiern wir mit den Großeltern.
5. Mein bester Freund ist Thomas.

1-2

1. Wer kommt morgen?
2. Was machen sie?
3. Wohin fahren sie?
4. Wo schwimmen sie?
5. Warum machen sie das oft?

1-3

1. Gehen wir jetzt schwimmen?
2. Singt Jakob gut?
3. Singt Paul besser?
4. Singt Emma am besten?
5. Ist Thomas oft in Leipzig?
6. Geht Mutter oft einkaufen?
7. Ziehen Müllers nach Ulm?
8. Wohnt der Bauer auf dem Land?
9. Liest der Lehrer viel?
10. Ist das Haus neu?

1-4

1. Arbeitest du/Arbeiten Sie jetzt?
2. Wo wohnen sie?
3. Was verkaufen sie hier?
4. Kaufen sie viel?
5. Singt er laut?
6. Spielen die Kinder im Park?
7. Warum lächelt sie immer?
8. Herr Braun, gehen Sie ins Kino?
9. Warum heirate ich dich nicht?
10. Beantworten wir alle Fragen?

1-5

1. Tanzt Peter gut?
2. Kommt Ulrich heute?
3. Wann kommt Ulrich?
4. Wohnen Müllers jetzt in Berlin?
5. Wo wohnen Müllers jetzt?
6. Hat er viel Geld?
7. Warum hat er viel Geld?
8. Wer ist das?/Wer ist mein Freund?
9. Kommst du bestimmt?
10. Wie heißt er?

1-6

1. frage
2. fragst
3. fragen
4. fragt
5. fragen
6. fragt
7. fragt
8. fragen
9. fragt
10. kaufst
11. kauft
12. kauft
13. kaufen
14. kaufen
15. kaufe
16. macht
17. machen
18. machst
19. macht
20. machen

1-7

1. Die Klasse beginnt.
2. Die Kinder besuchen mich.
3. Hans, was brauchst du?
4. Frau Schmidt, was brauchen Sie?
5. Der Lehrer erklärt die Aufgabe.
6. Was kaufen sie?
7. Kommt Emma?
8. Ja, Emma und Michael kommen.
9. Was fragt ihr?
10. Wo wohnen die Jungen?
11. Ich danke dir.
12. Liebst du mich?
13. Ich liebe dich nicht.
14. Ich liebe Peter.
15. Das Mädchen probiert das Sauerkraut.
16. Die Kinder spielen im Park.
17. Frau Kugel wiederholt die Aufgabe.
18. Wir weinen nicht.
19. Wir lachen.
20. Die Eltern bezahlen das.

1-8

1. beginnt
2. besuchen
3. Bezahlst
4. deckt
5. fragst
6. erzählt
7. erklärt
8. glauben
9. lebt
10. hoffen
11. lacht
12. rauche
13. weint
14. Hörst
15. machen
16. spielen
17. sucht
18. wohnen
19. Liebst
20. blühen
21. brauchen
22. zeigt
23. schaust
24. Gehorcht
25. bewegen

1-9

1. heißt
2. heiße
3. heißt
4. heißen
5. heißen
6. heißt
7. Heißen
8. heiße
9. heißt
10. heißen

1-10

1. besitzen
2. besitzt
3. heißt
4. beißt
5. Genießt
6. schließt
7. sitzt
8. tanzt
9. reist
10. setzen sich
11. putzt
12. verschmutzt
13. gießt
14. beeinflusst
15. Pflanzt

1-11

1. heißt
2. Brauchst
3. glaubst
4. Tanzt
5. beißt
6. reist
7. überraschst
8. verletzt
9. gehorchst
10. setzt
11. planzt
12. wünschst

1-12

1. heiratet
2. heiraten
3. arbeiten
4. arbeitet, beobachtet, baden
5. scheint, badet
6. bedeutet
7. beantwortet
8. Fürchtest
9. fürchtet
10. findest
11. berichtet
12. arbeitest
13. erwartest
14. redest, redest
15. betet
16. findet
17. kostet

1-13

1. feiern
2. schüttele/schüttle
3. Verbesserst
4. verbessere/verbessre
5. klingelt
6. lächele/lächle
7. erinnere/erinnre
8. ändern
9. steuere/steure
10. flüstere/flüstre

1-14

1. heißt
2. wohnst
3. kommen
4. arbeitet
5. Arbeiten
6. besucht
7. Raucht
8. Sitzt
9. Besitzen
10. Besitzt
11. Putzt
12. Benutzt
13. Kostet
14. Wanderst
15. Gehorchst
16. Findest
17. wünschst
18. Redest
19. Zeichnest
20. Reist

1-15

1. klingelt	9. Trinkst	17. antwortet	25. grüßt
2. liegt	10. klopft	18. gehen	26. lachen
3. ruft	11. steht	19. wandert	27. lächelt
4. geht	12. besucht	20. zeichnet	28. kommen
5. singt	13. Besuchst	21. spielen	29. wartet
6. sitzt	14. redet	22. kommen	30. findet
7. bringt	15. hört	23. heißt	
8. trinkt	16. fragt	24. beobachtet	

Unit 2 The Present Tense of *haben*, *sein*, and *werden*

2-1

1. Hast	5. haben	9. haben
2. habe	6. habe	10. haben
3. hat	7. haben	
4. Hat	8. habt	

2-2

1. bist	5. ist	9. ist
2. bin	6. sind	10. ist
3. sind	7. seid	
4. bin	8. sind	

2-3

1. wird	5. werdet
2. werde	6. werden
3. wird	7. wirst
4. werden	8. werde

2-4

1. Ich bin/Wir sind zwanzig.	6. Ja, wir werden oft nervös.
2. Ja, ich habe/wir haben viel Geld.	7. Du bist zwölf.
3. Ja, ich werde/wir werden oft nervös.	8. Du hast/Sie haben viel Geld.
4. Wir sind zwölf.	9. Ja, du wirst/Sie werden oft nervös.
5. Ja, wir haben viel Geld.	10. Ja, ich habe Hunger.

2-5

1. haben	9. sind	17. arbeitet
2. feiern	10. wohnen	18. haben, feiern
3. ist	11. sitzt	19. ist
4. bin	12. hat	20. haben
5. freue	13. sitzt	21. beginnt
6. lächele/lächle	14. klingelt	22. Wartet
7. wird	15. ist	23. habe
8. ist	16. hat	24. hast

Unit 3 Verbs with a Vowel Change in the Stem

3-1

1. Der Peter schläft bis zwölf Uhr.
2. Die Eltern schlafen bis sieben Uhr.
3. Steffi und Ulla schlafen bis zwei Uhr nachmittags.
4. Du schläfst bis zehn Uhr.
5. Luise schläft bis neun Uhr.

3-2

1. Die Liesel läuft langsam.
2. Die Kinder laufen nicht.
3. Du läufst schnell.
4. Der Lehrer läuft schneller.
5. Ihr lauft am schnellsten.

3-3

1. hat	9. spielen	17. waschen
2. empfängt	10. fängt	18. Wäscht
3. fährt	11. läuft	19. schmeckt
4. ist	12. lässt	20. schläft
5. scheint, bläst	13. haben	21. lesen
6. wachsen, wächst	14. brät	22. gefällt
7. hält	15. fällt	23. fahren
8. verlassen	16. macht	

3-4

1. Ich esse Kuchen.
2. Max isst Brötchen.
3. Die Großeltern essen Schinken.
4. Der Chef isst Speck.
5. Die Familie isst Tomaten.
6. Du isst Eis.
7. Wir essen Brot.
8. Ihr esst Sauerkraut.
9. Herr Schmidt, Sie essen Erdbeertorte.
10. Frau Braun isst Hähnchen.

3-5

1. Ich lese die Zeitung.
2. Er liest den Roman.
3. Wir lesen die Nachrichten.
4. Du liest den Brief.
5. Die Geschwister lesen die Postkarte.
6. Herr Wagner liest den Bericht.
7. Ihr lest die Bücher.
8. Frau Schmidt, Sie lesen das Buch.
9. Peter und ich lesen die Geschichte.
10. Fräulein Brunn und Frau Mahl, Sie lesen das Gedicht.

3-6

1. Wie lange fährst du Auto?
2. Wie lange arbeitest du hier?
3. Wie lange lernst du Deutsch?
4. Wie lange sammelst du Briefmarken?
5. Wie lange brätst du den Schinken?
6. Wie lange schläfst du am Wochenende?
7. Wie lange liest du abends?
8. Wie lange läufst du jeden Morgen?
9. Wie oft empfängst du Gäste?
10. Wie lange lächelst du schon?
11. Wie lange bäckst/backst du den Kuchen?
12. Wie lange redest du über Politik?
13. Wie lange beobachtest du die Kinder?
14. Wie lange fürchtest du dich vor dem Krieg?
15. Wie lange betest du abends?

3-7

1. Ich klingele/klingle nicht oft.
2. Ich schüttele/schüttle den Apfelbaum nicht oft.
3. Ich ändere/ändre die Haare nicht oft.
4. Ich verbessere/verbessre das Kind nicht oft.
5. Ich flüstere/flüstre nicht oft mit dem Freund.
6. Ich fahre nicht oft Auto.
7. Ich feiere/feire nicht oft Geburtstag.
8. Ich rede nicht oft mit Marie.
9. Ich bade den Hund nicht oft.
10. Ich erinnere/erinnre ihn nicht oft an den Geburtstag.

3-8

Jetzt b**in** ich schon zwei Wochen in der Schweiz. Wir wohn**en** am See. Die Berge s**ind** groß und schön. Ich klett**(e)re** oft in den Bergen. Beate **hilft** mir dabei. Sie macht es viel besser. Pauline klett**ert** nicht mit uns. Sie läu**ft** jeden Morgen. Dann trinkt Pauline viel Wasser und **isst** viel Obst. Sie g**ibt** mir auch Obst zum Essen. Ich nehm**e** es natürlich gern. **Nimmst** du Obst wenn man es dir g**ibt**? Später treff**en** wir uns mit Freunden. Max verg**isst** oft zu kommen. Das **ist** schade. Luise tr**ifft** uns immer. Nachmittags lesen wir oft. Pauline **liest** einen französischen Roman. Sie läch**elt** oft beim Lesen. Montags komm**t** immer eine Frau und wäscht die Wäsche für uns. Sie spr**icht** nicht mit uns. Sie **ist** immer still und arbeit**et** schnell. Das s**ind** unsere Ferien. Hoffentlich g**ibt** es gutes Wetter bis wir nach Hause komm**en**. Ich habe es nicht gern wenn der Wind bläst. Tr**iffst** du mich im Café wenn ich wieder zu Hause bin?
Deine Emma

Unit 4 Verbs with Inseparable and Separable Prefixes

4-1

1. Das Kind bekommt viele Geschenke.
2. Er lernt viel und besteht immer die Prüfung.
3. Welches Restaurant empfiehlst du?
4. Dieses Haus gefällt mir am besten.
5. Der Großvater erzählt immer viel von den alten Zeiten.
6. In dieser Schule geschieht nichts schlechtes.
7. Gretel vergisst immer ihre Schularbeiten.
8. Wann verkauft ihr euer Haus?
9. Der Kleine verliert oft sein Taschengeld.
10. Warum misstraust du dem Mann?

4-2

1. Ich nehme ab.
2. Er nimmt ab.
3. Wir nehmen ab.
4. Du rufst an.
5. Sabine ruft an.
6. Herr Volker ruft an.
7. Du steigst aus.
8. Ihr steigt aus.
9. Die Kinder steigen aus.
10. Wir kommen mit.
11. Du kommst mit.
12. Achim kommt mit.
13. Ich höre zu.
14. Paul hört zu.
15. Die Mädchen hören zu.

4-3

1. Paul ruft Elisabeth an.
2. Elisabeth gibt das Geschenk zurück.
3. Sie gehen nicht mehr aus.
4. Elisabeth hat viel vor.
5. Elisabeth läuft den Jungen nicht nach.
6. Die Freunde kaufen in der Stadt ein.
7. Die Schüler machen das Buch zu.
8. Nimmst du den Mantel mit?
9. Seht ihr den neuen Film an?
10. Die Post kommt um neun Uhr an.

4-4

1. Ja, ich besuche euch am Wochenende.
2. Ja, ich fahre/wir fahren nach Hamburg zurück.
3. Ja, wir hören gut zu.
4. Ja, Peter ruft Brigitte morgen an.
5. Ja, wir kommen mit den Freunden zusammen.
6. Ja, ich pflanze die Blumen um.
7. Ja, ich ziehe mich oft um.
8. Ja, wir bestehen immer die Prüfung.
9. Ja, Herr Schreiber versteht Deutsch.
10. Ja, ich bereite mich gut auf die Prüfung vor.
11. Ja, er lässt den Hund ins Haus herein.
12. Ich gehe um zehn Uhr heim.
13. Diese Klasse hört um zwei Uhr auf.
14. Ja, die Kinder stehen in der Klasse auf.
15. Ja, wir holen die Freunde ab.

4-5

1. Sobald die Freunde ankommen, fährt die Familie weiter.
2. Während er die Tür aufhält, kommen die Kinder herein.
3. Sobald der Mann aufsteht, wäscht er sich das Gesicht.
4. Weil Maria warme Kleider anzieht, friert sie nicht.
5. Wenn die Mädchen mitkommen, gehen wir ins Kino.
6. Solange ihr nichts vorhabt, bleiben wir hier.
7. Obwohl du die Fenster zumachst, bläst der Wind noch immer durch das Haus.
8. Sobald der Hund dem Kind nachläuft, geht es in den Park.
9. Weil das Kind so schlecht aussieht, geht es früh ins Bett.
10. Wenn sie uns einlädt, kommen wir zur Party.

4-6

1. Hans und Inge sind jetzt in Hannover.
2. Schnell verlassen sie den Zug.
3. Hinter ihnen steigt ein alter Mann langsam aus.
4. Sie gehen am Schalter vorbei.
5. Es ist kalt.
6. Inge zieht ihren Mantel an.
7. Sie nimmt immer einen Mantel mit.
8. Sie fahren in die Stadt hinein.
9. Dort gibt es viel zu sehen.
10. Jetzt stehen sie vor dem Rathaus.

4-7

1. Inge verlässt Hannover.
2. Sie fährt nach Herrenhausen weiter.
3. Dort trifft sie Leo.
4. Er ist ein Freund von ihr.
5. Wenn er Inge ansieht, lächelt er immer.
6. Inge fährt mit dem Auto vor, und steigt schnell aus./Inge fährt schnell mit dem Auto vor, und steigt aus.
7. Leo wartet schon.
8. Sie eilt Leo entgegen.
9. Sie umarmen sich.
10. Dann gehen sie in den Schlosspark.
11. Inge versteckt den Schlüssel in der Tasche.
12. Hoffentlich verliert sie den Schlüssel nicht.
13. Sie haben schon lange vor, sich hier zu treffen.
14. Leo ruft oft an.
15. Inge bereitet sich auf die Semesterexamen vor, und hat keine Zeit.
16. Sie hat Angst, dass sie die Examen nicht besteht.
17. Sie verspricht Leo öfter zu treffen.
18. Die Zwei bewundern die schönen Blumen im Park.
19. Inges Mutter arbeitet viel mit Blumen, und pflanzt sie oft um.
20. Dann versorgt sie die Pflanzen mit Wasser.
21. Manchmal verkauft sie die Blumen, wenn sie zu viel hat.
22. Wir kehren zu Inge und Leo zurück.
23. Leo gefällt Inge sehr gut.
24. Beide genießen das Zusammensein sehr.
25. Jeder erzählt immer viel, wenn sie zusammen sind.
26. Jetzt kehren sie in ein kleines Café ein.
27. Sie schauen die Speisekarte an.
28. Inge bestellt Erdbeereis, Leo bestellt Bier.
29. Die Kellnerin bedient sie gut.
30. Leo hört immer gut zu, wenn Inge spricht.
31. Leo nimmt noch ein Bier mit.
32. Sie haben sonst nichts vor.
33. Inge ist jetzt ganz still.
34. Sie denkt viel nach.
35. Wenn die Sonne untergeht, sitzen sie auf einer Parkbank.
36. Es wird kalt.
37. Inge zieht die Handschuhe an.
38. Leo macht seine Jacke zu.
39. Bald gehen sie heim.
40. Wenn sie aufstehen, gehen sie zu Inges Auto zurück.

Unit 5 Modal Auxiliaries

5-1

1. Ich darf zu Hause bleiben.
2. Ihr dürft in den Park gehen.
3. (Die) Kinder dürfen nicht rauchen.
4. Ich kann Auto fahren.
5. Wir können Deutsch lernen.
6. Die Kellnerin kann viel erzählen.
7. Die Freunde können die Speisekarte lesen.
8. Ihr könnt den heißen Kaffee trinken.
9. Du darfst ins Kino gehen.
10. Wir dürfen den Film sehen.
11. Frau Kranz darf den Kuchen nicht essen.
12. Die Ferien dürfen jetzt beginnen.
13. Herr Bohl, können Sie das Auto kaufen?
14. Kannst du tanzen?
15. Die Sekretärin kann den Brief schreiben.

5-2

1. Ich muss Deutsch lernen.
2. Wir müssen so leise sprechen.
3. Die Kinder müssen so schnell laufen.
4. Der Vater muss so spät arbeiten.
5. Ihr müsst/Wir müssen zu den Nachbarn gehen.
6. Ich muss in Berlin wohnen.
7. Wir müssen unsere Autos verkaufen.
8. Ja, du musst/Sie müssen zu den Nachbarn gehen.

5-3

1. möchten
2. möchte, möchte
3. sollen
4. soll, soll
5. möchten, Möchtest, möchte
6. möchtest
7. möchtet

5-4

1. Magst
2. mag
3. mag
4. mögen
5. mögt
6. mögen
7. mögen

5-5

1. willst
2. will
3. will
4. wollt
5. wollen
6. wollen

5-6

1. Ich esse nicht viel, weil ich abnehmen möchte.
2. Er treibt Sport, da er fit sein will.
3. Sie ziehen an den Bodensee, weil sie da immer schwimmen können.
4. Lotte muss viel lernen, wenn sie die Prüfung bestehen will.
5. Wir verkaufen unser Haus, damit wir viel Geld haben können.
6. Die Kinder wissen nicht, warum sie still sein sollen.
7. Es muss still sein, damit das Kind schlafen kann.
8. Die Mädchen verstehen nicht, warum sie nicht ins Kino gehen dürfen.
9. Anton lernt viel, weil er nicht dumm bleiben will.
10. Wir besuchen Tante Margarete, da wir mit ihr sprechen möchten.

5-7

1. Herr Volker, möchten Sie mehr Kaffee?
2. Leo, kannst du Deutsch?
3. Ich muss.
4. Wir wollen es.
5. Was will er hier?
6. Ich will es.
7. Müsst ihr?
8. Er kann nicht.
9. Du darfst.
10. Möchten Sie es?

5-8

1. Wir bekommen Besuch.
2. Alte Freunde wollen uns besuchen.
3. Sie sollen heute Nachmittag ankommen.
4. Ich hoffe dass sie ein paar Tage bleiben wollen.
5. Wir haben immer viel Spaß wenn sie hier sind.
6. Es gibt viel zu tun.
7. Das Haus muss sauber sein.
8. Mutter muss das Essen vorbereiten.
9. Vater will noch im Garten arbeiten.
10. Er und Peter wollen den Rasen mähen.
11. Peter soll auch die Blumen gießen.
12. Mutter sagt dass ich frische Blumen ins Haus bringen soll.
13. Ich mag die gelben Tulpen.
14. Ich möchte einen großen Strauß auf den Tisch stellen.
15. Mutter will noch schnell einen Kuchen backen.
16. Er darf nicht zu lange im Ofen bleiben.
17. Ich kann ihn schon riechen.
18. Endlich ist alles fertig.
19. Wir müssen noch etwas warten bis der Besuch kommt.

20. Peter steht am Fenster und wartet.
21. Jetzt kann er das Auto sehen.
22. Wir wollen sie alle begrüßen.
23. Die Gäste sollen sich setzen.
24. Sie möchten aber in den Garten gehen.
25. Wir wollen da essen.
26. Das Wetter soll schön sein.
27. Frau Marx möchte etwas trinken.
28. Herr Marx will viel erzählen.
29. Wir müssen viel lachen.
30. Die Kinder dürfen lange aufbleiben.

Unit 6 *wissen* and *kennen*

6-1

1. Weißt
2. weiß
3. Weiß
4. wissen
5. wisst
6. wissen
7. wissen
8. wissen

6-2

1. kennen
2. weiß
3. Kennst
4. weiß
5. weiß
6. Wissen/Weiß
7. kennst
8. wissen
9. Wisst
10. kennt

6-3

1. Paul, was weißt du?
2. Ich weiß nichts.
3. Herr Brach kennt Köln gut.
4. Sie kennt das Mädchen.
5. Fräulein Schmalz, kennen Sie Hamburg?
6. Lotte und Beate, wisst ihr wie viel das kostet?
7. Wir wissen das nicht.
8. Ich kenne Frau Broch.
9. Mädels/Mädchen, wisst ihr wo das Buch ist?
10. Wir kennen die Gegend gut.

Unit 7 *legen/liegen* and *stellen/stehen*

7-1

1. stellen
2. liegen
3. stellen
4. stehen
5. legen
6. liegen
7. liegen
8. stellen
9. stehen
10. legen

7-2

1. liegt
2. lege
3. steht
4. legst
5. liegt
6. legt
7. stellt
8. stellst
9. stehen
10. liegt

Unit 8 Imperative Verbs

8-1

1. Bringen Sie die Post rein.
2. Sortieren Sie die Briefe.
3. Tippen Sie einen Brief.
4. Bedienen Sie das Telefon.
5. Kaufen Sie Briefmarken.
6. Schalten Sie den Computer ein.
7. Bestellen Sie mehr Papier.
8. Räumen Sie den Schreibtisch auf.
9. Füllen Sie die Formulare aus.
10. Gehen Sie zur Bank.

8-2

1. Spiel in deinem Zimmer.
2. Wasch(e) dir die Hände.
3. Sitz(e) ruhig am Tisch.
4. Trink(e) die Milch.
5. Iss das Gemüse.
6. Schrei(e) nicht laut.
7. Räum(e) den Tisch ab.
8. Lies ein Buch.
9. Zieh(e) den Schlafanzug an.
10. Geh(e) ins Bett.
11. Schlaf(e) süß.
12. Steh(e) morgen früh auf.
13. Vergiss die Hausaufgaben nicht.
14. Lern(e) viel in der Schule.
15. Komm(e) nicht zu spät nach Hause.

8-3

1. Sitzt ruhig.
2. Hebt die Hand.
3. Seid still.
4. Werdet nicht laut.
5. Nehmt die Bücher.
6. Lest die Geschichte.
7. Schreibt einen Aufsatz.
8. Macht keine Fehler.
9. Sprecht nicht mit den Nachbarn.
10. Schreibt den Aufsatz noch einmal ab.
11. Seht den Film an.
12. Habt die Hausaufgaben für morgen.
13. Esst das Pausenbrot.
14. Spielt auf dem Schulplatz.
15. Geht jetzt nach Hause.

8-4

1. Gehen wir schwimmen.
2. Fahren wir in den Park.
3. Spielen wir Ball.
4. Lesen wir ein Buch.
5. Machen wir Hausaufgaben.
6. Essen wir ein Eis.
7. Trinken wir eine Limonade.
8. Bauen wir einen Turm.
9. Malen wir.
10. Besuchen wir Karl.

8-5

1. Seid still.
2. Werden Sie gesund.
3. Sei lieb.
4. Seien Sie geduldig.
5. Werde nicht krank.
6. Seien Sie nicht böse.
7. Werdet nicht nervös.
8. Seid geduldig.
9. Hab(e) Glück.
10. Werdet groß.

8-6

1. Fahren Sie, Fahr(e), Fahrt, Fahren wir
2. Helfen Sie, Hilf, Helft, Helfen wir
3. Essen Sie, Iss, Esst, Essen wir
4. Nehmen Sie, Nimm, Nehmt, Nehmen wir
5. Kommen Sie mit, Komm(e) mit, Kommt mit, Kommen wir mit
6. Schreien Sie, Schrei(e), Schreit, Schreien wir
7. Sehen Sie, Sieh, Seht, Sehen wir
8. Werden Sie, Werde, Werdet, Werden wir
9. Seien Sie, Sei, Seid, Seien wir
10. Haben Sie, Hab(e), Habt, Haben wir

8-7

1. Gehen Sie ins Café.
2. Sei still.
3. Spielt draußen.
4. Sprich leise.
5. Kauf(e) ein neues Kleid.
6. Werdet nicht krank.
7. Mäh(e) den Rasen.
8. Räumt euer Zimmer auf.
9. Wasch(e) (dir) die Hände.
10. Sitzen Sie hier.
11. Hab(e) keine Angst.
12. Seid vorsichtig.
13. Mach(e) die Tür zu.
14. Schließen Sie den Hund ein.
15. Lies die Geschichte vor.
16. Fahren Sie langsam.
17. Lauft ins Wasser.

Unit 9 Impersonal Verbs

9-1
1. Am Sonntag regnet es.
2. Am Montag schneit es.
3. Am Dienstag hagelt es.
4. Am Mittwoch blitzt es.

5. Am Donnerstag donnert es.
6. Am Freitag friert es.
7. Am Samstag/Sonnabend stürmt es.

9-2
1. riechen
2. stinkt
3. zieht
4. riecht
5. schmeckt/riecht

9-3
1. Es gefällt mir hier.
2. Es geht mir gut.
3. Wie geht es euch/Ihnen (allen)?
4. Was geschieht zu Hause?
5. Hier geschieht viel.
6. Es scheint eine schöne Stadt zu sein.
7. Es tut mir Leid dass ich nicht früher hierher gekommen bin.
8. Na ja, es geschieht mir recht.
9. Es tut mir Leid dass ihr nicht hier seid/du nicht hier bist/Sie nicht hier sind.
10. Es wird jetzt dunkel. Gute Nacht und auf Wiedersehen!

9-4
1. Es gibt
2. Es sind
3. Es gibt
4. Es gibt
5. Es gibt

6. Es ist
7. Es sind/Es gibt
8. Es ist
9. Es gibt
10. Es gibt

9-5
1. Es regnet nicht.
2. Es donnert nicht.
3. Es blitzt nicht.
4. Es stürmt nicht.
5. Es ist ein schöner Tag.
6. Es riecht nach Rosen.
7. Es zieht nicht.
8. Es gefällt mir.

9. Es geht mir gut.
10. Es geschieht heute viel.
11. Es gibt viel Besuch.
12. Es gibt viele Geschenke.
13. Es sind drei Briefe angekommen.
14. Es gibt viel Musik.
15. Es gibt viel zu essen.

Unit 10 Review Exercises in the Present Tense

10-1
1. heißt
2. ist
3. sind
4. wohnt
5. besucht
6. lernt
7. muss, machen
8. hat, liest
9. hilft
10. sehen

11. sieht
12. sieht, fern
13. räumt, auf
14. gefällt
15. mag
16. verspricht, machen
17. fährt
18. haben
19. gibt
20. will, gehen

21. möchte, kaufen
22. meint, soll, nähen
23. kostet
24. sagt, Kannst, kaufen
25. gibt
26. freut sich
27. Freust, dich, bekommst
28. repariert, reisen
29. regnet

10-2

1. steht	11. leuchtet	21. spielen
2. sind	12. lädt, ein	22. zieht, aus, zieht, an
3. erwarten	13. packt, ein	23. werden
4. bäckt	14. Bekommst	24. verabschiedet, bedankt
5. riecht	15. wünschst	25. bringen
6. darf, schmecken	16. musiziert	26. schläft
7. will, haben	17. braucht	27. sitzen, trinken
8. isst	18. wird	28. ist
9. bringt	19. schmeckt	
10. schmücken	20. unterhalten sich	

10-3

1. Kennst	5. gefällt	9. wartest
2. weiß, heißt, kenne	6. arbeitet	10. Sprich
3. Möchtest, kennen lernen	7. läuft	11. ist
4. weißt, will	8. geschieht, beantwortet	12. glaube

10-4

1. Besucht uns.	6. Bringen Sie die Leiter zurück.
2. Mach(e) Kaffee.	7. Mach(e) deine Hausaufgaben.
3. Seid nicht so laut.	8. Ruf(e) uns an.
4. Komm(e) rein.	9. Kommen Sie morgen vorbei.
5. Leg(e) dich hin.	10. Lassen Sie die Post hier.

10-5

1. willst, tun
   möchte, gehen, muss, besuchen
2. wollen, ziehen
   mag, möchte, wohnen
3. Sollt, aufräumen
   dürfen, spielen
   kann, sein, müsst, machen
   wollen, musst, verderben
4. können, sprechen
   wollen, lernen
5. soll, lesen
   kannst, machen

Part II The Future and Past Tenses, *lassen*, Reflexive Verbs, and Infinitives

Unit 11 The Future Tense

11-1

1. Ich werde viel Geld haben.	6. Werdet ihr vorsichtig sein?
2. Wir werden im See schwimmen.	7. Frau Wendt, werden Sie Durst haben?
3. Peter wird ein Auto kaufen.	8. Die Mädchen werden Ball spielen.
4. Wirst du in Bonn wohnen?	9. Tante Friede wird uns besuchen.
5. Müllers werden ein großes Haus bauen.	10. In dem Kleid wirst du gut aussehen!

11-2

1. Ich werde mir ein Eis kaufen.
2. Nächstes Jahr verkaufen Müllers ihr Haus.
3. Wirst du Hunger haben?
4. Ab morgen mache ich Diät.
5. Wir besuchen morgen Onkel Alex.
6. Tante Luise wird mitkommen.
7. Alle werden ins Restaurant gehen.

8. Der Kellner wird einen guten Platz am Fenster finden.
9. Alles wird gut schmecken.
10. Nächstes Mal besuchen wir wieder das gleiche Restaurant.

11-3

1. Müllers werden an die Nordsee fahren wollen.
2. Herr Wendt wird aber in den Bergen Ferien machen wollen.
3. Das Pferd werden sie zu Hause lassen müssen.
4. Man wird Pferde nicht ins Ferienhaus mitbringen dürfen.
5. Ihren Hund werden sie mitnehmen dürfen.

11-4

1. Vater wird das Auto fahren.
2. Wir werden müde ankommen.
3. Am ersten Morgen schlafen wir lange.
4. Vater wird ein gutes Frühstück kochen.
5. Die Kinder werden Ball spielen wollen.
6. Peter und Hans werden wandern gehen.
7. Marie wird schwimmen.
8. Alle werden Hunger haben.
9. Sie werden sehr müde sein.
10. Abends spielen sie Karten./Abends werden sie Karten spielen.
11. Morgen wollen sie früh aufstehen.
12. Mutter wird ins Dorf gehen und ein gutes Bauernbrot kaufen wollen.
13. Das wird sehr gut schmecken.
14. Der Urlaub wird ihnen gut gefallen.
15. Nächstes Jahr reisen sie wieder in die Berge.

11-5

1. Sie werden wohl/sicher am Strand Ball spielen.
2. Sie werden wohl/sicher in den Wald gehen.
3. Er wird wohl/sicher Fisch essen wollen.
4. Es wird wohl/sicher gut sein./Das Wetter wird wohl/sicher gut sein.
5. Sie werden wohl/sicher lesen.
6. Sie werden wohl/sicher bis zehn schlafen.
7. Sie wird wohl/sicher Shorts tragen.
8. Sie werden wohl/sicher Milch trinken müssen.
9. Sie werden wohl/sicher Schlösser im Sand bauen.
10. Es wird wohl/sicher Fisch zum Essen geben.

11-6

1. Morgen sind Müllers und Wendts zu Hause.
2. Sie werden das Auto auspacken.
3. Sie werden die Koffer ins Haus tragen.
4. Mutter wird das Abendessen machen.
5. Alle werden viel essen wollen.
6. Es wird alles gut schmecken.
7. Sie werden Limonade trinken.
8. Marie wird ihre Freundin anrufen.
9. Peter muss morgen den Rasen mähen.
10. Herr Müller geht übermorgen zur Arbeit.
11. Die Kinder werden wohl noch keine Schule haben.
12. Sie werden zu Hause bleiben.
13. Die Mutter wird die Wäsche waschen.
14. Angela wird der Mutter helfen müssen.
15. Sie werden bestimmt über den Urlaub sprechen.

Unit 12 The Past Tense

12-1

1. Ich wohnte.
2. Er atmete.
3. Das Baby weinte.
4. Hörtest du nichts?
5. Herr Müller rauchte.
6. Wir suchten etwas.
7. Lerntet ihr viel?
8. Die Mädchen öffneten es.
9. Wartetest du?
10. Schmidts kauften es.
11. Sie arbeiteten.
12. Was sagtest du?
13. Was spieltet ihr?
14. Sie lächelte.
15. Er wohnte in Berlin.

12-2

1. machte
2. arbeitete
3. lernten
4. kochte
5. kaufte
6. schmeckte
7. ernährte
8. pflanzte, putzte
9. mähte
10. erholten, beschäftigten
11. spielten
12. übten, verbesserten
13. achtete, übten
14. kostete
15. meinten, lohnte

12-3

1. fand
2. gewann
3. ging
4. trank
5. saß
6. sang
7. half
8. las
9. stand
10. hieß
11. verlor
12. log
13. sprach
14. aß
15. gab
16. schrieb
17. tat
18. vergaß
19. lief
20. kam
21. nahm
22. fand
23. blieb
24. schwamm
25. lud ein

12-4

1. ging
2. gingst
3. gingen
4. ging
5. gingt
6. gingen
7. trank
8. tranken
9. trank
10. trankt
11. trank
12. tat
13. taten
14. taten
15. tat
16. aßest
17. aß
18. aßen
19. aßt
20. aß

12-5

1. half
2. schliefen
3. trafen
4. nahmst
5. gab
6. ging
7. schwammen
8. warft
9. sang
10. fandst
11. begann
12. geschah
13. fuhr
14. vergaß
15. sprach

12-6

1. Marlies und ihre Freunde fuhren nach Hamburg.
2. Ute steuerte das neue Auto.
3. Sie übernachteten in einer kleinen Pension.
4. Das Auto parkten sie hinter der Pension.
5. Sie standen früh auf.
6. Sie aßen ein gutes Frühstück.
7. Ute trank drei Tassen Kaffee.
8. Dann zogen sie sich die Jacken an und gingen zur U-Bahn.
9. In der Innenstadt besichtigten sie das alte Rathaus und das Museum.
10. Nachmittags machten sie eine Hafenrundfahrt.
11. Der Kapitän sah sehr gut aus.
12. Viele Leute saßen im Boot.
13. Sie sahen aber alles gut.
14. Nach der Rundfahrt stiegen sie schnell aus.
15. Sie nahmen ein Taxi zu einem berühmten Restaurant.
16. Im Restaurant fanden sie noch einen freien Tisch.
17. Sie bestellten gebratenen Fisch.
18. Die Kellnerin bediente sie gut.
19. Alles schmeckte wunderbar.
20. Sie gaben der Kellnerin ein großes Trinkgeld.

21. Müde verließen sie das Restaurant.
22. Sie legten sich müde ins Bett.
23. Der Tag gefiel ihnen sehr gut.
24. Sie vergaßen ihn nie.

12-7

1. Das Licht brannte schon im Haus.
2. Es klopfte an der Tür.
3. Ich ging hin und machte die Tür auf.
4. Ein fremder Mann stand da.
5. Er nannte seinen Namen.
6. Ich kannte ihn nicht.
7. Er wusste aber, wer ich war.
8. Ich dachte mir, »Etwas stimmt nicht!«
9. Was machten wir?
10. Wandte ich mich um und schloss die Tür?
11. Sandte ich den Mann weg?
12. Brachte ich ihn ins Haus?
13. Ich dachte nach.
14. Auf einmal erkannte ich ihn!

12-8

1. Wir fuhren zu alten Freunden.
2. Wir kannten sie schon viele Jahre.
3. Meine Frau nannte sie unsere besten Freunde.
4. Sie wussten viel über uns.
5. Manchmal dachte ich sie wussten zu viel.
6. Wir brachten frische Tomaten aus unserem Garten mit.
7. Die Fahrt dauerte lange.
8. Ihre Kinder rannten uns entgegen.
9. Alle freuten sich sehr.
10. Wir blieben den ganzen Nachmittag da.

12-9

1. hatten
2. Hattet
3. hatte
4. hatte
5. hatten
6. hatten
7. hattest

12-10

1. war
2. Warst
3. waren
4. Waren
5. war
6. waren
7. wart

12-11

1. wurden
2. wurde
3. wurden
4. wurde
5. wurdet
6. wurde
7. wurden

12-12

1. Wo war Anna? Sie war in der Schule.
2. Wurdest du oft krank? Ich wurde nie krank.
3. Hatten die Kinder Hunger? Nein, Peter hatte aber Durst.
4. Wann wurde es dunkel? Es wurde um acht dunkel.
5. Wo wart ihr? Wir waren im Auto.
6. Hattest du Durst? Ja, ich hatte Durst.
7. Hattet ihr am Wochenende Besuch? Ja, die Großeltern waren da.
8. Warst du fremd hier? Ja, ich war fremd.
9. Frau Schrank, waren Sie oft im Theater? Ich war selten im Theater.
10. Wir wurden nervös wenn er da war. Wieso denn? Er war harmlos.

12-13

1. Ich wollte schwimmen gehen.
2. Heinz und Kristof wollten Ball spielen.
3. Du wolltest lange schlafen.
4. Wir wollten eine Bootfahrt machen.
5. Mutter wollte ihre Schwester besuchen.
6. Ihr wolltet eine Radtour machen.

12-14
1. Ich musste zum Arzt gehen.
2. Heinz und Kristof mussten Hausaufgaben machen.
3. Du musstest früh aufstehen.
4. Wir mussten den Rasen mähen.
5. Mutter musste die Oma ins Krankenhaus bringen.
6. Ihr musstet einen Brief schreiben.

12-15
1. Ich konnte im Nachbarsschwimmbad baden.
2. Heinz und Kristof konnten ihre Freunde besuchen.
3. Du konntest den ganzen Tag faulenzen.
4. Wir konnten in den Schwarzwald fahren.
5. Mutter konnte einen Einkaufsbummel in Stuttgart machen.
6. Ihr konntet in den Bergen wandern.

12-16
1. war, waren
2. musste, helfen
3. wohnten
4. durften, schlafen
5. mussten, gehen
6. war
7. hatte
8. konnte, sein
9. wollten, spielen
10. standen, herum, erzählten
11. wollte, lesen, durfte
12. musste, aufpassen
13. musste, arbeiten
14. wollte, zusammen, sein
15. machte
16. konnte, lesen
17. mochte, lesen
18. konnten, ruhen
19. wollten, besuchen
20. konnten, tun

12-17
1. Müllers zogen nach Berlin.
2. Sie ließen nichts hier.
3. Sie fuhren mit dem Auto nach Berlin.
4. Der LKW holte die Möbel.
5. Wir hatten Besuch.
6. Onkel Rolf kam.
7. Er gab uns viele Geschenke.
8. Das Wetter war schön.
9. Wir saßen im Garten.
10. Opa sprach wieder viel.
11. Wir aßen Kuchen und tranken Kaffee.
12. Ich fand das Zusammensein schön.
13. Peter warf dem Hund einen Ball zu.
14. Der Hund fing den Ball.
15. Nachbars Hund biss den Briefträger.
16. Niemand sah das.
17. Der Hund blieb seitdem immer im Haus.
18. Onkel Rolf nahm noch ein Stück Kuchen.
19. Die Kinder wurden müde.
20. Mutter trug das Essen ins Haus.
21. Ich wusch das Geschirr.
22. Halfen Sie oft in der Küche?
23. Um elf Uhr gingen wir ins Bett.
24. Morgens schliefen wir lange.

12-18
1. Ich wohnte in Mühlheim am Bach.
2. Es war ein kleines Dorf.
3. Es gab da nur sechshundert Einwohner.
4. Die meisten Leute waren Bauern.
5. Die Frauen arbeiteten viel auf dem Feld.
6. Vor Weihnachten backten sie Hutzelbrot.
7. Es schmeckte sehr gut.
8. Die Kinder gingen in die Dorfschule.
9. In der Schule fanden wir nur zwei Klassenzimmer.
10. Die Kinder lernten Lesen, Schreiben, und Rechnen.
11. Sie schrieben auf eine Tafel.
12. Sie lasen interessante Bücher.
13. Manchmal sahen sie einen Film.
14. In der Pause spielten sie vor der Schule.
15. Nach der Pause kamen die Kinder leise ins Klassenzimmer.
16. Sie saßen zu zweit auf der Bank.
17. Der blonde Junge machte Dummheiten.
18. Der Lehrer schlug den Jungen.
19. Der Junge biss auf die Lippe.
20. Er weinte nicht.
21. Nach der Schule halfen die Kinder zu Hause.
22. Sie holten die Gänse nach Hause.

23. Im Herbst pflückten sie Äpfel.
24. Sie legten die Äpfel in einen Sack.
25. Peter aß zu viele Äpfel.
26. Er hatte Bauchschmerzen.
27. Er wurde sehr krank.
28. Am nächsten Tag blieb er zu Hause.
29. Abends brachten die Leute die Milch in die Molkerei.
30. Die Jugend traf sich da.
31. Sie sprachen viel.
32. Sie hatten sich viel zu sagen.
33. Manchmal lachten sie laut.
34. Im Winter liefen die Kinder Schlittschuh.
35. Es wurde nicht zu kalt in Mühlheim.
36. Im Sommer wohnten Sommergäste im Gasthaus.
37. Am Sonntag machten viele Mühlheimer einen kleinen Ausflug.
38. Für die Kinder kauften sie Schokolade.
39. Die Männer tranken Bier im Gasthaus.
40. Am späten Nachmittag kehrten alle müde nach Hause zurück.

12-19

Es gab einen armen Müller, der hatte eine schöne Tochter. Er sagte zu seinem König, »Ich habe eine Tochter die kann Stroh zu Gold spinnen.« Der König befahl ihm die Tochter ins Schloss zu bringen.

Im Schloss führte er sie in ein Zimmer wo viel Stroh lag. Sie musste das Stroh zu Gold spinnen oder sie sollte sterben. Das arme Mädchen wusste nicht wie man das machte und weinte.

Auf einmal ging die Tür auf und ein kleines Männlein trat ein und sagte, »Ich kann das. Was gibst du mir?« Die Müllerstochter gab ihm ihr Halsband und das Männlein spann das Stroh zu Gold.

Der König sah das Gold und freute sich sehr. Sie gingen in ein anderes Zimmer voll Stroh. Das Mädchen konnte nicht Stroh zu Gold spinnen und weinte wieder. Das Männlein kam zurück. Das Mädchen schenkte ihm ihren Ring vom Finger.

Am nächsten Morgen freute sich der König über das viele Gold. Er wollte noch mehr Gold haben. So befahl er dem Mädchen: »Spinne das Stroh zu Gold und du wirst meine Frau. Wenn du das nicht machst, dann stirbst du.« Das Mädchen konnte sich nicht helfen. Das Männlein erschien wieder. Sie versprach ihm ihr erstes Kind.

Am nächsten Morgen fand der König viel Gold. Er heiratete die Müllerstochter. Ein Jahr später bekamen sie ein Kind. Eines Nachts besuchte das Männlein die Königin. Er wollte das Kind haben. Die Königin jammerte und weinte bis das Männlein Mitleid hatte. Er ließ ihr drei Tage Zeit. Wenn sie dann seinen Namen wusste, durfte sie das Kind behalten.

Sie schickte Boten über das ganze Land. Sie erkundigten sich nach verschiedenen Namen. Keiner war richtig. Die Boten gingen wieder aus. Ein Bote hörte ein Männlein im Wald singen, »Niemand weiß, dass ich Rumpelstilzchen heiß.«

Der Bote erzählte das der Königin. Sie sagte es dem Männlein. Es war der richtige Name. Das Männlein wurde sehr wütend. Er riss sich den Fuß aus dem Leib und starb.

Unit 13 The Present Perfect Tense

13-1

1. Opa hat es schon gemacht.
2. Ich habe es schon gemacht.
3. Herr Lange hat es schon gemacht.
4. Wir haben es schon gemacht.
5. Jakob und Michael haben es schon gemacht.
6. Herr Müller und Frau Müller haben es schon gemacht.
7. Emma hat es schon gemacht.

13-2

1. Ich habe Brot schon gekauft.
2. Ich habe mit Annchen schon gespielt.
3. Ich habe die Fenster schon geöffnet.
4. Ich habe den Hund schon gebadet.
5. Ich habe den Koffer schon gepackt.
6. Ich habe das Zimmer schon geputzt.
7. Ich habe im Garten schon gearbeitet.
8. Ich habe die Nachbarn schon besucht.
9. Ich habe Spanisch schon gelernt.
10. Ich habe dem Vater schon geantwortet.

13-3

1. Onkel Dieter und Tante Edith haben ein neues Haus gebaut.
2. Es hat viel Geld gekostet.
3. Sie haben Geld auf der Bank geborgt.
4. Sie haben viel im Haus gearbeitet.
5. Tante Edith hat die Fenster oft geputzt.
6. Sie hat neue Möbel gekauft.
7. Sie hat sich einen schönen Garten gewünscht.
8. Sie hat Blumen für den Garten gesucht.
9. Sie hat viel Geld gebraucht.
10. Sie hat das Haus den Freunden gezeigt.
11. Das Haus hat ihr Freude gemacht.
12. Opa und Oma haben oft laut geatmet.
13. Sie haben nicht mehr alleine gewohnt.
14. Oma hat oft geweint.
15. Sie hat nicht viel gesagt.
16. Die Zwillinge haben Ball gespielt.
17. Sie haben oft gebadet.
18. Sie haben laut gelacht.
19. Sabine hat mit dem neuen Freund getanzt.
20. Sie hat oft auf Post von ihm gewartet.

13-4

1. sind	5. ist	9. ist
2. haben	6. ist	10. haben
3. ist	7. hat	
4. hat	8. ist	

13-5

1. ist	5. hat	9. ist
2. ist	6. ist	10. ist
3. hat	7. hat	
4. hat	8. Ist	

13-6

1. ist
2. ist
3. ist
4. hat
5. sind

13-7

1. bin	9. ist	17. habe	25. bin
2. habe	10. habe	18. habe	26. ist
3. bin	11. ist	19. bin	27. bin
4. habe	12. bin	20. bin	28. habe
5. habe	13. habe	21. hat	29. bin
6. habe	14. ist	22. bin	30. ist
7. ist	15. bin	23. habe	
8. ist	16. bin	24. bin	

13-8

1. sind	5. ist	9. hat	13. sind
2. haben	6. sind	10. habe	14. haben
3. haben	7. hat	11. haben	15. hat
4. hat	8. hat	12. ist	

13-9

1. hat gegessen
2. hat getrunken
3. hat genommen
4. hat gesessen
5. hat gelegen
6. ist gesprungen
7. ist gekommen
8. ist gelaufen
9. ist gegangen
10. ist geschwommen
11. ist geritten
12. hat geschrieben
13. hat gelesen
14. hat gegeben
15. hat geholfen
16. hat getroffen
17. hat gesungen
18. hat gesprochen
19. ist gestorben
20. ist gefahren
21. ist geflogen
22. ist geworden
23. ist gewesen
24. hat gehabt
25. hat getan

13-10

1. gelernt
2. geworden
3. gesprochen
4. gefahren
5. gereist
6. gewesen
7. geritten
8. geholfen
9. unterschrieben
10. geschwiegen
11. gehabt
12. gegessen
13. getrunken
14. gezogen
15. gestorben

13-11

1. Wir haben ein gutes Frühstück gegessen.
2. Ich habe viel Kaffee getrunken.
3. Die Kinder sind in die Schule gegangen.
4. Sie sind mit dem Bus gefahren.
5. Sie haben auf dem Schulplatz gespielt.
6. Sie haben in der Klasse gelernt.
7. Ich habe die Küche geputzt.
8. Harold hat im Garten gearbeitet.
9. Er hat Tomaten gepflanzt.
10. Ich habe sie beim Gärtner gekauft.
11. Sie haben nicht viel gekostet.
12. Habt ihr dieses Jahr auch Tomaten gehabt?
13. Es ist heute Abend kalt geworden.
14. Es hat schon lange nicht gefroren.
15. Moment, hat der Nachbar gerufen?

13-12

1. Ich bin mit Michael in die Stadt gefahren.
2. Was habt ihr da gemacht?
3. Wir sind in die Geschäfte gegangen.
4. Habt ihr etwas gekauft?
5. Ja, ich habe eine neue Bluse gekauft. Sie hat nicht viel gekostet.
6. Wir haben einen Film gesehen. Ich habe ihn sehr interessant gefunden.
7. Was habt ihr dann gemacht?
8. Wir haben etwas zum Essen geholt.
9. Was hast du gegessen?
10. Ich habe ein Stück Torte gegessen und habe Kaffee getrunken.
11. Wie lange seid ihr im Restaurant geblieben?
12. Wir haben da vielleicht zwei Stunden gesessen. Wir haben viel zusammen gesprochen. Michael hat mir ein neues Foto gegeben. Ich habe es natürlich genommen. Sonst haben wir nichts getan. Wir sind ins Auto gestiegen und sind nach Hause gefahren.

13-13

1. Ich habe oft an dich gedacht.
2. Ich habe gedacht wir waren gute Freunde.
3. Du hast mir Geschenke gebracht.
4. Du hast mir Liebesbriefe gesandt.
5. Du hast mich »Liebling« genannt.
6. Jetzt hast du dich von mir gewandt.
7. Ich habe nicht gewusst was falsch war.
8. Mein Herz hat noch nie so vor Schmerz gebrannt.
9. Hast du mich nie geliebt?

13-14

1. Ich habe dich gut gekannt.
2. Wir haben alle gewusst wo du wohnst/wo du gewohnt hast.
3. Sonst hat es niemand gewusst.
4. Wir sind zu dir gekommen.
5. Zuerst haben wir einen Brief geschrieben.
6. Du hast auf der Couch gesessen.
7. Wir sind ins Haus gegangen.

8. Du hast Tee gemacht.
9. Wir haben Kuchen gegessen.
10. Das Feuer hat im Ofen gebrannt.
11. Der Hund ist im Garten herumgerannt.
12. Es hat geregnet.
13. Das Dienstmädchen hat uns einen Regenschirm gebracht.
14. Wir haben den Regenschirm genommen.
15. Wir haben »Auf Wiedersehen« gesagt.

13-15

1. abgeholt	5. hereingelassen	9. nachgedacht
2. angekommen	6. mitgebracht	10. zurückgegeben
3. angezogen	7. umgesehen	
4. hereingekommen	8. zugemacht	

13-16

1. Wann bist du aufgestanden? / Ich habe das immer um sieben Uhr gemacht.
2. Was ist dort niedergebrannt? / Das ist bestimmt das alte Haus gewesen.
3. Habt ihr den Müll herausgeworfen? / Das ist nie passiert.
4. Hast du das schöne Mädchen vorgestellt? / Ich habe sie nicht gekannt.
5. Wann ist der Bus angekommen? / Das ist um zwei Uhr geschehen.
6. Ist der Ball schon wieder ins Wasser hineingefallen? / Klaus hat wieder nicht aufgepasst.
7. Hat der Gärtner alle Blumen herausgerissen? / Er hat sie nicht umgepflanzt.
8. Wann seid ihr mit den Freunden zusammengekommen? / Das habe ich nicht gewusst.
9. Hast du die Äpfel mitgenommen? / Ich habe sie hier gelassen.
10. Wir haben mit dem Singen aufgehört. / Das hat sich wirklich nicht gut angehört.

13-17

1. Wir sind in die Alpen gefahren.
2. Bernd ist mitgekommen.
3. Wir haben viel Spaß gehabt./Wir hatten viel Spaß.
4. Was habt ihr alles gemacht?
5. Wir sind in den Wald hineingeritten.
6. Wir sind in den Bergen geklettert.
7. Luise ist immer schnell hinuntergeklettert.
8. Sie hat aber gut aufgepasst.
9. Sie hat sich nicht wehgetan.
10. Nachmittags sind wir viel geschwommen.
11. Die Jungen haben die Mädchen gern ins Wasser hineingeworfen.
12. Wir haben immer etwas zum Essen und Trinken mitgebracht.
13. Die Jungen haben Ball gespielt.
14. Bernd hat immer den Ball zurückgegeben.
15. Er hat das nicht gern gemacht.
16. Was habt ihr abends vorgehabt?/Was hattet ihr abends vor?
17. Wir sind in die Stadt hineingegangen.
18. Wir haben uns einen Film angeschaut.
19. Wir sind zum Essen ausgegangen.
20. Zu früh sind wir nach Hause zurückgekehrt.

13-18

1. Wir haben die Polizei angerufen.
2. Unser neues Auto ist verschwunden.
3. Wir haben nicht begriffen warum.
4. Wir haben es noch nicht lange besessen.
5. Unser Nachbar hat es uns verkauft.
6. Es hat mir sehr gut gefallen.
7. Die Polizei hat Beweis verlangt.
8. Ich habe bewiesen dass es mir gehört (hat).
9. Ich habe es genau beschrieben.
10. Ich habe genau gewusst wie das Auto ausgesehen hat.

13-19

1. 1879 ist er zur Welt gekommen.
2. Er ist in Deutschland aufgewachsen.
3. Er hat die Schule in München und in der Schweiz besucht.
4. Er hat Violine gespielt.
5. Er hat die Relativitätstheorie erfunden.
6. 1921 hat er den Nobelpreis in Physik bekommen.
7. Er hat sich mit seiner Kusine Elsa verheiratet.
8. Er hat sich entschieden nach Amerika auszuwandern.
9. Er hat Deutschland verlassen.
10. 1933 ist er nach Amerika ausgewandert.
11. Er hat an der Universität in Princeton unterrichtet.
12. Da ist er in ein einfaches Haus gezogen.
13. Er hat vieles mit seiner Frau besprochen.
14. Der Präsident Roosevelt hat einen Brief von ihm empfangen.
15. Im Brief hat er die Entwicklung einer Atombombe in Deutschland beschrieben.
16. Er hat den Zionismus unterstützt.
17. Er hat vielen Menschen geholfen.
18. Er hat die Armen nicht vergessen.
19. In seinem Leben ist wirklich viel geschehen.
20. 1955 ist er in Princeton gestorben.

13-20

1. Was ist am Wochenende passiert?
2. Wir haben zuerst unsere Hausaufgaben korrigiert.
3. Wir haben uns dabei konzentriert und es ist schnell gegangen.
4. Dann haben wir uns amüsiert.
5. Sabine hat mit uns telefoniert.
6. Sie hat uns informiert dass sie Karten für ein Konzert hatte.
7. »Die Blonden Herren« haben schön musiziert.
8. Wir haben alle das Konzert besucht.
9. Dann sind wir in ein schönes Restaurant gefahren.
10. Wir haben Kaffee und Kuchen bestellt.
11. Heiko hat die Sachertorte probiert.
12. Die Kellnerin hat große Stücke serviert.
13. Alles hat gut geschmeckt.
14. Sie hat uns auch fotografiert.
15. Das hat alles Spaß gemacht.
16. Wir haben das Restaurant fröhlich verlassen.
17. Schreck! Das Auto hat nicht funktioniert!
18. Peter hat es aber schnell repariert.
19. Der Motor ist angesprungen.
20. Das war unser Wochenende!

13-21

1. Die Katze hat geschlafen, während sie in der Sonne gelegen hat.
2. Sie sind nach Hamburg gefahren, weil sie den Hafen sehen wollten.
3. Sie weiß, dass er den Kuchen aufgegessen hat.
4. Er tat immer, als ob er nichts verstanden hat.
5. Habt ihr gewusst, dass die Kinder in den Park gegangen sind?

13-22

1. Hast du gut Sylvesterabend gefeiert?
2. Ich habe viel Spaß gehabt. Zuerst bin ich mit Bernd, Ute, und Heinz ins Konzert gegangen.
3. Seid ihr in die neue Konzerthalle gegangen?
4. Das Orchester hat auch wunderbar gespielt. Wir haben gleich vorne gesessen.
5. Hast du dort Bekannte gesehen?
6. Herr Frank, mein Arzt, hat nicht weit von uns gesessen. Er hat mich gleich erkannt.
7. Was habt ihr nach dem Konzert gemacht?
8. Wir sind zu Ute gefahren. Ihre Mutter hat ein Essen vorbereitet. Alles hat sehr gut geschmeckt. Ich habe natürlich zu viel gegessen.
9. Wie ist der Abend dann verlaufen?

10. Bernd hat Witze erzählt. Wir haben alle gelacht. Wir haben uns den ganzen Abend amüsiert. Ute hat auch Bilder von ihrer Reise gezeigt.
11. Seid ihr lange dort geblieben?
12. Um ein Uhr sind wir nach Hause gegangen. Wie hast du Sylvesterabend verbracht?
13. Ich bin zu Hause geblieben. Ich habe mich nicht wohl gefühlt und habe im Bett gelegen.
14. Hat dir niemand Gesellschaft geleistet?
15. Nein, niemand hat mich besucht. Niemand hat telefoniert. Ich habe einen langweiligen Roman gelesen und bin bald eingeschlafen.

Unit 14 The Past Perfect Tense

14-1
1. war
2. hatte
3. waren
4. waren
5. hatte
6. hatten
7. hatte
8. war
9. hatte
10. hatte

14-2
1. Bevor wir in die Schweiz flogen, waren wir an die Nordsee gefahren.
2. Bevor wir in die Schweiz flogen, hatten wir das Reisebüro besucht.
3. Bevor wir in die Schweiz flogen, hatten wir Pläne gemacht.
4. Bevor wir in die Schweiz flogen, hatten wir die Flugkarten gekauft.
5. Bevor wir in die Schweiz flogen, hatten wir die Koffer gepackt.

14-3
1. Ich ging nach Hause, denn ich hatte den Film schon gesehen.
2. Ich ging nach Hause, denn ich hatte die Großmutter schon besucht.
3. Ich ging nach Hause, denn ich war schon in den Park gegangen.
4. Ich ging nach Hause, denn ich hatte alles eingekauft.
5. Ich ging nach Hause, denn ich hatte das Museum besichtigt.

14-4
1. Als Weihnachten kam, hatten wir schon für jeden ein Geschenk gekauft.
2. Als Weihnachten kam, hatten wir schon die Geschenke schön eingepackt.
3. Als Weihnachten kam, hatten die Eltern schon den Weihnachtsbaum geschmückt.
4. Als Weihnachten kam, hatte Hans Plätzchen gebacken.
5. Als Weihnachten kam, waren wir noch nicht in der Kirche gewesen.
6. Als Weihnachten kam, hatte der Adventskranz auf dem Tisch gelegen.
7. Als Weihnachten kam, hatten wir oft Weihnachtslieder gesungen.
8. Als Weihnachten kam, hatte Hans Tante Gretel und ihre Familie eingeladen.
9. Als Weihnachten kam, hatten die Kinder schon vier Tage Ferien gehabt.
10. Als Weihnachten kam, hatte es noch nicht geschneit.

Unit 15 The Future Perfect Tense

15-1
1. werden, sein
2. werden, haben
3. wird, haben
4. werden, haben
5. werden, sein
6. wird, haben
7. wird, haben
8. werden, haben
9. wirst, haben
10. wird, haben

15-2
1. Sie wird das Gymnasium beendet haben.
2. Sie wird die Universität besucht haben.
3. Sie wird einen Beruf gelernt haben.
4. Sie wird ein Auto gekauft haben.
5. Sie wird eine Ferienreise in die Alpen gemacht haben.
6. Sie wird in die eigene Wohnung gezogen sein.
7. Sie wird wenig Geld gehabt haben.
8. Sie wird die Bekanntschaft eines jungen Mannes gemacht haben.

9. Sie wird sich verliebt haben.
10. Sie wird geheiratet haben.

15-3

1. Sie werden in die Berge gefahren sein.
2. Sie werden gut angekommen sein.
3. Sie werden im See geschwommen sein/haben.
4. Sie werden ins Dorf gegangen sein.
5. Sie werden Souvenirs gekauft haben.
6. Sie werden in einem guten Restaurant gegessen haben.
7. Sie werden eine Spazierfahrt gemacht haben.
8. Sie werden einen Film gesehen haben.
9. Sie werden sich geküsst haben.
10. Sie werden viel miteinander gesprochen haben.

15-4

1. Die Eltern werden sich bei den Gästen bedankt haben.
2. Die Eltern werden sich von den Gästen verabschiedet haben.
3. Vater wird die Hochzeitsrechnung bezahlt haben.
4. Vater wird zur Arbeit gegangen sein.
5. Mutter wird sich ausgeruht haben.
6. Mutter wird im Garten gearbeitet haben.
7. Die Großeltern werden nach Hause gefahren sein.
8. Die Geschwister werden den Kuchenrest aufgegessen haben.
9. Tante Erika wird mit Mutter telefoniert haben.
10. Alle werden uns vermisst haben.

Unit 16 *lassen*

16-1

1. We are having the doctor come.
2. The Müllers leave the children at home.
3. Let's not wait too long!
4. She is having a cup of coffee made.
5. He is having his motorcycle repaired.
6. I left the present in the car.
7. Leave the key in the door!
8. She lets him set the table. / She has him set the table.
9. Mother lets us eat the chocolate.
10. He leaves the money on the table.

16-2

1. Mutter hat das Kind alleine zu Hause gelassen.
2. Er hat sich ein neues Haus bauen lassen.
3. Müllers haben das Dach decken lassen.
4. Sie haben mich kommen lassen.
5. Wir haben das hier gelassen.
6. Liesel hat die Hausaufgabe im Auto gelassen.
7. Wann hast du dir die Haare schneiden lassen?
8. Die Regierung hat die Einwanderer ins Land gelassen.

Unit 17 Reflexive Verbs

17-1

1. Du kämmst dich.
2. Er kämmt sich.
3. Ihr kämmt euch.
4. Wir kämmen uns.
5. Liesel und Ulrike kämmen sich.
6. Frau Brandt tut sich weh.
7. Wir tun uns weh.
8. Ich tue mir weh.
9. Ihr tut euch weh.
10. Die Kinder tun sich weh.

17-2

1. sich
2. sich
3. sich
4. sich
5. sich
6. dich
7. sich
8. sich
9. sich
10. sich
11. sich
12. dich
13. sich

17-3	1. mich	6. dir	11. dich
	2. dich	7. mich	12. mich
	3. mich	8. mir	13. dich
	4. dir	9. dich	14. sich
	5. mir	10. mich	15. uns

17-4	1. sich	5. mir
	2. dir	6. sich
	3. sich	7. sich
	4. sich	

17-5

1. sich, They call each other.
2. sich, They hug each other often.
3. sich, They kiss each other.
4. sich, They don't quarrel with each other.
5. sich, They meet (each other) in town.
6. sich, They get along well.

17-6	1. mich	7. mir	13. sich	19. mich
	2. uns	8. sich	14. sich	20. sich
	3. mir	9. uns, uns	15. mich	21. mir
	4. mir	10. dir	16. sich	22. mich
	5. uns	11. mich	17. uns	23. uns
	6. dich	12. uns	18. mich	24. uns

Unit 18 Infinitives

18-1

1. Do you hear the singing in the garden?
2. Reading is difficult for some children.
3. Eating a lot is unhealthy.
4. While working he often sings.
5. Playing in the street is forbidden.
6. We don't have time to sleep.
7. Shopping goes fast for her.
8. He finds it unnecessary to answer the question.
9. To promise and to keep a promise are two different things.
10. He has no energy for running.

18-2

1. Ich muss in die Schule gehen.
2. Hörst du die Kinder lachen?
3. Er will das machen.
4. Andreas fährt mit dem Rad spazieren.
5. Wir gehen schwimmen.
6. Ich kann nicht schlafen.
7. Sie können das bestimmt singen.
8. Soll ich das kaufen?
9. Ich lehre ihn Deutsch sprechen.
10. Hörst du das Kind singen?
11. Ich heiße ihn lauter sprechen.
12. Lernt ihr tanzen?
13. Er sieht den Vogel fliegen.
14. Ich möchte das Eis essen.
15. Emma lernt kochen.

18-3

1. Dieter hat in die Stadt fahren wollen.
2. Er hat ein neues Auto kaufen möchten.
3. Er hat das aber nicht machen können.
4. Er hat mehr Geld haben müssen.
5. Er hat sich etwas Geld auf der Bank borgen wollen.
6. Er wird kein Geld auf der Bank bekommen können.
7. Er wird älter sein müssen.

8. Er wird etwas Geld zum Anzahlen haben müssen.
9. Er wird sich jetzt ein Motorrad anschaffen wollen.
10. Er wird damit nach Frankreich reisen möchten.

18-4

1. Die Schwester wird English sprechen lernen.
2. Lieselotte wird der Schwester einen Aufsatz schreiben helfen.
3. Sie wird die Schwester die englischen Vokabeln sagen hören.
4. Die Brüder werden die Schwester Fehler machen lassen.
5. Lieselotte wird die Brüder still sein heißen.

18-5

1. schließen
2. zeigen
3. festhalten
4. sitzen

18-6

1. einheizen	6. gießen	11. umstülpen
2. bestreuen	7. schieben/tun	12. schneiden
3. tun	8. backen	13. legen
4. rühren	9. nehmen	14. essen
5. einfetten	10. lassen	15. ablecken

18-7

1. mitzufahren
2. schon lange eine Deutschlandfahrt zu machen
3. Pläne zu machen
4. vier Wochen in Deutschland zu bleiben
5. die Alpen zu sehen
6. Bergsteigen zu lernen
7. Berlin und die Ostsee zu sehen
8. abends alleine auszugehen
9. das nicht zu machen
10. auch in den Schwarzwald zu fahren
11. viel Geld mitzunehmen
12. seine Kreditkarte mitzunehmen
13. einen Regenmantel einzupacken
14. in Ordnung zu sein
15. viel Spaß zu haben

18-8

1. Es ist gesund, viel zu wandern.
2. Es war interessant, die alte Burg zu sehen.
3. Es ist nie langweilig, mit Emma zusammen zu sein.
4. Es ist leicht, nach Deutschland zu fliegen.
5. Es war uns nicht möglich, in München zu übernachten.
6. Es war uns schwer, »Auf Wiedersehen« zu sagen.
7. Es ist teuer, ein Auto zu mieten.
8. Es ist Andreas schwierig, die richtige Straße zu finden.
9. Es ist bestimmt ungesund, viel Münchner Bier zu trinken.
10. Es war Andreas einfach, sich für die Reise zu entscheiden.

18-9

1. Statt ein Auto zu mieten, fährt sie per Anhalter.
2. Statt das Geld mitzunehmen, lässt sie es zu Hause.
3. Statt einen Koffer zu packen, packt sie vier.
4. Statt abends zu Hause zu bleiben, geht sie in die Disko.
5. Statt mit Andreas zu gehen, geht sie mit dem Freund.

18-10

1. Andreas fährt zum Flughafen, ohne zu tanken.
2. Andreas und Emma fliegen nach Deutschland, ohne Hamburg zu besuchen.
3. Die Zwei sitzen im Café, ohne Kaffee zu trinken.
4. Sie sind vier Wochen in Deutschland, ohne eine Postkarte zu schreiben.
5. Emma fliegt nach Deutschland, ohne sich von ihrer besten Freundin zu verabschieden.

18-11
1. Andreas geht zur Bank, um Geld zu holen.
2. Andreas mietet ein Auto, um in Deutschland fahren zu können.
3. Emma kauft ein neues Kleid, um schön auszusehen.
4. Die Zwei übernachten in einem billigen Hotel, um Geld zu sparen.
5. Andreas geht mit Emma, um seiner Schwester zu helfen.

18-12
1. Ich bin gerade dabei, den Koffer zu packen.
2. Ich bin gerade dabei, den Pass zu suchen.
3. Ich bin gerade dabei, zur Bank zu gehen.
4. Andreas und ich sind gerade dabei, die Landkarte zu studieren.
5. Andreas ist gerade dabei, Abendbrot zu essen.

18-13

1. ——	11. zu	21. ——
2. zu	12. zu	22. zu
3. ——	13. zu	23. zu
4. ——	14. zu	24. zu (anzusteigen)
5. zu (mitzunehmen)	15. zu	25. zu
6. zu (umzugehen)	16. zu/——	26. zu
7. zu	17. ——	27. zu
8. ——	18. zu	28. ——, zu
9. zu, ——	19. zu, ——	29. zu
10. zu	20. zu	30. zu

Unit 19 Review Exercises in the Future and Past Tenses, *lassen*, Reflexive Verbs, and Infinitives

19-1
1. Nächsten Monat ist Hans Jörg mit dem Studium fertig.
2. Seine Eltern werden eine Feier für ihn planen.
3. Sie werden viele Gäste einladen.
4. Die Großeltern werden aus Süddeutschland kommen.
5. Es wird viel Gutes zum Essen geben.
6. Seine Freunde werden ihm gratulieren.
7. In der folgenden Woche macht er eine Reise nach Italien.
8. Er wird Rom besuchen.
9. Da wird er vier Tage bleiben.
10. Dann wird er ans Mittelmeer fahren.
11. Da wird er schwimmen und eine Bootfahrt machen können.
12. Er wird sich sehr amüsieren.
13. Im Herbst beginnt er mit seiner Arbeit.
14. Es wird eine große Umstellung für ihn sein.
15. Der Ernst des Lebens wird für ihn anfangen.

19-2
1. 1939 begann der Krieg.
2. Mein Vater musste an die Front.
3. Er kämpfte in Polen.
4. Zu Hause gab es nicht mehr so viel zu essen.
5. Man schickte die Waren an die Front.
6. Mutter wartete immer auf Post.
7. Die Nachrichten waren nicht gut.
8. Ich verstand nicht alles.
9. Oft hatte ich Angst.
10. Ich vermisste den Vater.
11. Mein großer Bruder wollte den Vater ersetzen.
12. Natürlich konnte er es nicht.
13. Manchmal hörten wir wochenlang nichts vom Vater.
14. Mutter weinte öfters.

15. Sie schickte ihm Päckchen.
16. Opa kam und half im Garten.
17. So vergingen die Jahre.
18. Manchmal sah alles hoffnungslos aus.
19. Endlich war der Krieg zu Ende.

19-3

1. Was für einen Beruf hast du gelernt?
   Ich wurde Ingenieur.
2. Was hat man in diesem Geschäft verkauft?
   Man hat hier gutes Gemüse kaufen können.
3. War der Patient tot?
   Nein, er hat noch geatmet.
4. Hast du meinen neuen Ball gesehen?
   Ja, er ist aber ins Wasser gefallen.
5. Wohin seid ihr im Sommer gereist?
   Wir sind nach Norwegen geflogen.
6. Bist du oft an den See gegangen?
   Ich bin oft mit dem Fahrrad hingefahren.
7. Wo hast du Peter gefunden?
   Er hat die Garage aufgeräumt.
8. Du hast so lange vor dem Fernseher gesessen!
   Ich habe das Programm interessant gefunden.
9. Hans hat zwei Stück Kuchen gegessen.
   Er hatte bestimmt großen Hunger.
10. Habt ihr oft Wein getrunken?
    Nein, wir haben kein Geld für Wein ausgegeben.
11. Rom ist niedergebrannt.
    Nero hat die Christen beschuldigt.
12. Hast du nichts gesagt?
    Nein, ich habe lieber geschwiegen.
13. Die Kinder haben ein Geschenk gebracht.
    Mutter hat sich dafür bedankt.
14. Vater hat zu viel gearbeitet.
    Ja, und niemand hat ihm geholfen.
15. Einstein ist in den U.S.A. gestorben.
    Er hat aber die Schule in Deutschland besucht.
16. Warum wurdest du so oft krank?
    Ich habe das nicht gewusst.
17. Habt ihr manchmal an mich gedacht?
    Ja, dann haben wir telefoniert.
18. Hast du Berlin gekannt?
    Nein, ich habe in Biebesheim gewohnt.
19. Haben die Kinder in der Schule aufgepasst?
    Ja, aber manchmal haben sie sich umgedreht.
20. Hast du mich vermisst?
    Wenn ich dich vermisst habe, habe ich dich doch besucht.

19-4

1. Vor ihrer Hochzeit hatte sie das Gymnasium besucht.
2. Vor ihrer Hochzeit hatte sie bei den Eltern gewohnt.
3. Vor ihrer Hochzeit hatte sie viele Freunde gehabt.
4. Vor ihrer Hochzeit hatte sie Franz zwei Jahre gekannt.
5. Vor ihrer Hochzeit hatten ihre Eltern eine Reise nach Texas gemacht.
6. Vor ihrer Hochzeit hatte sie als Sekretärin gearbeitet.
7. Vor ihrer Hochzeit hatten Franz und sie neue Möbel gekauft.
8. Vor ihrer Hochzeit hatten sie Franzes Eltern oft besucht.
9. Vor ihrer Hochzeit hatte Franz sein Studium beendet.
10. Vor ihrer Hochzeit hatte Franz eine gute Arbeitsstelle bekommen.

19-5

1. Andreas und Emma werden gut in Deutschland angekommen sein.
2. Sie werden Andenken gekauft haben.
3. Emma wird Schwarzwälder Torte gegessen haben.
4. Sie werden Onkel Paul besucht haben.
5. Onkel Paul wird sich gefreut haben.
6. Die Kusine wird mit ihnen ins Theater gegangen sein.
7. Andreas und Emma werden am Rhein entlanggefahren sein.
8. Andreas wird ein schönes Mädchen kennen gelernt haben.
9. Sie werden in Hamburg gewesen sein.
10. Sie werden den Hafen besichtigt haben.

19-6

1. The Meiers are having a new house built.
2. Father lets the children go to the movie theater.
3. Let's go to the concert.
4. Leave the cat in the house.
5. Liesel leaves the (her) homework at home.
6. Leave the light on.
7. Mr. Wolf is having his car washed.
8. When my hair is long, I have it cut.
9. Did you leave your coat at home?
10. The prisoners are let go.

19-7

1. Sie hat das Geld zu Hause gelassen.
2. Sie haben die Rechnung ins Haus kommen lassen.
3. Das Kind hat sich waschen lassen.
4. Wir haben die Schuhe reparieren lassen.
5. Die Mutter hat das Kind lange schlafen lassen.
6. Er hat das Mädchen in Ruhe gelassen.
7. Goethe hat das Pferd galoppieren lassen.
8. Ich habe mich gern massieren lassen.
9. Hast du das Auto hier gelassen?
10. Er hat sich bedienen lassen.

19-8

1. uns, mich
2. mich, mir, mich
3. dir
4. sich
5. mich
6. mich
7. dich
8. uns
9. uns
10. sich
11. uns
12. uns
13. mir
14. sich

19-9

1. ——
2. zu
3. ——
4. ——
5. zu
6. ——
7. ——
8. ——
9. ——/zu
10. ——
11. ——
12. zu
13. zu
14. zu
15. zu
16. zu
17. zu
18. zu
19. ——
20. zu

Part III The Passive Voice, Subjunctive Mood, and Conditional Tense

Unit 20 The Passive Voice

20-1

1. Der Brief ist von der Mutter geschrieben worden.
2. Der Brief war von der Mutter geschrieben worden.
3. Der Brief wird von der Mutter geschrieben werden.
4. Der Brief wird von der Mutter geschrieben worden sein.
5. Der Brief wurde von der Mutter geschrieben.

20-2
1. Das gute Restaurant wird von den Freunden besucht.
2. Der gebratene Fisch wird von dem jungen Mann bestellt.
3. Die Sachertorte wird von dem Mädchen gegessen.
4. Das Essen wird von dem Kellner zum Tisch gebracht.
5. Die Rechnung wird von dem Paar bezahlt.

20-3
1. Deutsch wurde durch viel Mühe gelernt.
2. Das Kind wurde durch laute Musik geweckt.
3. Die Kirche wurde durch den Sturm zerstört.
4. Ich wurde durch Medizin geheilt.
5. Die Ratte wurde durch Gift getötet.

20-4
1. wird, gespült
2. werden, gemacht
3. wird, gewaschen
4. werden, gegossen
5. wird, besucht

20-5
1. Es wird abends musiziert.
2. Es wurde dem Lehrer nicht geantwortet.
3. Es wird dem Kind nichts geglaubt.
4. Es wurde viel am Wochenende gegessen.
5. Es wurde viel in den Ferien gewandert.

20-6
1. Die Getränke sind gekühlt.
2. Die Würstchen sind gebraten.
3. Der Kuchen ist serviert.
4. Die Küche ist aufgeräumt.
5. Die Wohnung ist geschmückt.
6. Die Haare sind gekämmt.
7. Das Gesicht ist gewaschen.
8. Die Zähne sind geputzt.
9. Der Bart ist rasiert.
10. Die Krawatte ist gebunden.

20-7
1. Das Buch war gelesen.
2. Der Aufsatz war geschrieben.
3. Die Tasche war gepackt.
4. Das Frühstück war gegessen.
5. Die Zähne waren geputzt.
6. Der Mantel war angezogen.
7. Die Tasche war genommen.
8. Die Tür war geschlossen.

20-8
1. Wie schreibt man das Wort?
2. Das Lied singt man laut.
3. Den Kuchen isst man mit der kleinen Gabel.
4. Man kocht die Suppe langsam.
5. Man bezahlte viel Geld für diese Bilder.
6. Man bringt das Kind ins Bett.
7. Man machte die Tür zu.
8. Man macht das Licht aus.

20-9
1. Es wird ruhig gesessen.
2. Es wird die Hand gehoben.
3. Es wird ins Heft geschrieben.
4. Es wird nicht mit den Nachbarn gesprochen.
5. Es wird gut aufgepasst.

20-10
1. Ja, er ist billig herzustellen.
2. Ja, sie ist leicht leise zu öffnen.
3. Ja, sie ist leicht zu lernen.
4. Ja, es ist schwer zu verkaufen.
5. Ja, es ist gut zu verstehen.

20-11

1. Der Stuhl lässt sich reparieren.
2. Der Patient lässt sich retten.
3. Lässt sich das Lied leicht singen?
4. Lässt sich die Straße gleich finden?
5. Das lässt sich mit Schwierigkeit machen.

6. Das ließ sich schnell erklären.
7. Die Frage ließ sich schwer beantworten.
8. Das Geld ließ sich schnell ausgeben.
9. Das Mädchen lässt sich sehen.
10. Das Geld lässt sich leicht verlieren.

20-12

1. Viel Spätzle werden von den Leuten im Süden gegessen.
2. Die linke Hand wird nicht in den Schoß gelegt.
3. Getränke werden ohne Eis getrunken.
4. Die Hauptmahlzeit wird meistens mittags gegessen.
5. Frische Brötchen werden oft zum Frühstück von den Leuten gegessen.
6. Viel Kartoffelsalat und Würstchen werden abends gegessen.
7. Ein Pausenbrot wird von den Kindern in die Schule mitgebracht.
8. Kaffee und Kuchen werden Sonntagnachmittags serviert.
9. Besuch wird oft zum Kaffee eingeladen.
10. Obstkuchen wird oft mit Schlagsahne gegessen.
11. Kakao wird von den Kindern getrunken.
12. Blumen werden vom Besuch gebracht.

20-13

1. Die Arbeit im Haus wurde von Frauen gemacht.
2. Die Kinder wurden von der Frau versorgt.
3. Das Geld wurde von dem Mann ins Haus gebracht.
4. Ein Beruf wurde von jungen Männern gelernt.
5. Die Arbeit im Haus wurde von jungen Mädchen gelernt.
6. Das Brot wurde zu Hause gebacken.
7. Kuchen wurde selten gegessen.
8. Viele Briefe wurden von Leuten geschrieben.
9. Die Wäsche wurde von der Waschfrau mit der Hand gewaschen.
10. Es wurde viel mit dem Rad gefahren oder zu Fuß gegangen.

20-14

1. active
2. passive voice with **sein**
3. passive
4. substitute for passive
5. substitute for passive
6. passive
7. passive
8. passive
9. passive
10. active

11. substitute for passive
12. substitute for passive
13. passive
14. passive
15. substitute for passive
16. passive
17. substitute for passive
18. passive
19. active
20. passive

Unit 21 Subjunctive I

21-1

1. Er sagt, er finde mich sehr schön.
2. Er sagt, ich habe schöne Augen.
3. Er sagt, er sei so gern mit mir zusammen.
4. Er sagt, er kaufe mir ein schönes Geschenk.
5. Er sagt, er wolle mit mir ins Theater gehen.
6. Er sagt, er gehe im Sommer gern mit mir spazieren.
7. Er sagt, mein Gang sei so anmutig.
8. Er sagt, er singe gern mit mir.
9. Er sagt, er denke oft an mich.
10. Er sagt, es sei recht langweilig ohne mich.

21-2

1. Sie sagte, sie habe zehn Pfund abgenommen.
2. Sie sagte, ihre Frisur sei sehr modern gewesen.
3. Sie sagte, sie habe viermal in der Woche Gymnastik gemacht.
4. Sie sagte, sie habe jede Woche eine neue Speise gekocht.
5. Sie sagte, sie habe immer den besten Kuchen gebacken.
6. Sie sagte, ihr Wohnzimmer habe einen neuen Teppich gehabt.
7. Sie sagte, Anton, ihr Sohn, habe immer gute Noten bekommen.
8. Sie sagte, Gabriela, ihre Tochter, sei die schönste in der Klasse gewesen.
9. Sie sagte, ihr Mann habe die zweite Lohnerhöhung bekommen.
10. Sie sagte, ihr Vater habe ihr oft Geld gegeben.

21-3

1. Sie wollte wissen, wie sie heiße.
2. Sie wollte wissen, wie sie aussehe.
3. Sie wollte wissen, ob sie intelligent sei.
4. Sie wollte wissen, wo sie wohne.
5. Sie wollte wissen, wer ihre Eltern seien.
6. Sie wollte wissen, was für eine Arbeit der Vater habe.
7. Sie wollte wissen, ob die Familie Geld habe.
8. Sie wollte wissen, was sie in ihrer Freizeit mache.
9. Sie wollte wissen, ob sie gutes Deutsch spreche.
10. Sie wollte wissen, ob sie gut kochen könne.

21-4

1. Er sagte, ich solle jeden Tag üben.
2. Er sagte, ich solle gerade sitzen.
3. Er sagte, ich solle nicht auf die Finger schauen.
4. Er sagte, ich solle am Ende des Stückes leiser spielen.
5. Er sagte, ich solle ein neues Musikheft kaufen.

21-5

1. Thank goodness! (Thanks be to God!)
2. Your will be done!
3. God protect you!
4. Your kingdom come!
5. Long live freedom!

21-6

1. Sie schreibt, sie habe im Flugzeug geschlafen.
2. Sie schreibt, Frankfurt sei eine schöne Stadt.
3. Sie schreibt, sie habe die Altstadt besichtigt.
4. Sie schreibt, sie habe das Goethehaus interessant gefunden.
5. Sie schreibt, sie sei nach München gefahren.
6. Sie schreibt, sie sei einen ganzen Nachmittag im Englischen Garten gewesen.
7. Sie schreibt, sie sei zweimal in den Alpen geklettert.
8. Sie schreibt, sie habe viele Souvenirs gekauft.
9. Sie schreibt, sie habe oft Wiener Schnitzel gegessen.
10. Sie schreibt, sie habe Luthers Wartburg in Thüringen interessant gefunden.
11. Sie schreibt, sie habe genug Geld mitgebracht.
12. Sie schreibt, sie habe auch eine Schifffahrt auf dem Rhein gemacht.
13. Sie schreibt, Andreas habe auch viel Spaß.
14. Sie schreibt, er habe ein schönes Mädchen kennen gelernt.
15. Sie schreibt, sie wohne in Bonn.

Unit 22 Subjunctive II and *würde* Constructions

22-1

1. ginge
2. gingen
3. gingen
4. gingest
5. ginget
6. ginge
7. ginge
8. gingen

22-2

1. Wir kauften es gern.
2. Wir hätten aber kein Geld.
3. Mutter müsste es uns geben.
4. Gäbe sie es gern?
5. Das wüsste ich nicht.
6. Die Kinder sagten immer, Vater verdiene viel.
7. Brächtet ihr das Geld dann?
8. Wir dächten nicht daran.
9. Kennte er die neuen Nachbarn?
10. Wär(e)st du am Wochenende hier?
11. Ich sollte jetzt gehen.
12. Kämest du morgen wieder?
13. Wenn du es wolltest.
14. Wir gingen jetzt nach Hause.
15. Schrieb(e)t ihr uns einen Brief?
16. Arbeitetest du lange?
17. Nein, ich wäre zu müde.
18. Nännte sie das Kind Rumpelstilzchen?
19. Das wollte ich nicht.
20. Er hätte es aber gern.

22-3

1. Dürfte ich ein Stück Schokolade essen?
2. Könntest du das Licht ausmachen?
3. Dürfte ich fernsehen?
4. Könnte der Vater ein Buch lesen?
5. Dürfte Paul mit mir spielen?

22-4

1. Inge hätte gern eine neue Puppe.
2. Die Zwillinge hätten gern einen elektrischen Zug.
3. Der Vater hätte gern einen neuen Pullover.
4. Ich hätte gern einen Fußball.
5. Peter und ich hätten gern viel Schokolade.

22-5

1. Ich hätte gern ein Stück Torte.
2. Marie hätte gern eine Limo.
3. Hans und Lars hätten gern eine Pizza.
4. Frank, was hättest du gern?
5. Beate und ich hätten gern ein Erdbeereis.

22-6

1. Er wäre heute nicht gekommen.
2. Sie hätte wieder nichts mitgenommen.
3. Das wäre nett gewesen.
4. Wir hätten viel Geld gehabt.
5. Die Kinder hätten viel gelernt.
6. Er wäre schnell nach Hause gegangen.
7. Hätte sie die Stadt gekannt?
8. Ich hätte nichts davon gewusst.
9. Wir hätten die Oma oft besucht.
10. Er hätte die Reise gemacht.
11. Axel hätte einen neuen Anzug gekauft.
12. Peter hätte nie seine Hausaufgaben gemacht.
13. Er hätte das langweilig gefunden.
14. Das hätte den Lehrer geärgert.
15. Peter hätte aber lieber gespielt.

22-7

1. Emma hätte mehr Geld mitnehmen müssen.
2. Sie hätte alles sehen wollen.
3. Andreas hätte mehr Zeit in Deutschland haben wollen.
4. Sie hätten länger in Deutschland bleiben sollen.
5. Sie hätten dann mehr sehen können.
6. Ich hätte auch mitfahren wollen.
7. Ich hätte nicht immer zu Hause bleiben müssen.
8. Die Reise hätte länger sein sollen.
9. Sie hätten nicht so früh zurückkommen müssen.
10. Hättest du auch eine Reise machen wollen?

22-8

1. würde
2. würde
3. würdest
4. würden
5. würden
6. würdet
7. würden

22-9

A.
1. hättet	6. umtauschte
2. nähmet	7. reserviert
3. lerntet	8. sprächet
4. ausginge	9. nähme
5. besuchtet	10. wäre

B.
1. Es wäre schön, wenn ihr mehr Zeit hättet.
2. Es wäre besser, wenn ihr nur zwei Koffer nehmen würdet.
3. Es wäre besser, wenn ihr mehr Deutsch lernen würdet.
4. Es wäre besser, wenn Emma nicht allein ausgehen würde.
5. Es wäre schön, wenn ihr meinen Freund in Duisburg besuchen würdet.
6. Es wäre besser, wenn Andreas das Geld hier umtauschen würde.
7. Es wäre besser, wenn ihr ein Hotelzimmer reservieren würdet.
8. Es wäre besser, wenn ihr nur Deutsch sprechen würdet.
9. Es wäre besser, wenn Andreas die Koffer nehmen würde.
10. Es wäre sicherer, wenn Emma nie allein wäre.

22-10

1. Ich würde nur einen Koffer packen.
2. Ich würde auf die Insel Sylt fahren.
3. Ich würde mir neue Kleider kaufen.
4. Ich würde mit dem Taxi zum Flugplatz fahren.
5. Ich würde oft Schwarzwälder Torte essen.
6. Ich würde nach Thüringen reisen.
7. Der Vater würde mir bestimmt mehr Geld schicken.
8. Meine Freundin und ich würden jeden Tag spazieren gehen.
9. Meine Reise würde nicht so viel kosten.
10. Ich würde in einer Jugendherberge übernachten.

Unit 23 Conditional Sentences

23-1

1. Wenn Klaus Hunger hat, isst er sein Pausenbrot.
2. Wenn ich Geld habe, fahre ich nach Freudenstadt.
3. Wenn die Sonne scheint, gehen die Kinder schwimmen.
4. Wenn es regnet, gehen sie nach Hause.
5. Wenn sie müde sind, gehen sie ins Bett.

23-2

1. Wenn sie nur nicht so lange am Telefon sprechen würde.
2. Wenn sie nur mehr zu Hause helfen würde.
3. Wenn sie nur bessere Noten bekommen würde.
4. Wenn sie nur nicht so oft in die Disko gehen würde.
5. Wenn sie nur nicht so viel Geld ausgeben würde.
6. Wenn sie nur bessere Freunde hätte.
7. Wenn sie nur nicht so lange schlafen würde.
8. Wenn sie sich nur nicht mit der Schwester streiten würde.
9. Wenn sie nur die Kleider aufhängen würde.
10. Wenn sie nur die Oma besuchen würde.

23-3

1. Wenn ich Geld hätte, würde ich mir etwas schönes kaufen.
2. Wenn ich Lust hätte, würde ich ins Kino gehen.
3. Wenn ich ein gutes Buch hätte, würde ich lesen.
4. Wenn das Wetter schön wäre, würden meine Freunde und ich einen Ausflug machen.
5. Wenn es warm wäre, würden wir schwimmen gehen.

23-4

1. Wenn ich klug gewesen wäre, hätte ich weniger Geld gespart.
2. Wenn ich klug gewesen wäre, hätte ich mehr Reisen gemacht.
3. Wenn ich klug gewesen wäre, hätte ich weniger Kinder gehabt.
4. Wenn ich klug gewesen wäre, hätte ich einen reicheren Mann geheiratet.
5. Wenn ich klug gewesen wäre, hätte ich mich nicht so viel mit meiner Schwester gestritten.
6. Wenn ich klug gewesen wäre, hätte ich mehr Sport gemacht.
7. Wenn ich klug gewesen wäre, hätte ich mir schönere Sachen gekauft.
8. Wenn ich klug gewesen wäre, hätte ich auf dem Land gewohnt.
9. Wenn ich klug gewesen wäre, hätte ich Auto fahren gelernt.
10. Wenn ich klug gewesen wäre, hätte ich mir ein Dienstmädchen genommen.

23-5

1. Wenn Emma nicht nach Deutschland fahren könnte, würde sie weinen.
2. Wenn Emma nicht nach Deutschland fahren könnte, würde sie böse sein.
3. Wenn Emma nicht nach Deutschland fahren könnte, würde sie nach Chicago fahren.
4. Wenn Emma nicht nach Deutschland fahren könnte, würde sie in ihrem Zimmer sitzen.
5. Wenn Emma nicht nach Deutschland fahren könnte, würde sie ihre Freundin anrufen.

23-6

1. Wenn Müllers eine Million Euro hätten, würden sie ein neues Haus bauen.
2. Wenn Müllers eine Million Euro hätten, würden sie nach Australien fliegen.
3. Wenn Müllers eine Million Euro hätten, würden sie ein Haus an der Nordsee kaufen.
4. Wenn Müllers eine Million Euro hätten, würden sie zwei neue Mercedes kaufen.
5. Wenn Müllers eine Million Euro hätten, würden sie keine Geldsorgen haben.

Unit 24 Review Exercises in the Passive Voice, Subjunctive Mood, and Conditional Tense

24-1

1. Das Büro wird vom Chef geöffnet.
2. Die Computer werden von ihm eingeschaltet.
3. Die anderen Arbeiter werden von Lotte begrüßt.
4. Das Telefon wird von ihr bedient.
5. Fünf Briefe werden von ihr getippt.
6. Die Post wird vom Briefträger gebracht.
7. Er kann von Lotte gehört werden bevor er ins Büro kommt.
8. Um zwölf Uhr wird (von Lotte) Pause gemacht.
9. Salat und eine Schnitte Brot werden von ihr gegessen.
10. Am Nachmittag werden die Rechnungen von ihr bezahlt.

24-2

1. Blumen wurden von ihnen gebracht.
2. Die Gäste wurden begrüßt.
3. Es wurde viel gesprochen.
4. Sie wurden vom Gastgeber zum Essen eingeladen.
5. Es wurde viel gegessen.

24-3

1. Der Koffer wird gepackt werden.
2. Ein Geschenk wird gekauft werden.
3. Das Reisebüro wird von Hans besucht werden.
4. Die Flugkarte wird gesucht werden.
5. Der Motor wird von dem Pilot gestartet werden.
6. Die Passagiere werden von der Stewardess begrüßt werden.
7. Getränke werden serviert werden.
8. Ein Film wird von den Passagieren angeschaut werden.
9. Auskunft wird von dem Pilot gegeben werden.
10. Der Flug wird von den Passagieren genossen werden.

24-4
1. Man besucht die Großeltern.
2. Man bringt ein Geschenk.
3. Man trinkt Kaffee.
4. Man erzählt alte Geschichten.
5. Man lacht viel.
6. Man schätzt das Zusammensein.
7. Man zeigt das jüngste Enkelkind.
8. Man bewundert es.
9. Man trägt das Kind rum.
10. Man macht Fotos.

24-5
1. Der Redner lässt sich gut verstehen.
2. Die Sitzplätze lassen sich leicht finden.
3. Der Redner lässt sich leicht sehen.
4. Der Redner lässt sich gratulieren.

24-6
1. Sie wollte wissen, wie sie heiße.
2. Sie wollte wissen, wie alt sie sei.
3. Sie wollte wissen, was sie gern spiele.
4. Sie wollte wissen, wo sie zur Schule gehe.
5. Sie wollte wissen, ob sie Geschwister habe.
6. Sie wollte wissen, ob ihre Geschwister höflich seien.
7. Sie wollte wissen, wie ihre Eltern heißen.
8. Sie wollte wissen, wo ihr Vater arbeite.

24-7
1. Wüsstest du das bestimmt?
2. Er kennte die Frau.
3. Sie blieben in Hamburg.
4. Könntest du morgen kommen?
5. Die Kinder dürften lange spielen.
6. Er gäbe ihr immer teure Geschenke.
7. Er hätte kein Geld.
8. Wir dächten nicht daran.
9. Solltest du nicht deine Hausaufgaben machen?
10. Wann kämet ihr morgen?

24-8
1. Dürfte ich draußen spielen?
2. Sollte ich mein Zimmer aufräumen?
3. Dürfte Lieschen mich besuchen?
4. Könnten Lieschen und ich mit der neuen Puppe spielen?
5. Könnte ich ein Stück Schokolade haben?

24-9
1. Sonntags wären wir in den Park gegangen.
2. Das wäre eine gute Idee gewesen.
3. Peter hätte am liebsten spielen wollen.
4. Hättest du das schöne Mädchen gekannt?
5. Hättest du an mich gedacht?
6. Wo hättet ihr gewohnt?
7. Das hätten wir nicht gewusst.
8. Er wäre gern in die Schule gegangen.
9. Das hätte ich kaum glauben können.
10. Ich hätte ihn das fragen müssen.

24-10
1. gewinnen würde
2. bleiben würde
3. wäre
4. sich scheiden lassen würden
5. kommen würdet
6. bestehen würde
7. hätte
8. bringen würden
9. lieben würde
10. gehen müsste

24-11
1. Wenn sie viel isst, nimmt sie zu.
2. Wenn es regnet, laufen sie ins Haus.
3. Wenn wir Geld haben, fahren wir nach Spanien.
4. Wenn er viel lernt, weiß er viel.
5. Wenn er sie liebt, heiratet er sie.

24-12

1. Wenn ich Geld gehabt hätte, hätte ich ein neues Auto gekauft.
2. Wenn ich Geld gehabt hätte, wären die Mädchen mir nachgelaufen.
3. Wenn ich Geld gehabt hätte, hätte ich viele Geschenke gekauft.
4. Wenn ich Geld gehabt hätte, hätte ich Freunde in Irland besucht.
5. Wenn ich Geld gehabt hätte, wäre ich nach Russland gereist.

Final Review

R-1

1. habe, hast, hat, haben, habt, haben
2. bin, bist, ist, sind, seid, sind
3. werde, wirst, wird, werden, werdet, werden
4. weiss, weisst, weiss, wissen, wisst, wissen
5. nehme, nimmst, nimmt, nehmen, nehmt, nehmen
6. putzt, putzt, putzt, putzen
7. antwortest, antwortet, antwortet, antworten
8. wandere, wanderst, wandert, wandern, wandert, wandern
9. helfe, hilfst, hilft, helft
10. stehe auf, steht auf, stehen auf, stehen auf
11. erfahre, erfährt, erfahren, erfahren

R-2

1. weckt
2. schläft
3. wäscht
4. hilft
5. gibt
6. trinkt
7. isst
8. sucht
9. zieht, an
10. macht, auf
11. geht
12. begleitet
13. wartet
14. steigt ein
15. nimmt
16. sieht
17. spricht
18. schreien
19. stehen, auf
20. verlässt
21. läuft
22. betritt
23. grüsst
24. Grüsst
25. hängt, auf
26. findet
27. setzt
28. Sitzt
29. beginnt
30. rechnet
31. liest
32. isst
33. kehrt, zurück

R-3

1. Was habt ihr im Sommer vor?
2. Wir besuchen Verwandte in der Schweiz.
3. Wir verstehen uns sehr gut mit ihnen.
4. Die Schweiz bietet viel Schönes an.
5. Kommt deine Kusine mit?
6. Wir geben wieder viel Geld aus.
7. Wann bereitet ihr euch für die Reise vor?
8. Wir entscheiden das nächste Woche.
9. Wir müssen das zusammen besprechen.
10. Ich empfehle eine Bergtour.
11. Das gefällt mir immer.
12. Wir nehmen viel für die Reise mit.
13. Hoffentlich packen wir alles ein. / Wir packen hoffentlich alles ein.
14. Wir können bestimmt alle Koffer zumachen.
15. Wann kehrt ihr zurück?

R-4

1. Weil das Mädchen gut aussieht, mag er es.
2. Wenn ihr mitkommt, fahren wir in die Schweiz.
3. Sobald das Kind aufwacht, schreit es.
4. Nachdem wir alles einkaufen, gehen wir nach Hause.
5. Wenn das Kind hinfällt, weint es.

R-5

1. Ute und Heiko wollen Freunde zum Kaffee einladen.
2. Ute möchte ihre besten Freundinnen einladen.
3. Heiko will Max hier haben.
4. Ute mag ihn nicht.
5. Die Gäste sollen um vier Uhr kommen.
6. Ich möchte den Tisch decken.
7. Heiko, du kannst Kaffee kochen.
8. Ja, ich will auch den Kuchen aufschneiden.
9. Der Strauss muss in der Mitte stehen.
10. Der Strauss darf nicht zu hoch sein.
11. Die Gäste müssen sich sehen können.
12. Das Paar lässt die Gäste ins Haus kommen.
13. Die Gäste möchten natürlich ein Geschenk bringen.
14. Die Gäste lassen sich bedienen.
15. Alle freuen sich weil sie zusammen sein können.

R-6

1. Kennst, Weißt
2. kenne, weiß, kenne
3. Weißt

R-7

1. sammeln Sie, samm(e)le, sammelt, sammeln wir
2. atmen Sie, atme, atmet, atmen wir
3. lernen Sie, lern(e), lernt, lernen wir
4. warten Sie, warte, wartet, warten wir
5. rufen Sie an, ruf(e) an, ruft an, rufen wir an
6. versprechen Sie, versprich, versprecht, versprechen wir
7. essen Sie, iss, esst, essen wir
8. seien Sie, sei, seid, seien wir
9. haben Sie, hab(e), habt, haben wir
10. nehmen Sie, nimm, nehmt, nehmen wir

R-8

1. Schlaf(e) jetzt.
2. Seien Sie pünktlich.
3. Werde gesund.
4. Sammelt die Krümmel ein.
5. Sprich laut.
6. Schreit nicht laut.
7. Helfen Sie bitte.
8. Lies das Buch.
9. Kauf(e) bitte Brot.
10. Lade Liesel ein.

R-9

1. Sie werden einen Brief bekommen.
2. Sie werden zur Bank kommen sollen.
3. Morgen fährt Herr Müller zur Bank.
4. Er wird keine Idee haben, was los sein wird.
5. Er wird mit dem Beamten sprechen.
6. Die Familie wird ein Erbe erhalten.
7. Der Beamte wird Herrn Müller einen grossen Scheck geben.
8. Er wird den Scheck nehmen dürfen.
9. Die Familie wird überrascht sein.
10. Was werden sie wohl mit dem Geld machen?
11. Sie werden ein grösseres Haus kaufen.
12. Die Eltern machen nächsten Monat eine Reise nach Afrika.
13. Sie werden alle Schulden abzahlen.
14. Herr Müller wird ein neues Auto bestellen.
15. Ich werde Müllers kennen lernen wollen. Vielleicht werden sie mir etwas Geld geben.

R-10

1. ging	14. bekam
2. saßen	15. fandet
3. schliefst	16. nahm
4. mochte	17. war
5. tat	18. hatte
6. lief	19. wurde
7. vergaßen	20. lasen
8. fielt	21. trug
9. stand	22. sah
10. schrieben	23. warf
11. sprachst	24. gaben
12. half	25. hieß
13. riefen	

R-11

1. Wurdest du krank? Ja, ich fühlte mich nicht wohl.
2. Warum musste er immer singen? Er dachte, er hatte eine gute Stimme.
3. Der Film war interessant. Die Kinder wollten aber nicht ruhig sitzen.
4. Konntest du mich hören? Nein, du musstest lauter sprechen.
5. Mochte er das Mädchen? Ja, er wollte es heiraten.
6. Wo warst du? Ich war hier in der Küche.
7. Hattet ihr schulfrei? Ja, wir konnten zu Hause bleiben.
8. Durfte das Kind Eis essen? Nein, es sollte die Milch trinken.
9. Es wurde spät. Wir wollten nach Hause.
10. Ich wollte das kaufen. Du hattest aber nicht genug Geld.

R-12

Es *gab* ein Land wo ein schönes Mädchen *wohnte*. Ihre Haare *waren* schwarz und ihre Haut *war* klar und zart, deshalb *hieß* sie Schneewittchen.

Schneewittchen *wurde* manchmal traurig, denn sie *hatte* eine schlechte Stiefmutter. Die Stiefmutter *wollte* die Schönste sein. Oft *stand* sie vor dem Spiegel und *sagte* »Spiegel, Spiegel an der Wand, wer ist die Schönste im ganzen Land?« Der Spiegel *antwortete* dann, »Schneewittchen.« Das *machte* die Stiefmutter böse und sie *stampfte* mit dem Fuss.

Die Stiefmutter *dachte* nach. Was *konnte* sie tun? Schneewittchen *musste* weg! Weit weg!

Am nächsten Morgen *rief* sie Schneewittchen und *befahl* ihr sich für eine Reise fertig zu machen. Sie *gab* ihr ein altes Pferd und Schneewittchen *musste* weit weg reiten—bis in die entfernteste Ecke des Landes.

Auf der Reise *regnete* es viel und der Wind *blies* kalt. Schneewittchen *wurde* krank. Zuletzt *fiel* sie ohnmächtig vom Pferd. Sie *blieb* lange liegen. Endlich *öffnete* sie die Augen. Sie *wusste* nicht wo sie *war*. Wer *waren* die Leute die da *standen*? Sie *sahen* so klein *aus*! Vielleicht *träumte* sie noch. Nein, jetzt *sah* sie alles klar. Das *waren* kleine Männer, man *nannte* sie Zwerge. Der eine Zwerg *reichte* ihr etwas zu trinken. Der andere *half* ihr beim Aufstehen. Sie *führten* Schneewittchen in eine Hütte. Sie *fand* es schön warm hier. Sie *bekam* etwas zu essen. Sie *fühlte* sich stärker. Sie *wollte* aber schlafen. Die Zwerge *machten* ihr ein weiches Bett. Das Mädel *legte* sich hin und *schlief* gleich *ein*.

Am nächsten Morgen *ging* es Schneewittchen viel besser. Nach dem Frühstück *putzte* sie die Hütte. Sie *kochte* eine Suppe. Der dicke Zwerg *backte* Brot, ein anderer *sägte* Holz and *stapelte* es *auf*. Zwei *arbeiteten* im Wald und *sammelten* Pilze. Sie *sangen* oft dabei. So *lebten* sie friedlich zusammen. Bald *liebten* sie Schneewittchen. Es *gefiel* Schneewittchen auch gut bei den Zwergen.

Die böse Stiefmutter *wollte* jetzt wissen wer die Schönste im Land *war*. Sie *fragte* den Spiegel wieder. Er *beantwortete* die Frage so wie früher. Die Stiefmutter *ärgerte* sich sehr und *riss* sich an den Haaren. Sie *musste* die Schönste sein! Sie *schlief* die ganze Nacht nicht und *überlegte*. Schneewittchen *musste* sterben! Die Stiefmutter *suchte* einen schönen Apfel und *spritzte* Gift hinein. Dann *ritt* sie *los* und *suchte* Schneewittchen.

Nach drei Tagen *fand* sie das Mädchen. Sie *sprach* freundlich mit ihr und *bat* den Apfel *an*. Schneewittchen *wollte* ihn nicht nehmen aber sie *nahm* ihn doch und *biss* hinein. Sie *fiel um*. Sie *atmete* nicht mehr. Die Stiefmutter *lachte* und *lachte* vor Freude. Die Zwerge *kamen* gelaufen. Sie *sahen* Schneewittchen und *waren* entsetzt. Sie *sprachen* mit ihr—sie *antwortete* nicht. Sie *weinten*. Nichts *half*, das Mädchen *war* tot. Sie *bauten* einen Sarg. Sie *standen* traurig um dem Sarg. Da *kam* ein Reiter. Er *sprang* vom Pferd. Er *sah* das Mädchen *an*. Er *umarmte* sie. Er *küsste* sie. Sie *machte* die Augen *auf*. Die Zwerge *tanzten* vor Freude. Die Stiefmutter *konnte* man aber nirgends sehen.

Der junge Mann *war* der Prinz vom Lande. Er *heiratete* Schneewittchen. Viele Jahre *lebten* sie glücklich zusammen.

R-13

1. Hast du am Abend Ball gespielt? Nein, ich habe bis spät abends gearbeitet.
2. Wann habt ihr eine Reise gemacht? Im Frühling, wir haben aber zu viel eingepackt.
3. Hast du gern Deutsch gelernt? Ja, es hat mir viel Spaß gemacht.
4. Haben Sie schon lange auf den Bus gewartet? Was haben Sie gesagt?
5. Warum hat er so laut geatmet? Weil er genug Luft gebraucht hat.

R-14

1. München hat mir schon immer gut gefallen.
2. Ich bin gern da hingefahren.
3. Da hat es viel zu sehen gegeben.
4. Meistens habe ich den Bus benutzt.
5. Das Parken hat oft Probleme mit sich gebracht.
6. Die meisten Touristen haben die Frauenkirche besichtigt.
7. Im Hofbräuhaus hat man gutes Bier trinken können.
8. Jeden Herbst bin ich zum Oktoberfest gegangen.
9. Da hat man gut Andenken gekauft.
10. Da ist auch immer viel geschehen.
11. Der Fasching hat im Februar stattgefunden.
12. Die Leute haben sich dann verkleidet.
13. Mein Onkel hat bei BMW in München gearbeitet.
14. Ich habe ihn oft besucht.
15. Dann hat er mir oft etwas geschenkt.
16. Seine Kinder haben meistens Bayrisch gesprochen.
17. Die grosse Kusine hat sich immer gut benommen.
18. Haben Sie gewusst, wo die Universität war?
19. Mein Bruder hat da studiert.
20. Ich bin oft nach München zurückgekehrt.

R-15

1. Die Stiefmutter hat Schneewittchen gehasst.
2. Sie hat oft in den Spiegel geschaut.
3. Der Prinz ist viel geritten.
4. Die Zwerge haben eine Hütte gebaut.
5. Schneewittchen hat die Hütte geputzt.
6. Ein Zwerg hat Brot gebacken.
7. Das Feuer hat in der Hütte gebrannt.
8. Schneewittchen hat in den Apfel gebissen.
9. Der Apfel hat Schneewittchen getötet.
10. Die Stiefmutter hat sich gefreut.
11. Die Zwerge haben geweint.
12. Sie haben Schneewittchen vermisst.
13. Sie haben Schneewittchen in den Sarg gelegt.
14. Die Vögel sind um den Sarg geflogen.
15. Alle haben getrauert.
16. Der Prinz hat Schneewittchen gerettet.
17. Schneewittchen ist wieder aufgewacht.
18. Sie ist nicht gestorben.
19. So etwas ist nicht oft passiert.
20. Alle sind vor Freude auf und ab gesprungen.

R-16

1. Sie hat immer so getan, als ob sie alles gewusst hat.
2. Ich habe vergessen, dass die Kinder in den Park gegangen sind.
3. Hast du gewusst, dass sie hier nie gewohnt haben?
4. Sie hat über München gesprochen, während er geschlafen hat.
5. Der Polizist weiß, dass ich zu schnell gefahren bin.

R-17

1. Bevor der Sturm einbrach, hatten die Nachrichten davor gewarnt.
2. Bevor der Sturm einbrach, hatte es im Westen geblitzt.
3. Bevor der Sturm einbrach, war die Nachbarin schnell nach Hause gegangen.

4. Bevor der Sturm einbrach, waren die Kinder ins Haus gelaufen.
5. Bevor der Sturm einbrach, hatte die Mutter den Hund ins Haus gerufen.
6. Bevor der Sturm einbrach, hatte die Katze sich versteckt.
7. Bevor der Sturm einbrach, hatte Liesel alle Fenster geschlossen.
8. Bevor der Sturm einbrach, hatten die Jungen die Gartenmöbel ins Haus gebracht.
9. Bevor der Sturm einbrach, hatte Vater das Auto in die Garage gefahren.
10. Bevor der Sturm einbrach, hatte Vater die Garagentür zugemacht.

R-18

1. Jörg wird ein altes Auto gekauft haben.
2. Er wird damit nach Hause gefahren sein.
3. Die Nachbarn werden es bewundert haben.
4. Es wird kaputt gegangen sein.
5. Er wird es mit seinen Freunden repariert haben.

R-19

1. Wenn Jörg 21 ist, wird er die Schule beendet haben.
2. Wenn Jörg 21 ist, wird er mit seiner Familie nach München gezogen sein.
3. Wenn Jörg 21 ist, wird er eine gute Arbeitsstelle gefunden haben.
4. Wenn Jörg 21 ist, wird er sich ein Auto angeschafft haben.
5. Wenn Jörg 21 ist, werden die Eltern sich über ihn gefreut haben.

R-20

1. dusche mich, du duscht dich
2. trockne mich ab, trocknest dich ab
3. ziehe mich an, ziehst dich an
4. kämme mir die Haare, kämmst dir die Haare, kämme mich.
5. putze mir die Zähne, putzt dir die Zähne

R-21

1. duscht sich
2. trocknet sich ab
3. zieht sich an

R-22

1. Zieht ihr euch an? ziehen uns an
2. Kämmt ihr euch die Haare? kämmen uns die Haare
3. Putzt ihr euch die Zähne? putzen uns die Zähne

R-23

1. mich	6. mich
2. mir	7. mich
3. mich	8. mich
4. mich	9. mir
5. mich	10. mich

R-24

1. Hören Sie den Zug kommen?
2. Siehst du die Sonne aufgehen?
3. Die Mutter heißt das Kind schlafen gehen.
4. Er möchte den Wein trinken.
5. Wir lernen Deutsch sprechen.
6. Der Lehrer lehrt den Schüler Auto fahren.
7. Ich lasse den Ball fallen.
8. Ich will morgen lange schlafen.
9. Du hilfst mir das Zimmer aufräumen.
10. Er kann sehr schnell laufen.

R-25

1. —
2. — (zu)
3. —
4. zu
5. —
6. — (umzugehen)
7. zu, —
8. zu
9. zu
10. —
11. zu
12. —
13. zu
14. zu
15. zu

R-26

1. Der Apfel wird von Schneewittchen gegessen.
2. Das Brot wird vom Zwerg gebacken.
3. Schneewittchen wurde von der Stiefmutter gefunden.
4. Pilze wurden von den Zwergen gesammelt.
5. Das Mädchen wird vom Prinz gerettet werden.
6. Die Hütte ist zuerst von ihr geputzt worden.
7. Ein Sarg wurde von den Zwergen gebaut.
8. Ein trauriges Lied wird von ihnen gesungen.

R-27

1. Das Lied wird von dem Mädchen gesungen.
2. Müllers wurden durch viel Arbeit und Glück reich.
3. Die Hütte wird von dem Zwerg aufgeräumt.
4. Schneewittchen wird von der Stiefmutter vergiftet.
5. Schneewittchen wird durch einen Apfel vergiftet.
6. Schneewittchen wird von der Stiefmutter beneidet.
7. Schneewittchen wird von dem Prinz gerettet.

R-28

1. Wie backt/bäckt man das Brot?
2. Man backt/bäckt das Brot im Ofen.
3. Man siebt zuerst das Mehl.
4. Man schneidet das Brot mit dem Messer.
5. Man schmiert die Butter auf das Brot.

R-29

1. Sie sagt, es habe neun Zimmer.
2. Sie sagt, die Aussicht sei wunderbar.
3. Sie sagt, es koste viel Geld.
4. Sie sagt, der Teppich im Wohnzimmer gefalle ihr gut.
5. Sie sagt, hinter dem Haus liege ein grosser Garten.

R-30

1. Peter hat gesagt, er habe die Schule geschwänzt.
2. Peter hat gesagt, er sei an den See gegangen.
3. Peter hat gesagt, Freunde haben ihn getroffen.
4. Peter hat gesagt, sie haben Ball gespielt.
5. Peter hat gesagt, er sei dann schwimmen gegangen.
6. Peter hat gesagt, ich sei nicht dabei gewesen.
7. Peter hat gesagt, er sei spät nach Hause gekommen.

R-31

1. Er meint, ich hätte keine Idee.
2. Er meint, du wüsstest alles.
3. Er meint, wir blieben gern zu Hause.
4. Er meint, das stimmte aber nicht.
5. Er meint, wir kämen gern mit.
6. Er meint, ich hätte nicht genug Geld dafür.
7. Er meint, vielleicht könnte Jens etwas leihen.
8. Er meint, Mutter würde etwas geben.
9. Er meint, das wäre eine gute Idee.

10. Er meint, wir machten das so.
11. Er meint, wir dürften lange wegbleiben.
12. Er meint, ihr bliebet bestimmt auch lange weg.
13. Er meint, das könnte schon sein.
14. Er meint, du wärest damit zufrieden.
15. Er meint, Peter ginge auch.

R-32

1. Wir hätten einen Ausflug gemacht.
2. Das Wetter wäre schön gewesen.
3. Wir hätten Essen mitgebracht.
4. Jens hätte das Trinken vergessen.
5. Luise hätte daran gedacht.
6. Jens hätte Glück gehabt.
7. Wir hätten Spaß haben wollen.
8. Die Fahrt hätte um 8 Uhr begonnen.
9. Jens hätte neben Anke sitzen sollen.
10. Das hätte ihr gefallen.

R-33

1. Ich würde neue Kleider kaufen.
2. Die alten Schuhe würde ich rausschmeißen.
3. Ich würde mich mit Freunden in der Stadt treffen.
4. Wir würden ins Kino gehen.
5. Dann würden wir ein nettes Café finden.
6. Wir würden uns etwas zu essen bestellen.
7. Ich würde ein grosses Stück Torte essen.
8. Ich würde aber nicht zunehmen.
9. Ich würde 10 Pfund abnehmen.
10. Wir würden spät nach Hause kommen.

R-34

1. Wenn er Urlaub hat, fährt er in den Schwarzwald.
2. Wenn er Mohnkuchen backt, isst die Familie ihn mit Freuden.
3. Wenn die Kinder gut aufpassen, bekommen sie gute Noten.
4. Wenn es donnert und blitzt, bleiben sie im Haus.
5. Wenn sie lange Weile hat, liest sie ein Buch.

R-35

1. Wenn er ein neues Auto hätte, würde Silke ihn mögen.
2. Wenn ich es wüsste, würde ich es ihr sagen.
3. Wenn wir eine Feier hätten, würde ich einen Kuchen backen.
4. Wenn wir Besuch bekämen, würden wir Kaffee trinken.
5. Wenn sie ihn sähe, würde sie mit ihm sprechen.

R-36

1. Wenn der Prinz nicht gekommen wäre, hätte Schneewittchen nicht gelebt.
2. Wenn Schneewittchen nicht mehr gelebt hätte, hätte die Stiefmutter sich gefreut.
3. Wenn sie in der Stadt gewesen wären, hätten sie uns besucht.
4. Wenn sie sich geliebt hätten, hätten sie bestimmt geheiratet.
5. Wenn er sich entschuldigt hätte, wären wir jetzt gute Freunde gewesen.